HISTOIRE ANECDOTIQUE

DU

THÉATRE

DE LA LITTÉRATURE

ET DE

DIVERSES IMPRESSIONS CONTEMPORAINES

TIRÉE DU COFFRE D'UN JOURNALISTE

AVEC SA VIE A TORT ET A TRAVERS,

PAR

CHARLES MAURICE.

Ouvrage enrichi de nombreux Autographes.

« Connaître la *vérité* par fragments est encore quelque chose. »
  VILLEMAIN, *de l'Académie française*.

TOME SECOND.

PARIS

HENRI PLON, ÉDITEUR,

RUE GARANCIÈRE, 8.

1856

HISTOIRE ANECDOTIQUE

DU

THÉATRE, DE LA LITTÉRATURE.

La reproduction même partielle est interdite.

L'auteur et l'éditeur de cet ouvrage se réservent de le traduire et de le faire traduire dans toutes les langues. Ils poursuivront, en vertu des lois, décrets et traités internationaux, toutes contrefaçons ou toutes traductions faites au mépris de leurs droits.

HISTOIRE ANECDOTIQUE
DU
THÉATRE
DE LA LITTÉRATURE
ET DE
DIVERSES IMPRESSIONS CONTEMPORAINES
TIRÉE DU COFFRE D'UN JOURNALISTE
AVEC SA VIE A TORT ET A TRAVERS.
PAR
CHARLES MAURICE.

Ouvrage enrichi de nombreux Autographes.

« Connaître la vérité par fragments est encore quelque chose. »
VILLEMAIN, *de l'Académie française.*

TOME SECOND.

PARIS
HENRI PLON, ÉDITEUR,
RUE GARANCIÈRE, 8.
1856
L'auteur et l'éditeur se réservent le droit de traduction en toutes langues

HISTOIRE ANECDOTIQUE

DU

THÉATRE, DE LA LITTÉRATURE

ET DE

DIVERSES IMPRESSIONS CONTEMPORAINES

MA VIE. — CHAPITRE XXII.

1807. — UNE COMMISSION.

Je me retrouve à mon poste d'auteur dramatique, et je donne, toujours à la rue de Louvois, dans le cours de la même année, trois petites comédies : « *les Trois Manières,* en vers, jouées le 2 janvier 1807; *la Cigale et la Fourmi,* en prose, le 7 décembre, et *les Nouveaux Artistes,* en vers, dont Picard m'a fourni le sujet (j'en ai le plan écrit de sa main), joués le 27 du même mois. Puis j'ouvre l'année 1808 en faisant représenter, le 1er janvier, *Midi,* en un acte en vers.

Sur ces entrefaites, on vint m'offrir un coin dans les bureaux de M. Legrand, Directeur-Receveur général des Droits réunis. Je l'acceptai, d'après mon principe qu'on n'a jamais assez de travail et qu'il y a faiblesse à se plaindre de sa longue durée; est-ce que le Temps se repose? Une femme, du mérite le plus distingué, a dit à ce sujet : « *Le travail est le Dieu humain de* » *Charles Maurice.* »

Il ne me serait rien arrivé de remarquable chez M. Legrand, si ce n'eût été qu'un jour, pressé par d'autres affaires, il me choisit entre ses employés pour porter à l'Administration générale une somme de quinze cent mille francs en billets de Banque, commission dont il ne voulut jamais m'exempter. Il me fallut donc aller, de la rue Basse-Porte-Saint-Denis, presque au bout de la Vieille-Rue-du-Temple, chez M. Français de Nantes, avec ce bagage de pesanteur spécifique moins sérieuse que n'était sa responsabilité morale, et déguisé sous la forme d'un paquet ordinaire. Je ne suis pas dans l'usage de m'amuser par les chemins; mais cette fois, je puis affirmer que je n'en ai jamais moins senti l'envie. — Je possède aussi une honorable attestation de la main de M. Legrand; mais vraiment, à force de délicate ponctualité, je crains pour de si simples témoignages, quelque peu de similitude avec certains *certificats* appuyés de certains *livrets*.

(*La suite au Chapitre prochain.*)

❦

Taylor m'a présenté aujourd'hui Victor Hugo (si ce n'est pas à Victor Hugo qu'il a présenté le journaliste). Ils sont venus me parler d'*Hernani*, que le Théâtre-Français va donner, et, oserai-je dire, me le recommander? Après les petites singeries d'usage, on m'a proposé d'ouïr un échantillon de la pièce; et, d'une voix aussi assurée que grasseyante, le poëte m'a récité le monologue de Charles-Quint. L'idée en est grande, et il s'y trouve de beaux vers, bien que leur ambition soit un peu boursouflée. Ces deux messieurs m'ont fait l'honneur d'être contents de ma réception. Le seront-ils autant de mes articles? (24 février 1830.)

« J'ai l'honneur de prier monsieur Charles Maurice de ne donner à *Françoise de Rimini* ni le titre de *tragédie* ni la qualification de *classique*, lorsqu'il aura l'obligeance d'appeler l'attention du Public sur cet ouvrage; j'ai traité mon sujet sans m'attacher aux traces de qui que ce soit. Je n'appartiens ni ne veux appartenir à aucune école, non pas que je me fasse *honneur du milieu* pour passer d'un camp à l'autre, rôle peu honorable et que je repousse; mais j'ai des idées qui m'appartiennent, et que je travaille à rendre de mon mieux. On verra bien. Je le prie d'agréer, etc.

» GUSTAVE DROUINEAU.

» Ce 26 février 1830. »

(Autographe.)

Cet écrivain a disparu, jeune encore, de la carrière dramatique. On l'a dit voué par conviction aux austérités de la vie religieuse; mais rien n'a confirmé ce bruit.

« Le libraire a sans doute envoyé à monsieur Charles Maurice les exemplaires d'usage; mais l'auteur tient à ce que monsieur Maurice en ait un des *siens propres*.

Il est donc venu le lui apporter avec mille remercîments, et regrette fort de n'avoir point eu l'honneur de le voir. (*Hernani.*) — Victor Hugo.

» Ce 15 mars au soir, 1830. »

(Autographe.)

✤

« Je suis allé hier pour avoir l'honneur de voir monsieur Ch. Maurice. Lui a-t-on remis ce que j'ai laissé pour lui ? Toujours mille remercîments.

» Vic. Hugo.

» Ce 16 mars 1830. »

(Autographe.)

✤

« Monsieur et ami,

» Nous apprenons à l'instant la perte cruelle que vous venez de faire. L'état où je vous ai vu hier soir me fait comprendre celui où vous devez être aujourd'hui. Votre brusque départ, les larmes qui roulaient dans vos yeux à l'aspect de gens qui ne devinaient pas votre douleur; le contraste de cette douleur avec l'activité, le bruit d'un théâtre, tout cela me troublait moi-même au point que je ne trouvais pas de paroles pour vous consoler. Que vous dirai-je maintenant ?.... Rappelez-vous ce que vous avez fait pour moi, et vous pourrez juger la part sincère que je prends à vos chagrins. Il faudrait être plus qu'ingrat pour ne pas partager les peines de ceux à qui l'on doit tant !....

» Saint-Hilaire.

» 20 mars 1830. »

(Autographe.)

La perte de notre troisième et cher petit enfant d'adoption..... A quatre ans !....

❦

« Mon cher Charles,

» Ce qui venait de la flûte est retourné au tambour. J'ai englouti dans l'administration des théâtres de Marseille tout ce que j'avais gagné ailleurs, et j'ai rendu mon privilége à l'autorité. Je partirai sous quelques jours pour Paris, où j'espère, par votre entremise et celle de mes autres protecteurs, obtenir une autre direction. Au revoir donc, cher ami.   Bernard.

» 8 avril 1820. »

(Autographe.)

❦

Le doyen des Journalistes vient de succomber. C'était M. Prud'homme. Il avait atteint sa soixante-dix-septième année. Il laisse des Mémoires que sa longue expérience doit rendre très-curieux. (Avril 1830.)

❦

Le bureau sur lequel a écrit Beaumarchais est dans la possession de M. Duhamel, ancien Greffier de la Justice de paix, et connu de nous tous sous le nom qu'il aime : *l'ami de mademoiselle Duchesnois*. Il l'a acheté à la vente faite au domicile et après la mort de l'illustre disputeur. M. Duhamel devrait le faire examiner par un habile ébéniste, pour savoir s'il n'y a pas un tout petit *Barbier de Séville* caché dans quelque secret de ce meuble historique. Il lui trouverait facilement de l'ouvrage dans une de nos meilleures boutiques. (1830.)

☺

Aujourd'hui la famille d'Orléans a donné une fête à la Royauté napolitaine. Toutes deux ont passé des appartements du Palais-Royal à la salle du Théâtre-Français, où la variété du spectacle avait attiré beaucoup de monde. Louis-Philippe s'est placé à la première galerie, immédiatement au-dessous de ses hôtes, qui occupaient la loge de face. Il était en simple habit noir, avec jabot pour toute cérémonie. Du balcon de droite, où je me tiens d'ordinaire, je me suis appliqué, pendant la plus grande partie du spectacle, à étudier le visage de M. le duc d'Orléans ; mais il m'a semblé n'y voir qu'un peu de préoccupation luttant contre le désir de paraître tranquille. (1ᵉʳ juin 1830.)

☺

« ..... Le journal à compter de demain à Jarcy par Villeneuve-Saint-Georges, Seine-et-Oise. Il y a des siècles que je veux aller vous voir, mais à Paris on ne fait rien de ce qu'on veut. Cependant, dans le peu de jours que j'y viendrai passer, je veux aller causer avec vous et voir votre cabinet, que l'on dit charmant. Votre tout à vous.   Boïeldieu.

» Ce 4 juin 1830. »

(Autographe.)

☺

On sait le bonheur de la charge qu'exécuta le fils de Kellermann à la bataille de Marengo. L'anniversaire en est ponctuellement célébré par M. le duc de Valmy, chez lequel j'ai dîné aujourd'hui. Il nous a dit son mécontentement lorsque, après l'affaire, les chefs de corps étant réunis près du Général en chef, et recevant les éloges que chacun avait mérités, le sien fut ainsi formulé : « *Vous avez fait une belle charge.* » Il s'attendait à plus que cela. Mais il nous a semblé que d'une bouche si peu causeuse, et dont les mots portaient si juste, ceux-là pouvaient suffire à l'ornement d'un blason. Le *Poulet à la Marengo*, de fondation si naturelle dans ce festin, a été accompagné de toasts plus enthousiastes et de vins plus généreux les uns que les autres. Je suis sorti de cette réunion, flatté de l'accueil que j'y ai reçu, mais tout fâché de ne m'être pas fait soldat. Si j'avais pris ce parti, me disais-je, c'est peut-être à moi qu'on aurait dû la brillante charge de Marengo. Le filleul de Dorvigny ne désespérait pas de gagner à la loterie, sans avoir pris de billet. En ce moment, je disais un peu comme lui : « *Pourquoi pas ? L'hasard !* » (14 juin 1830.)

« Mon bon ami,

» Vous apprendrez avec plaisir, d'après l'intérêt que vous me portez, que S. A. R. le duc d'Orléans m'a fait présent aujourd'hui d'une belle tabatière ornée de son chiffre et d'une inscription des plus honorables. Il a voulu par là me donner un témoignage de sa satisfaction pour l'empressement que j'ai mis à jouer dernièrement Joad devant Leurs Majestés Sérénissimes. Vous auriez eu droit de vous fâcher, si je vous l'avais laissé ignorer. Un mot de cette faveur dans votre journal ne peut que flatter et honorer.   LAFON.

» 9 juillet 1830. »

(Autographe.)

« Mon cher Charles,

» Je suis appelé à faire voir mon théâtre de marionnettes et ma vue d'Alger demain 15, à Saint-Cloud, à l'occasion de la fête de Monseigneur le duc de Bordeaux, et suis obligé de faire relâche. Veuillez, etc.

» Joly, de l'ancien Vaudeville.

» 14 juillet 1830. »

(Autographe.)

Samedi dernier, Crosnier m'a amené M. Martinez de la Rosa, dont le mélodrame en trois actes, intitulé *Aben Humeya,* a été donné hier à la Porte-Saint-Martin. Flatté de la visite d'un homme de cette importance, je me suis senti dans les meilleures dispositions pour son ouvrage, qui, d'ailleurs, les a en partie confirmées. Pour son coup d'essai chez nous, c'est fort recommandable; mais, par ce temps de complications dramatiques, je crains que les suites du succès ne soient pas de très-longue durée. Au surplus, il en restera toujours assez pour qu'une de nos scènes se soit honorée en lui prêtant son concours. (20 juillet 1830.)

L'odeur de la poudre n'est pas encore passée, et déjà la foule des solliciteurs sans titres se précipite dans les salons du Palais-Royal, chez le Lieutenant général du royaume. Ceux qui ont réellement fait quelque chose pour le pays n'iront assurément pas. Mais si, de guerre lasse, quelques-uns s'y présentaient, il serait à désirer qu'on adoptât la mesure proposée par Chaumette, à la séance de la Commune de Paris, le 24 octobre 1793. Il y était question des attroupements intempestifs qui avaient lieu à la porte des boulangers. Chaumette demanda, et le Conseil y fit droit, que le pain fût délivré aux derniers arrivés, c'est-à-dire *en commençant par la fin de la queue.* Aujourd'hui, ce moyen de rendre la justice serait vraiment digne de la candeur des premiers âges. (31 juillet 1830.)

En ce moment, où quelques airs chantés sous la République obtiennent les honneurs de l'exhumation momentanée, on parle de reproduire l'hymne composé à cette époque par M. Delrieu :

> Quels accents! quels transports! Partout la gaîté brille.
> La France n'est-elle plus qu'une même famille?....
> Nous ne reconnaissons, en détestant les rois,
> Que l'amour des vertus et l'empire des lois.

Mais sans doute on y apportera quelques variantes. Dans tous les cas, si l'idée tient à recevoir son exécution, je lui conseille de se dépêcher. (1ᵉʳ août 1830.)

« MON CHER MAÎTRE,

» Le contrôleur n'ayant pas de bonne loge à sa disposition, je vous envoie la mienne, dans laquelle je pense que vous vous trouverez bien. Tout à vous de cœur.   J. B. MARTY.

» Ce 9 août 1830. »

(Autographe.)

Le Dissipateur est un ouvrage estimable dans lequel il y a beaucoup à reprendre, surtout à l'égard du caractère tout à la fois trop défini et trop indéfini de cette Julie, qui, pour ne pas ruiner son amant, et cependant s'emparer de tout ce qu'il possède, ne sait jamais quelle posture tenir vis-à-vis du public. Tantôt elle parle sincèrement, tantôt elle a recours à la feinte; sa physionomie partage cette espèce d'incertitude : elle en dit beaucoup ou reste complétement muette. Enfin sa confiance en Finette, sa femme de chambre, est tellement équivoque, qu'elle ne jette ni lumière ni intérêt sur le fond du drame. Le vice capital est dans la fausseté, si ce n'est l'impossibilité absolue de ce personnage, dont les succès près de Cléon donnent une pauvre idée de l'esprit de ce commode amoureux. En effet, berné par tout le monde, ce héros de la prodigalité se montre étrangement avare de ce que le plus simple discernement devrait lui suggérer, savoir : ou la pensée d'un plan arrêté chez Julie, ou bien les preuves d'une évidente trahison. Cela semblerait d'autant plus naturel, que, tout épris que soit Cléon de cette *honnête friponne*, il n'en cherche pas moins à réussir très-sérieusement auprès de la coquette Cidalise ; d'où il suit qu'il n'est point assez aveuglé par sa première inclination pour ne pas soupçonner le manége de l'objet qui l'inspire. — Ces remarques, qu'on pourrait accompagner de beaucoup d'autres, n'empêchent pas le *Dissipateur* d'offrir de grands agréments à qui l'écoute, surtout quand les rôles sont tenus avec l'intelligence des situations. Celle du troisième acte, cet autre *Retour imprévu*, un peu dérobé à Regnard (qui avait donné le sien trente-six ans auparavant), est d'un excellent comique et suffira toujours pour assurer des représentations à l'ouvrage de Destouches. Il en sera de même de ce qu'autrefois on y aurait blâmé, je veux dire la couleur sombre du dénoûment, où la scène serait ensanglantée, si quelque Julie maladroite n'arrêtait à propos l'épée dirigée par Cléon sur sa propre poitrine. Pour les conservateurs des dogmes, dans une *comédie*, toute conclusion tragique, ou qui tend à le devenir, est une faute, une violation des règles, et, notamment, une preuve de médiocrité chez l'auteur, qui, ne sachant pas continuer d'être amusant, se fait larmoyant pour se tirer d'embarras. Eh bien, ce dénoûment, tout différent qu'il soit de ce qui précède, tout triste, et précisément parce qu'il l'est, prend et prendra toujours la multitude. On y pleure; que dire de plus? La scène de Pasquin, offrant tout ce qu'il a à son maître ruiné, en est le point culminant, et ne manque jamais son effet. Dugazon, ce bouffon superbe en sa gaieté, ce Comique brûlant qui trouvait dans ses rôles tout ce que les auteurs y avaient oublié, brisait l'âme de ses auditeurs avec ce seul hémistiche : « *Le peu que je possède.* » Ainsi *le Drame*, contre lequel se sont élevés les Critiques, nos prédécesseurs, a encore et aura toujours raison !... Quand donc *la Comédie* cessera-t-elle d'avoir tort ?

« Monsieur,

» Depuis huit jours que je m'occupe exclusivement de la réorganisation du théâtre de l'Opéra-Comique, il ne m'a pas été possible de prendre connaissance d'aucun journal. L'on me présente votre feuille d'aujourd'hui. J'y lis un article qui paraît être une réponse à une lettre que M. Boullard aurait publiée, dans laquelle il aurait parlé de mon administration..... elle sera toujours franche, loyale et indépendante de toute espèce d'influence de coterie, soit d'acteurs, soit de journaux ; mais je n'en serai que plus accessible aux bons conseils, aux avis salutaires, et je ne doute pas, monsieur, que je n'aie souvent l'occasion de mettre à profit ceux que je réclame de votre bienveillance et de votre impartialité. Recevez, etc. SINGIER.

» Ce 13 août 1830. »

(Autographe.)

« MONSIEUR CHARLES MAURICE,

» Je rentre à l'instant de la séance de l'Institut, où j'espérais vous rencontrer ; mais il est presque six heures, et par conséquent trop tard pour me rendre chez vous ; mais, si je ne reçois pas un contre-ordre de votre part, j'aurai cet avantage demain de midi à une heure. En attendant, veuillez agréer, etc.

» SPONTINI.

» Ce 25 août 1830. »

(Autographe.)

Peu de jours avant la mort violente du prince de Condé, 27 août 1830, on avait joué la comédie au château de Saint-Leu. Deux acteurs, gens de mauvaises mœurs, faisaient partie de cette soirée. C'étaient les nommés Armand et Max de Laval. L'un deux avait épousé la femme de chambre de madame de Feuchères, et trouvée plus tard assassinée dans les dunes de la ville de Dunkerque. Ils ont été condamnés à mort pour ce crime.

❦

« Je prie monsieur Charles Maurice d'agréer les deux ouvrages ci-joints, auxquels je me trouve intéressé pour moitié, *la Demande en mariage* et *la Contre-Lettre*. Il les a déjà traités avec une bienveillance dont il me tardait de le remercier, tout en formant le vœu qu'il la leur continue. — Une simple annonce dans son journal ferait grand bien aux deux brochures que je place sous sa protection. Je le remercie d'avance du service que je sollicite de lui, et le prie de croire à la parfaite considération, etc.   ÉDOUARD MONNAIS.

» Ce 9 octobre 1830. »

(Autographe.)

❦

Taylor, Commissaire du Roi près le Théâtre-Français, est dans ce moment en quarantaine à Toulon. Les cœurs aimants et bien sincères se touchent des deux bouts du monde. (15 octobre 1830.)

❦

« CHER AUTANT QUE PARFAIT AMI,

» Votre intéressante feuille, toujours si précieuse pour moi, l'est devenue encore plus aujourd'hui par l'heureuse nouvelle qu'elle contient, le retour de l'estimable M. Taylor. Ce n'est pas que j'aie à me plaindre de mes bons et chers camarades de la Comédie française; ils se sont très-bien conduits avec moi. Voilà quatre fois qu'ils représentent ma *Misanthropie*, qui m'est devenue bien intéressante par une suite de sacrifices forcés que j'ai dû faire par la perte de mon mari. — Votre reconnaissante,

» Comtesse de Vallivon.

» 16 novembre 1830. »

(Autographe.)

Je suis trop fréquemment incommodé des visites de ce rêveur littéraire qu'on appelle Amédée de Tissot. Mais je ne dis cela qu'à mes *Notes*, et par forme de soulagement ; car c'est un homme d'une grande politesse, un Philinte toujours charmé de ses *gros morceaux*. Après son invention des *Polydrames*, il a imaginé celle des vers de vingt-quatre syllabes, qui consiste tout uniment à mettre deux vers de douze à la suite l'un de l'autre. Occupé comme je le suis, il doit m'être permis de trouver de pareilles billevesées cruellement indigestes. Il vient encore de me dévorer une demi-heure, que je croirais bien rattraper en envoyant, pendant trente autres minutes, les innovateurs de sa force à tous les diables. (28 décembre 1830.)

« Monsieur le Directeur,

» L'acteur qui joue en ce moment au *Théâtre des Nouveautés* sous le nom de Perlet n'est point mon frère, comme plusieurs journaux l'ont annoncé. J'ai deux frères, mais qui ne jouent point la comédie. Veuillez, je vous prie, donner place à ma réclamation. J'ai l'honneur, etc. Perlet.

» Le 19 janvier 1831. »

(Autographe.)

« ..... Je ne sais point *le Tableau parlant*, et il me reste trop peu de temps avant mon départ pour apprendre cette partition, très-difficile aujourd'hui surtout où, paraissant pour la première fois dans un genre qui n'est point encore le mien, l'on croirait pouvoir exiger de moi une perfection à laquelle je suis encore loin de pouvoir atteindre. JENNY COLON.

» 4 février 1831. »
         (Autographe.)

Ce soir, à la Porte-Saint-Martin, en voyant Potier jouer dans deux pièces et tenir presque toujours la scène, le Public ne se doutait pas que les lazzis dont il s'amusait le plus n'étaient qu'un moyen de cacher les douleurs aiguës auxquelles cet acteur est constamment en proie. Après le spectacle, Potier m'a de nouveau confié son intéressant stratagème, en ajoutant : « *Il ne faut pas le dire, car les rieurs pleure-* » *raient trop.* » Puis il est allé s'envelopper *in naturalibus* dans la couverture qui forme en tout temps l'unique appareil de son lit, et chercher le sommeil dont il prive les autres par un motif si différent. Que serait l'état de comédien sans les compensations ? (9 février 1831.)

« Je vous envoie, mon cher Maurice, ma Brochure-Macédoine. Vous savez qu'on ne prend qu'aux riches. J'ai fait, dans l'*Avertissement*, l'aveu des rapines que je vous ai faites, et j'espère que vous me trouverez graciable. Votre, etc. SAINT-ROMAIN.

» 3 mars 1831. »
         (Autographe.)

❦

Comme dans tous les pays les mœurs se sont améliorées depuis le commencement de ce siècle! Quand je pense qu'en 1806 j'ai vu sous le vestibule du théâtre de la Scala à Milan, et fastueusement installé dans une espèce de tribune à lui seul, un individu vêtu avec richesse, la poitrine et les mains couvertes de diamants, se pavaner ni plus ni moins qu'un Sage de la Grèce! Lorsque je demandai qui c'était, on me répondit : « *C'est le* Ruffiano. » Et comme je ne comprenais pas, on m'expliqua que cet homme, âgé d'environ cinquante ans, attendait là que les étrangers vinssent s'enquérir près de lui du nom, de la qualité, de la position des dames qu'ils voyaient dans la salle, et dont les charmes les séduisaient. *Proh mores!...* Il donnait sur tout cela les plus minutieux détails avec les prix du tarif, son courtage compris, en affirmant qu'il n'y avait pas un seul refus à craindre. Sans doute *il Signor* exagérait, mais n'était-ce point déjà trop qu'il pût le faire?... Je crois bien qu'en renversant le comptoir de cet ignoble spéculateur, les mœurs italiennes auront, par la suite, érigé leur temple à la Chasteté.

❦

J'ai dîné aujourd'hui chez Lafon à côté de Paganini, dont la ressemblance avec Baptiste cadet est des plus surprenantes, non-seulement pour le visage, où le nez se recourbe en véritable bec à corbin, mais pour la conformation tout entière. Personne ne l'a publiquement remarqué, et c'est cependant ce qu'on ne trouve d'ordinaire qu'entre jumeaux. Le rusé, qui, sans doute,

Monsieur

Paris, 11. Juin 1832.

Je suis heureux d'avoir à rendre justice à un des plus habiles auteurs d'instruments à cordes de l'époque. Les violons que vous avez bien voulu m'envoyer ont un son que je ne crains pas de comparer à celui des anciens violons de Crémone ; et il ne manquerait à vos instruments que le fameux Vernis, dont on a malheureusement perdu la tradition pour s'y méprendre dans la comparaison avec ceux que je viens de citer.

C'était à un homme de mérite comme vous qu'il appartenait de faire revivre le talent des anciens.

Je joins mes suffrages à ceux dont l'Art vous est redevable.

Veuillez agréer les sincères compliments que je me plais à rendre à un mérite aussi distingué que le vôtre.

Nicolo Paganini

n'a guère entendu parler de moi, m'a complimenté tout à fait à l'italienne, avec force exagérations, à preuve qu'il m'a traité d'*illustre*. Il a été bienheureux qu'il ne soit pas poli de rire au nez des gens ; mais je lui ai bien rendu la monnaie de sa pièce en l'assurant que je lui trouvais le *profil grec*. (12 mars 1831.)

« Mon cher ami,

» Je suis nommé sous-préfet de l'arrondissement de Sceaux ; cela me convient, à part l'instabilité. — Si vous parlez du changement ministériel, et que vous me jugiez assez important pour y paraître en quelque chose, dites que, dans la durée de mon bref séjour ici, j'ai tâché d'être utile aux gens de lettres, mes camarades, et aux artistes que j'aime : c'est le seul éloge que je mérite, et j'ai la satisfaction de penser que, si je n'ai pas fait davantage, il n'y a pas eu de ma faute. Tout à vous,   A. Lesourd.

» Paris, le 14 mars 1831. »

(Autographe.)

Ces jours derniers, chez l'Empereur d'Autriche, à Vienne, pendant une soirée d'apparat, une jeune personne attachée à la maison, et que le duc de Reischtadt appelle *sa chère sœur,* ne le voyant pas dans les salons, s'est mise à sa recherche. Après quelques instants, elle l'a trouvé dans une pièce des petits appartements, assis devant un portrait de Napoléon, qu'il regardait, plongé dans une méditation profonde. Pour l'en tirer, elle lui parla de la gloire de son père, dont, peut-être, un jour il se montrerait le digne héritier, et de ce que promettait l'histoire à tous les deux. Le Duc lui répondit

avec l'accent d'une sombre tristesse : « *Oh! l'histoire!...*
» *L'histoire dira : il fut un grand homme... Ce grand*
» *homme eut un fils, qui naquit le* 20 *mars* 1811, *et qui*
» *mourut....* » Il n'acheva la phrase que par un hochement de tête et un geste de la main, dont le sens était que l'époque et le genre de sa mort ne pouvaient être l'objet d'aucune prévision, mais que la fatalité n'y serait pas étrangère. (Mars 1831.)

Je constate que ce soir, dans *Tartufe,* le rôle de madame Pernelle a été dit tout du long par la *membrane pituitaire* de madame Desmousseaux-Macoubac. Notez que l'exigence de l'époque est de demander aux journalistes *du pittoresque.* En voilà! (8 mai 1831.)

« ..... Je n'ai que le temps de jeter sur le papier une espèce d'article, qui d'ailleurs est aussi décousu que notre pièce. En vous l'envoyant d'avance, je le livre à vos corrections, quoique je pense qu'il est dans votre esprit : car vous et moi sommes assez *rococos* pour tenir à notre vieille gloire littéraire et à ce goût qui a toujours été le cri de ralliement de notre littérature.

» Dumersan.

» 9 mai 1831. »

(Autographe.)

Un an ne s'est pas écoulé depuis la Révolution de Juillet, et voilà les théâtres osant tout ce qu'ils peuvent pour nous ramener la Censure! L'Odéon a donné ce soir la première représentation du *Moine,* par le citoyen Fontan, et qu'y a-t-on vu? Le Christ *foulé aux pieds,* en pleine scène, par Ambrosio, ce personnage ressuscité de l'Ambigu-Comique après 25 ans d'oubli!... Est-il quelqu'un au monde que puisse satisfaire un pareil spectacle? Je plains sincèrement Frédérick-Lemaître d'en être l'interprète. Et quand les ciseaux reprendront leurs allures, auteurs et théâtres se plaindront de plus belle! George Dandin!... (28 mai 1831.)

❦

« Monsieur,

» Si, dans votre conscience d'homme de probité, vous croyez que je vous doive quelque chose, je vous prie de me faire parvenir une quittance; j'y ferai honneur.

» H. DE LATOUCHE, *quai Malaquais*, 19.

» Figaro. — 2 juin 1831. »

(Autographe.)

Réponse. (3 juin 1831.) « Monsieur, ma note était polie. Votre réponse ne l'est pas. Vous receviez mon journal pour l'avoir demandé (j'en ai les preuves écrites de votre main). Un ordre est venu au bureau d'en suspendre l'envoi, mais d'en tenir les numéros suivants à votre disposition. On y a déféré. Et quand, informé de cela par mon Commis, je fais mieux que vous demander un nouvel avis, je vous ouvre la voie du silence pour que toute communication cesse entre nous, vous répondez par un doute impertinent sur ma *conscience d'homme de probité!*.... Quel fait dans ma vie vous autorise à n'en avoir pas la certitude? Imprimez-le. Je ne vous demande pas plus de grâce que je ne vous en ferai. Charles Maurice. »

(Autographe.)

❦

Parmi tant de défections effrontées, l'avenir n'oubliera pas celle dont, contre toute attente, Baour-Lormian a donné le saisissant spectacle. — Sa tragédie d'*Omasis* lui avait valu une pension de 6,000 fr. de l'Empereur, qui s'était réservé de pousser plus loin ses bienfaits. Sans souvenir pour tant d'honneur, le poëte de Toulouse publia une épître en prose mal rimée, dans laquelle se trouvaient des lignes comme celles-ci :

> A l'Aigle *insatiable* il redonna l'essor.....
> Alla de son exil subir l'*ignominie*.....
> C'est là que sous le poids d'une tombe *sans gloire*.....

Puis enfin, du temps de Napoléon,

> Tout fascinait nos yeux d'un prisme *suborneur*.

Cette audacieuse palinodie était-elle commandée à Baour ? En avait-on fait la condition de son maintien sur la feuille des bénéfices ? Dans ce cas, son extrême vieillesse, son état de cécité, sans être absolument une excuse, présenteraient du moins une sorte d'atténuation à cette faute. Autrement, cela confirmerait le mot que l'on disait prêté à cet auteur, parlant du même Monarque : « *Il m'a flétri d'une pension.* » — C'est pourtant le même écrivain qui a dit, au départ de Napoléon pour sa dernière campagne :

> Charles Martel fait briller l'oriflamme;
> Il nous répond des combats et du sort.
> Frémis, frémis, orgueilleux Abderhame,
> Il est parti, c'est l'arrêt de ta mort!

Quand les poëtes oublient, c'est au temps à se souvenir.

❦

« Mon cher monsieur Maurice,

» Mon beau-père, ancien artiste dramatique, et présentement libraire à Clermont-Ferrand, me témoigne le désir d'être au courant des nouvelles théâtrales. Le moyen le plus sûr de lui être agréable est certainement l'envoi de votre intéressant journal. Veuillez donc, etc.

» Moreau Sainti.

» Ce 12 juillet 1831. »

(Autographe.)

« Monsieur,

» J'ai lu votre feuille de ce jour et le compte que vous rendez de l'essai fait aux Nouveautés. Vous n'avez pas trop bien traité ma protégée.... Je conviendrai avec vous qu'elle a peu ou point d'âme ou de chaleur ; mais il faut faire la part de la peur, et ce sentiment paralyse toutes les facultés. Elle est venue me voir ce matin. Je lui ai conseillé de se mieux pénétrer de l'esprit de son rôle, et aussi de prendre les avis de mademoiselle Mars, qui, je crois, s'intéresse à elle et qui est venue la voir. Elle l'a encouragée, et je vous engage à en faire autant. Un soldat ne devient pas tout d'un coup maréchal, et mademoiselle Mars a été longtemps faible avant de gagner son bâton. C'est vraiment bien dommage que le talent soit en raison inverse des agréments du jeune âge, et qu'ils marchent si rarement de conserve. Au surplus, en passant condamnation sur sa pantomime (à laquelle pourtant j'attache tant de prix que, sans elle, pour moi le reste n'est rien, ou peu de chose), il faut convenir qu'elle a un bel organe, une belle voix, qui a du mordant, de la vibration, mais pas encore assez maniée. A 20 ans et avec une jolie figure, il y a de la ressource.... Quoique je vous aie déjà fait ma profession de foi à son sujet, je proteste ici contre toute conjecture que vous pourriez tirer de l'intérêt que je manifeste pour elle. Recevez, etc.

» Le duc de Valmy.

» 29 août 1831. »

(Autographe.)

C'était le jeudi 8 septembre 1831, le soir, dans le bureau de la Régie du théâtre de la Porte-Saint-Martin. On venait de donner la première représentation de *la Caricature,* revue en un acte, où les ouvrages de Victor Hugo n'étaient pas épargnés, bien que sa *Marion Delorme* fût alors en cours de représentations à ce théâtre. Des couplets de cette *Revue* avaient été interprétés d'une manière fâcheuse pour madame Dorval. Nous discutions avec M. Léry, directeur, pour qu'ils fussent supprimés. Victor Hugo, paraissant plus blessé de ce qui regardait madame Dorval que de ce qui le touchait lui-même, proposa de remplacer ces couplets par d'autres dirigés contre sa personne, s'il le fallait, afin de ne rien ôter au piquant de la scène. Soudain il donna l'exemple en improvisant le couplet ci-après, avec toute la liberté de rhythme adopté dans ceux que l'on voulait retrancher :

« Air : *Mais, oui-da.*

» J' pourrais fair' du scandale
» Avec les vers d'Hugo (du Goth).
» C'est un fameux Vandale,
» C'est un fier Visigoth.
» Mais, s'il est là,
» Devant lui l'on n' peut pas dir' tout ça. »

(Autographe.)

Parmi les noms plutôt fameux que célèbres, on a, dans son temps, remarqué celui du comte Delamotte Valois, qui joua un si triste rôle dans l'affaire du *Collier,* mais plus à l'instigation de sa femme, intri-

gante fieffée, que par sentiment de haine contre notre
infortunée Reine. Cette malheureuse, qui se disait hautement de la branche bâtarde des Valois, invoquait le
souvenir de Charles IX. — Sa famille oubliée vivait
du labourage, quand ses titres retrouvés dans de vieux
papiers firent sortir de cet état notre héroïne, toute
jeune alors et douée de dispositions précoces. Mais il n'y
avait plus de fortune à attendre ; les pensions avaient
disparu avec les Valois, et quand elle épousa l'obscur
Delamotte, ce fut au savoir-faire qu'elle demanda des
ressources. De là son assistance dans l'indigne manœuvre que le vieux et sot cardinal de Rohan favorisa
par la révoltante absurdité de ses prétentions sur l'esprit de sa Souveraine. On sait à peu près le reste, et
surtout que, loin d'abjurer ses idées de noblesse, la
Delamotte, descendant l'escalier au bas duquel on
allait la fouetter-marquer, s'écriait audacieusement :
« Français, laisserez-vous flétrir le sang de vos Rois ? »
— De cette femme à son mari, le chemin est court.
Veuf et revenu misérable de ses voyages à l'Étranger,
il voulait encore ressusciter le souvenir de leur infâme
complot par des *Mémoires* semblables à ceux qu'ils
avaient trouvé moyen de vendre au trop faible Louis XVI,
et que ce monarque crut anéantir en les faisant brûler
dans les fours de la manufacture de Sèvres. Il était
beaucoup trop tard pour que le succès répondît à cette
nouvelle et toujours frauduleuse spéculation. — La position de Delamotte me l'amena, ainsi qu'on le voit par
sa lettre, qui est comme le dernier épisode de ce drame
abreuvé de scandale, et dont la lecture force à se
demander si, pour finir de la sorte, c'était bien la
peine d'oser porter la main sur un trône.

« ..... J'ai dans mille occasions parlé de M. Charles Maurice, comme un ami dévoué doit le faire: je puis le prouver, et personne ne prouvera le contraire..... Je suis loin de nier les services de M. Charles Maurice; je l'ai dit plus souvent qu'il ne le dira lui-même.....

» F. CROSNIER.

» 21 septembre 1831. »

(Autographe.)

RAPPEL DE DATE. — *Bis in idem.* « Reçu 10,305 fr. 45 c. du *Courrier des Théâtres.* — CROSNIER. » — (*Voir page 432 du premier volume.*)

« MON CHER MONSIEUR MAURICE,

» ..... Crosnier n'a cessé de dire en ma présence qu'il était possible que quelques personnes aient à se plaindre, mais que lui n'avait jamais eu de vous que des services et les *plus grandes* preuves d'amitié. — Je suis avec fierté votre dévoué   GOBERT.

» 21 septembre 1831. »

(Autographe.)

« MONSIEUR,

» ..... Il paraîtrait, d'après les bruits qui se répandent, que j'ai rompu avec le Vaudeville; il n'en est rien. S'il s'est élevé quelques discussions entre M. Arago et moi, elles se sont toujours passées en famille et jamais elles n'ont eu de suites. J'aurai toujours l'obligation à mon Directeur de m'avoir ouvert les portes de son théâtre lorsque je m'y présentai....   HENRI MONNIER.

» 14 novembre 1831. »

(Autographe.)

MA VIE. — CHAPITRE XXIII.
1808. — SECUNDA MORS.

Coup affreux ! douleur inouïe !... Je perds la bienfaitrice, l'autre auteur de mes jours, le bonheur de ma jeunesse ! Celle qui m'a tout donné meurt..... Je n'ai plus ma Grand'mère..... Elle est allée rendre à Dieu une existence toute de pensées généreuses, de bonnes actions et de vertus sans faste. — Regrets cuisants que je devais voir s'accroître à chacun de mes pas dans l'avenir !

Ma famille, avec laquelle les relations étaient rares, occupée d'ailleurs de sa lutte contre la mauvaise fortune, n'avait point de consolations à m'offrir. J'allais souffrir seul..... mais longtemps..... mais toujours.

(La suite au Chapitre prochain.)

❦

« ..... Je vous répète que je ne trouve pas du tout que vous soyez exigeant pour les entrées ni les billets.

» DARTOIS, *Directeur.*

» 20 novembre 1831. »

(Autographe.)

❦

« MON CHER MAÎTRE,

» Mon gendre n'a guère su où il irait quand la fatale trappe a cédé (à la fin de *Robert le Diable*, première représentation). Frémissons à l'idée que si la deuxième trappe manœuvrante eût été sur-le-champ démontée ou dégarnie de son second plancher, Adolphe Nourrit pouvait tomber vingt pieds plus bas et se tuer : heureusement la chute n'a été que de six à sept pieds ; il ne s'est ressenti dans le moment d'aucunes contusions, seulement la tête pesante. Mais, arrivé chez lui, quelques douleurs dans les reins se sont fait sentir. Ce matin le docteur a jugé utile une bonne saignée ; et nous en espérons les heureux effets. Il va très-bien, et je crois que sous deux jours il sera en état de reprendre son service..... C'est à monsieur Maurice que j'adresse ce petit mot, plutôt qu'au spirituel rédacteur du *Courrier des Théâtres*, dont je me répète le très-affectionné DUVERGER.

» 22 novembre 1831. »

(Autographe.)

« MON CHER MAURICE,

» Voilà l'analyse de la petite bêtise que l'on jouera demain au Palais-Royal. Taille, coupe, rogne ; et si je tombe, aie soin de me faire un matelas pour que je ne me casse pas les reins. A toi. BRAZIER.

» 5 décembre 1831. »

(Autographe.)

« MON AMI,

» Le roi vient demain au Théâtre-Français, et nous affichons : PAR ORDRE, *pour la rentrée de mademoiselle Mars*. Tout à vous,

» JOUSLIN DE LA SALLE, *Directeur*.

» 26 décembre 1831. »

(Autographe.)

AUTOGRAPHE DE MADEMOISELLE MARS.

J'accepte mon ami votre invitation pour mardi ou tout autre jour de la semaine qui vous conviendrait mieux, mais si vous voulez que je ne fasse pas trop mauvaise contenance à table, je vous prie de me régaler d'une petite soupe au lait, et de quelques pruneaux, mon régime oblige. Voilà j'espère agir sans façon ? mais la faculté n'entend pas raison, et comme vous voyez il lui importe peu qu'on sache mal vivre, pourvu qu'on ne meure pas. vous excuserez mon inconvenance.

mes amitiés à tous deux.

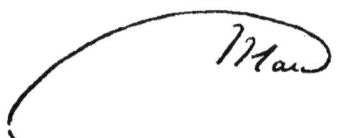

ce Dimanche

30. Octobre 1831.

« Mon ami, je voulais aller vous voir ce matin, je n'ai pas eu un moment à moi ; si vous avez le temps et le moyen de faire savoir demain matin que la famille royale nous fait l'honneur d'assister à notre rentrée, vous me feriez plaisir.

» Mercredi, j'irai causer avec vous.

» Amitié.

» MARS.

» Ce lundi, 26 décembre 1831. »

(Autographe.)

Par un rare bonheur, dans un monde où les mérites font des ennemis, Vial a pour lui l'opinion de tous, et obtient des succès que personne ne lui conteste. Sa modestie rend encore cette justice plus impérieuse. Simple rédacteur au Ministère des finances, il concilie très-bien ses devoirs et son goût pour les lettres. Cependant sa jeunesse ne s'est pas écoulée sans de vives agitations. Les Lyonnais ont gardé le souvenir de sa conduite dans leur artillerie pendant le siége de cette ville, où il fut dangereusement blessé. Persécuté ensuite, Vial fut contraint de se cacher, et ne trouva un moment asile que dans un poulailler. C'est là que, par distraction forcée, il se livra à cette imitation du chant du coq et des poules dont il amuse encore son intimité. Au Comité de lecture des Variétés, dont il était membre, son obligeance pour les auteurs a toujours égalé son indulgence pour leurs ouvrages, auxquels il a souvent procuré d'heureuses *relutes*. Je sais de bonne part que la croix d'honneur serait l'unique objet de l'ambition de Vial ; mais il la mérite beaucoup pour la recevoir !... (1831.)

Les descendants d'Annette et Lubin habitent la commune de Cormeilles en Parisis. Le chef de cette famille, Petit-fils du couple illustré par Favart, y exerce la profession de serrurier, dans la Grande-Rue, au bas de la rue Neuve, à cent pas de chez moi. (1831.)

La puissance du nom ! Un acteur de province, jusqu'ici peu remarqué, trouve en ce moment une rare occasion de succès dans le rôle de Napoléon, dont il reproduit le type avec bonheur. Parmi toutes les distinctions que cela lui procure, il en est une des plus singulières. Connu des officiers de la garnison avec lesquels il va souvent en promenade, il ne lui est plus possible de garder sa place à côté d'eux. Il a beau retenir le cheval qu'on lui prête, jamais il n'obtient de ses compagnons le même ordre que précédemment dans leurs excursions d'habitude. Malgré eux, ces braves militaires, cédant à l'empire de la personnification d'emprunt qui les frappe au théâtre, se tiennent toujours à distance, et complètent leur illusion par une déférence presque respectueuse envers l'heureux imitateur. (1831.)

Avant 1820, Saint-Phal était le doyen des acteurs de l'ancienne École. Lors de ses débuts, on eut lieu de penser qu'il se placerait en première ligne, tant il avait produit d'effet par sa bonne mine et cette chaleur de tête que la multitude prend volontiers pour les élans d'une âme brûlante. Mais le talent réel de Molé et de Fleury l'empêcha d'aller plus loin, bien qu'il eût, comme le premier de ces comédiens, cette espèce de bégaiement que l'on goûtait beaucoup à cette époque. Il en resta toujours à Saint-Phal une sorte d'hésitation à prendre la parole, une diction duriuscule et saccadée dont la singularité n'était pas sans charme. C'est encore ce qui le servit si puissamment dans Meineau de *Misanthropie et repentir,* en tenant compte aussi de l'air honnête, souffrant et doux qui respirait dans toute sa personne. Au sortir des *Premiers rôles,* il prit les *Pères nobles* et les joua avec dignité et sentiment. Sans être esclave des traditions, il était toujours à son personnage et cherchait à faire valoir ses interlocuteurs par tous les moyens que lui permettaient ses rôles. De toutes ces qualités, je crains bien que Saint-Phal n'en laisse pas beaucoup à ses successeurs.

❀

J'arrive de la pièce nouvelle au Théâtre-Français, où j'ai trouvé la meilleure place de ma loge occupée par une dame, qui nous a vus venir sans témoigner la moindre politesse, sans faire la plus petite attention à ma famille. Avant d'y entrer, j'ai demandé qui elle était, et le nom qu'on livre à tant de publiques excentricités ne m'ayant pas paru justifier ce sans façon, j'ai, ma foi, fait prier cette personne d'aller chercher gîte ailleurs. Nous nous y serions peut-être mieux pris, tous les deux, si elle avait eu sa *blouse.*

En réponse à Samson, qui ne change pas de voix nasillarde pour médire à la Basile, du *Courrier des Théâtres,* je l'appelle le *Canard accusateur.* (1831.)

« Frédérick et Serres sont cités devant le juge de paix pour usurpation des *costumes* de l'auberge : M. le Directeur de l'Ambigu prétendant que la *propriété morale,* le *poëme* de ces costumes lui appartient, attendu que c'est son tailleur qui les a *composés* ou *créés.* — Ce procès est plaisant. Parlez-en, si vous le trouvez bon. Pour moi, cela ne me fera pas de peine. — Ces costumes valent bien à eux deux 1 fr. 20 c. — Tout à vous. HAREL.

» 5 janvier 1832. »

(Autographe.)

« ..... Je ne serais pas scandalisée que votre influence, mon cher monsieur Maurice, l'emportât sur ma prière. Ainsi, si vous voulez ajouter aux obligations que je vous ai déjà, veuillez dire un mot, etc.

» ROSE DUPUIS.

» 29 janvier 1832. »

(Autographe.)

« Il n'y a que vous, mon cher ami, qui saurez rédiger à l'effet lucratif ce fait : que Frédérick et Serres, dans *l'Auberge des Adrets,* ont imaginé d'aller se faire arrêter au deuxième acte dans une avant-scène, où divers coups de pistolets sont échangés, et d'où l'on jette sur la scène deux gendarmes tués par lesdits Frédérick et Serres. — Il y aura de l'argent dans cette annonce. A vous de cœur. HAREL.

» 17 février 1832. »

(Autographe.)

« MON CHER MAÎTRE,

» La tragédie de mon frère est en répétition à la Comédie française. Est-ce trop compter sur votre amitié que de vous demander aide ? — Voici une petite note que je vous recommande fraternellement. Tout à vous de cœur. DARTOIS.

» 23 février 1832. »

(Autographe.)

Les vendeurs d'orviétan auront beau s'escrimer, leur savoir est dépassé, leurs colonnes d'Hercule sont posées : *ubi defuit orbis*. Trois charlatanismes, trois *Puffs* de première force resteront comme autant de chefs-d'œuvre d'invention et d'audace à jamais inimitables. Le dernier appartient à l'Angleterre ; les deux autres sont à nous. En voici la composition :

1° Par une de ces initiatives attestant le génie, *la scène des gendarmes assassinés,* dans le *Robert Macaire* de la Porte-Saint-Martin. Ce qui représentait deux mannequins dérobés aux ruisseaux du Carnaval, et qui tombaient d'une loge sur le théâtre. Rien de plus. Signé : HAREL. (Février 1832.)

2° LA SCÈNE DU MONSTRE, dans *la Tentation,* à l'Opéra, c'est-à-dire une toute jeune fille, coiffée de longs cheveux verts, et sortant de la cuve d'une sorcellerie pour se sauver, sans rien faire ni rien dire. Signé : VÉRON. (Juin 1832.)

3° Le *cirage* qui a sauvé la vie d'un voyageur près d'être mangé par des sauvages, si étonnés de voir le brillant de ses bottes refléter leurs figures, qu'ils l'ont épargné et proclamé leur roi. Signé : WARREN. (Octobre 1836).

Ces trois choses ont fait fortune. On a couru chez le marchand ; on a demandé le rétablissement du *Monstre* supprimé, et le premier Directeur s'est vanté de l'élévation de ses recettes les jours où il annonçait la culbute de ses soldats d'osier. Oui, tout cela a été imaginé, osé, permis, reçu, applaudi, et l'on voit encore des chercheurs de *progrès !*.... L'amour de la gloire rend donc les hommes insatiables.

※

Ce soir, à la seconde représentation d'*Une révolution d'autrefois*, on a fait évacuer la salle de l'Odéon, parce qu'on demandait obstinément les passages de la pièce supprimés *par ordre*. Les Romains, qui parlaient en prose dans cet ouvrage, en seront pour leurs frais d'innovation moderne, car on l'a tentée plusieurs fois, et toujours sans réussir. Quoi qu'il en soit, il y a quelque chose de gros sous ce tapage-là. (3 mars 1832.)

※

Ce soir, à la brillante représentation de l'Opéra, Marie-Amélie étant arrivée sans que le Public lui eût fait le moindre accueil, a paru frappée de celui que recevait mademoiselle Taglioni en entrant dans une loge des premières. Elle en a témoigné son impression par ces paroles distinctement prononcées : « *Ah !* » *la reine de l'Opéra est mieux reçue que la reine des* » *des Français !* » (19 mars 1832.)

« Mon cher ami,

» Un mal de dents horrible me prive du plaisir de dîner demain chez toi. Ma fille joue en premier, et me prie de l'excuser auprès de toi et de ton aimable et bonne femme. Crois à mes regrets, car je me faisais une fête d'être avec vous une partie de la journée. J'espère te voir à ta campagne, et me dédommager; mais je souffre beaucoup, et je ferais une triste figure. Adieu, mon ami. A toi et à ta femme l'assurance de mon amitié.

» THÉNARD MÈRE.

» 24 mars 1832. »

(Autographe.)

« Mon cher monsieur Maurice,

» J'ai fait en entier le sacrifice de mes intérêts en faveur de mademoiselle Dupont. Sa représentation passera avant la mienne, qui n'aura lieu que vers le 10. J'espère que mademoiselle Dupont m'en saura gré. Donnez-moi des nouvelles de la santé de madame Maurice. Agréez, etc.   DUCHESNOIS.

» Ce 30 mars 1832. »

(Autographe.)

« ..... Je m'empresse de vous annoncer que la représentation de mademoiselle Duchesnois est ajournée et que la mienne va toujours mercredi. Vous savez ce que veut dire cet avis : cela vous demande vos excellents articles pour moi seule : voilà de l'égoïsme.....
Votre reconnaissante *servante*.   C. DUPONT.

» 30 mars 1832. »

(Autographe.)

Je suis assez de l'avis des personnes qui reprochent à mademoiselle Mars le défaut d'ampleur dans les *Premiers rôles*. J'ai eu le courage de lui en parler pendant la visite qu'elle vient de me faire. « *Ah !* m'a-t-elle dit, *vous voilà comme les autres ! Est-ce qu'il vous faudrait aussi des hanches, de la gorge, et toutes les richesses de l'embonpoint, pour reconnaître ce que demande mon emploi ?* — *Non,* » lui ai-je répondu. Et comme j'entrais dans quelques détails : « *Avez-vous fini ?* dit-elle en m'interrompant. — *Oui,* » lui ai-je répliqué, *si vous l'exigez ; mais, dans le cas où vous consentiriez à savoir le reste, je vais vous envoyer une feuille de papier à lettre si complétement remplie d'observations semblables, que, dans les marges, il n'y aura pas de place pour une épingle.* — » *Non ! non !* s'est-elle écriée en me frappant sur le bras, vous me désenchanteriez sur moi-même ! » (4 avril 1832.)

De temps à autre, il me revient qu'on s'occupe de moi dans la royale demeure, par souvenir de ma conduite en 1830. Il y a trois jours, on est revenu sur ce sujet, et madame Adélaïde a encore terminé la conversation par son refrain d'habitude : « On *a des torts envers cet homme-là.* » (5 avril 1832.)

Je n'assiste pas à une parodie, que je ne pense à M. de Voltaire, effrayé de celle que préparaient les Italiens, au sujet de sa *Sémiramis,* et se jetant (épistolairement)

« aux pieds de la Reine, implorant sa vertu et la con-
» jurant avec la plus vive douleur de ne pas souffrir
» une satire odieuse. » Pour réussir, M. le Gentilhomme
ordinaire de la Chambre ne craignit pas d'écrire à sa
Souveraine : « *Je suis domestique du Roi, et, par con-*
» *séquent, le vôtre !...* » Il faut que la crainte d'essuyer
quelques traits de critique ait été bien grande pour
inspirer de telles paroles à l'homme qui décochait si
libéralement les siens aux ouvrages des autres. Que
dirait-il donc aujourd'hui que ce qu'il redoutait si fort
en 1748 est devenu un honneur plus souvent recherché qu'obtenu, et dans lequel la personnalité se montre
si joyeuse de dépasser toutes les bornes ? Cependant,
douze années auparavant, l'auteur d'*Alzire* avait vu
cette tragédie parodiée de plusieurs manières, et notamment par une kyrielle sur l'air du *Menuet d'Exau-
det,* qui courut toute la capitale. On y disait :

> Pour Montez,
> Alvarez
> Est en peine;
> Car son fils, fier et brutal,
> Traite horriblement mal
> La race américaine.
> Vers pompeux,
> Deux à deux
> Il débite.
> D'ailleurs tout manque au sujet,
> Clarté, vraisemblance et
> Conduite.

Mais le chatouilleux Voltaire n'était pas encore *domestique,* et peut-être eût-ce été trop peu d'invoquer le
servage voué à madame de Pompadour.

Invité à dîner aujourd'hui à Neuilly, M. Pyère, près de monter dans une voiture du château, l'ayant vue occupée par plusieurs choses, a demandé ce que c'était. On lui a répondu que c'étaient des paquets appartenant à madame Adélaïde, et qu'on avait ordre de lui porter. — « *Je ne voyage pas avec les paquets,* » s'est-il écrié; et il est venu dîner avec nous. M. Pyère n'en sera pas moins bien reçu demain à la cour, qui sait ce qu'elle fait. (15 mai 1832.)

« Monsieur et cher collègue d'arbitrage,

» Votre lettre est quelquefois trop modeste, quelquefois empreinte d'un sentiment de susceptibilité que je suis loin d'improuver. Je réponds en vous disant que vous êtes, de tous les hommes que je connais, le dernier à qui je voudrais faire une impolitesse. Vous avez trop de savoir-vivre pour qu'on ne s'en pique pas à votre égard, trop d'esprit pour qu'on ne soit pas toujours enchanté de se trouver avec vous. Mais il faut pardonner à l'avocat de ne pas faire de visite, même pour s'excuser, et oublier entre vous et moi tout ce qui pourrait ressembler à de l'inconvenance. Nous n'en sommes plus à ces termes-là. Tout à vous de cœur.

» Ad. Crémieux.

» 30 mai 1832. »

(Autographe.)

Je remarque aujourd'hui qu'en annonçant sa pièce nouvelle le Vaudeville n'a pas employé « le style ostrogoh » qu'ont depuis trop longtemps adopté les affiches de spectacles. Au lieu DE LE *Contrebandier,* on a écrit, selon l'antique usage de la langue française : DU *Contrebandier*. J'ajoute que, si c'est de *la résistance,* c'en est une à la sottise, ce qui équivaut tout juste à un acte de sens commun. Mais c'en est une bien plus louable encore, celle du savoir le plus ordinaire au cynisme de l'ignorance la mieux conditionnée. (1ᵉʳ juin 1832.)

Je viens de rencontrer Baptiste aîné dans le jardin du Palais-Royal. Je lui ai dit que je l'avais vu hier dans le rôle de Baliveau, de *la Métromanie,* dont il s'acquitte si bien, et que je ne pouvais me lasser d'entendre la belle scène VII du troisième acte entre ce personnage et Damis. — « *D'autant plus belle,* m'a-t-il » répondu, *qu'ils ont raison tous les deux.* » — La remarque est d'une grande justesse. Il est de mon devoir d'en laisser le mérite à Baptiste aîné. (1ᵉʳ juillet 1832.)

Le prix de l'argent est chose inconnue à Boïeldieu. Il donne, il donne à tout venant et à tout propos. Hier, il a répondu à quelqu'un qui lui recommandait un peu plus de réserve : « *Que voulez-vous? Mes parents* » *disent que ma bourse est percée ; c'est vrai.* » (8 juillet 1832.)

Le succès qu'ont obtenu *les Deux Nuits* n'a pas répondu aux espérances qu'en avaient conçues leurs auteurs et le théâtre de l'Opéra-Comique. Boïeldieu, qui en est toujours profondément affligé, pense, de temps à autre, à remettre cet ouvrage à la scène. Ni M. Bouilly ni Vial ne s'y opposeraient, car il faut savoir que ce dernier est pour quelque chose dans le poëme. Il est particulièrement l'auteur des paroles, taillées sur l'ancien patron, qui forment le grand air du valet, très-bien chanté par Chollet. On devrait cette nouvelle épreuve au désir d'un Compositeur comme il est à craindre qu'il ne s'en fasse plus guère. (1832.)

À la peine d'autrui je n'ai jamais pu prendre
Toute la part d'un cœur vers le bien entraîné.
Ce regret est, hélas ! trop facile à comprendre :
Les autres ont vécu, moi j'ai tourbillonné.

« Mon cher Maurice,

» Comment voulez-vous que je ne me souvienne pas de nos anciennes et très-agréables relations ? Je me suis toujours tenu mal au courant des menues tribulations dont vous êtes le dispensateur ; mais il me semble que dans le temps où il me fallait prendre ma part de vos corrections, vous me faisiez patte de velours : du moins je le voyais ainsi et vous en saviez gré. Si je me trompais, avouez que c'était bien prendre les choses. Quoi qu'il en soit, et sans conditions, je vous jure, il m'a suffi de voir tout l'intérêt que vous prenez à un malheureux artiste, pour me trouver disposé à lui être utile.... Loraux.

» 29 août 1832. »

(Autographe.)

« Je vous demande un *service personnel*....

» ALPHONSE KARR.

» Août 1832. »

(Autographe.)

Aujourd'hui, 11 septembre 1832, on lit dans *le Courrier des Théâtres* :

« Non, M. Charles Maurice n'est ni vendu ni à vendre, comme l'ont obligeamment répandu des amis, à l'occasion d'un Écrit annoncé il y a quelque temps. Les causes du retard y sont déduites avec franchise. Hier, le manuscrit en a été livré à l'imprimeur, et dans peu de jours, nous l'espérons, cette lettre paraîtra sous le titre que nous avons fait connaître : *A Louis-Philippe, roi, Charles Maurice, homme de lettres*. Hier, un Conseil d'avocats et de juges sévères en a entendu la lecture, et l'avis unanime a été pour la publication immédiate de cet ouvrage. » — Où est le brave qui voudra me suivre dans cette route ?

« ..... Recevez mes félicitations pour l'inépuisable verve de votre *Courrier des Théâtres*. Je ne conçois pas comment, après 5,025 numéros, vous trouvez le moyen d'être toujours piquant et spirituel sans être jamais le même.

» BARTHÉLEMY.

» 22 septembre 1832. »

(Autographe.)

Nulle part comme dans *Nicomède* la tragédie n'a parlé d'un style plus riche d'inventions, plus éclatant de coloris, et dont l'ironie même soulevât de plus nobles sentiments. L'auditeur rit quelquefois, mais il est ému, et les saillies du héros ont toute la portée des maximes les plus profondes. Cette fidélité, cette foi gardée par Nicomède à son maître Annibal, la défense si généreuse, si désintéressée, qu'il en prend à chaque occasion, sa tranquille vertu au milieu des périls qui l'assiégent dans une cour où l'intrigue a si beau jeu, cette science des plus difficiles intérêts politiques, les ingénieux détours de ce courage calme et sûr de lui, qui n'attend que le moment pour répondre par une victoire à des calomnies, tout ce drame vaste et intéressant qui roule sur un pivot d'apparence si faible, sont autant de traits de génie semés dans ce magnifique ensemble. Sans doute Prusias et Attale sont gens de bonne composition, et les Critiques à la douzaine se réjouissent fort d'entendre le premier s'écrier :

Ah! ne me brouillez pas avec la République.

Et ainsi de suite de quelques familiarités qui servent de date à cette belle médaille ; mais la conception n'est pas là, et *Nicomède* est un chef-d'œuvre tel que très-probablement il demeurera toujours unique dans son genre. La sublimité des autres sera, tant bien que mal, imitée, copiée, remaniée, singée ; mais la pensée haute, vigoureuse, originale, savante et si éminemment dramatique, en même temps que rendue avec une si rare fortune, cette idée d'un monument inouï qui n'a point eu d'antécédents et qui n'aura pas de successeurs, quel audacieux pourra jamais y prétendre ? N'eût-il fait que *Nicomède*, Corneille serait ce qu'il est.

❦

« Monsieur ,

» J'aurais voulu que mes occupations me permissent de vous adresser tous les remercîments que je vous devais le lendemain de la première représentation de Falkland, pour votre aimable et touchant article : vous n'en accepterez pas moins, je l'espère, l'expression tardive de ma reconnaissance ?... Vous ne pouviez, monsieur, vous l'acquérir d'une manière plus sacrée....
Agréez, etc.   Léon Laya.

» 28 septembre 1832. »

(Autographe.)

❦

« Monsieur le Directeur,

» Je connais le pouvoir de votre baguette magique, qui peut faire d'un premier danseur de l'Opéra le dernier des sauteurs des Funambules. Mais, en supposant que je ne sois que le plus mauvais des doubles, vous conviendrez peut-être que c'est un peu trop sévère de m'envoyer tout d'un coup sur les tréteaux de madame Saqui. Si donc, monsieur, vous vouliez bien, par le moyen de votre puissante baguette, me redonner mes premières jambes, et me remettre dans ma première position, vous obligeriez un jeune homme qui a envie de parvenir, et qui fera toujours par l'application qu'il mettra à son travail tout ce qui dépendra de lui pour se maintenir digne du nom d'artiste de l'Opéra.

FRÉMOLLE.

» Septembre 1832. »

(Autographe.)

※

« Mille remercîments, mon cher Charles Maurice, pour votre bonne volonté ; mon aimable Directeur m'envoie à l'instant une loge pour les Italiens. Je vous prie donc de me réserver pour une autre fois toute la gracieuseté dont vous me donnez des preuves quotidiennes. Mille, etc.

» L. DAMOREAU CINTI.

» 6 octobre 1832. »

(Autographe.)

※

« Comme vous me traitez, cher ami ! Est-ce que vous me prenez pour un Louis-Philippe ? *Pax !* Ami.

» DARTOIS.

» 8 octobre 1832. »

(Autographe.)

※

Aimable autant qu'on le puisse être, si Théaulon avait voulu mettre sa conduite en harmonie avec ses talents, il aurait pris un autre essor et se serait épargné bien des soucis. Sa place était marquée au-dessous de M. Scribe, dont il aurait approché la facilité, cet avantage qui devient un don réel quand la réflexion le seconde. Mais il a voulu vivre vite et ne tirer parti de son mérite que pour satisfaire d'incroyables fantaisies. N'en est-ce pas une étrange que celle d'un homme qui, attiré par hasard sur la butte Montmartre, et charmé du point de vue qu'on y trouve, achète, séance tenante, un terrain ; charge le jour même un architecte d'y élever une maison, et, sans un sou pour payer tout cela, se laisse exproprier deux mois après, avec autant de sérénité qu'en aurait un millionnaire déçu dans l'accomplissement du plus frivole de ses caprices ? Convenons qu'il faut avoir plus de raison que cela, même pour ne composer que des vaudevilles. (1832.)

« ..... Quant au ballet de *la Sylphide*, dont le programme ne m'appartient pas, mais dont la mise en scène et les danses sont de ma composition, je n'ai su que par mademoiselle Héberlé elle-même qu'un ballet portant le même titre avait été représenté à Milan, mais que les deux ouvrages n'avaient d'analogie que par le titre. TAGLIONI père.

» 16 octobre 1832. »

(Autographe.)

« MON CHER MAURICE,

« Je vous adresse un jeune homme, auteur du Prologue d'ouverture du théâtre de l'Odéon. Je vous le recommande tout particulièrement ; c'est son premier pas dans la difficile carrière de la littérature, et vous concevez qu'il a besoin d'appui. Sous ce rapport, personne plus que vous ne peut lui être utile, et je suis convaincu que ce sera pour vous un plaisir d'encourager son premier essai. Mille amitiés.

» VÉDEL.

» Ce 16 octobre 1832. »

(Autographe.)

« 22 octobre 1832.

» MONSIEUR ET CHER CONFRÈRE,

» J'ai l'honneur de vous adresser mes *Deux ans de règne*. En bien ou en mal, veuillez en parler dans votre piquant journal. Mais ne me traitez pas, en grâce, comme vous avez traité notre quasi-légitimité. Dieu de Dieu! vous serreriez trop fort.... Dans la tâche que je me suis imposée, j'ai besoin d'être aidé par les gens de cœur, et à ce titre je compte sur vous.

» DE FEUILLIDE. »

(Autographe.)

« MON CHER ET ANCIEN CAMARADE,

» Les poëtes et les jolies femmes aiment beaucoup la célébrité; mais les commis sont plus modestes. Ils ne font d'ailleurs rien en leur privé nom. Vous m'obligeriez donc de me redresser sans me nommer. Vous savez si bien tourner l'éloge et le blâme que cela m'arrivera aussi bien, et que personne ne s'y méprendra. — Rendez-moi donc encore un autre service; c'est de me trouver une subvention pour le Second Théâtre-Français dans les 1,300,000 fr., lorsque je dois d'abord, et avant tout, donner à l'Opéra 769,000 fr.; — aux Français, 150,000 fr.; — à l'Opéra-Comique, 150,000 fr.; — aux Italiens (il y a un bail d'encore quatre ans), 72,000 fr.; — et aux Pensionnaires de l'Opéra, 121,000 fr. — Total : 1,262,000 fr. —

AUTOGRAPHE DE BRUNET.

Théâtre des Variétés.   6 août 1823

Je souhaite Le bonjour à
Monsieur charles Maurice
et Le prie d'accepter pour
La représentation d'aujourd'hui
une Loge aurez de chaussée
pour voir notre nouvelle pièce
dans Laquelle deux de nos
meilleurs acteurs jouent Les
principaux rôles, c'est nommer
Lepeintre — et jenny.
Je me propose si cela peut
Lui être agréable de lui faire
Le même envoi à chaque
jour repon
Je Le prie de me croire
avec La considération La plus
distinguée son très humble serviteur BRUNET

Le petit reste est pour notre essai d'Odéon. Mes amitiés. ROSMAN.

» 29 octobre 1832. »

(Autographe.)

☙

Avant de se vouer à l'emploi des *Niais,* Brunet a joué celui des *Amoureux* en province. Il lui en garde un affectueux souvenir, dont il m'a encore donné la preuve ce matin, en me récitant avec une chaleur plus comique qu'il ne croit le commencement du rôle d'Éraste dans *les Folies amoureuses.* J'en ai conclu, sans beaucoup de malice, qu'il a très-bien fait de préférer le service de *M.. Duval* à l'amour de la charmante Agathe. (11 novembre 1832.)

☙

Le Roi s'amuse a été donné le 22 de ce mois. Applaudi avec rage, sifflé avec justice, ce drame effronté n'a pu être examiné tout de suite. Je lui ai cependant consacré trois articles, et je termine le dernier par cette appréciation, dont j'espère que les hommes impartiaux seront satisfaits : « Il restera comme chose
» vraie et transmissible à l'avenir, que cette pièce est
» l'œuvre d'un écrivain d'un rare talent pour jeter çà
» et là des vers de la plus haute portée ; mais qui les
» fait payer trop cher par la bizarrerie de la conception,
» l'absence de *l'intrigue dramatique,* le mépris des
» détails faciles, l'horrible choix des mœurs, le déni-
» grement des caractères les plus inviolables, l'oubli
» des plus simples convenances et l'attachement à un
» intolérable système de style destructif de toute poé-

» sie, de tout art, de tout progrès, de toute jouissance, » de toute renommée. » — Faites des odes! (novembre 1832.)

« 22 novembre 1832.

» De la part de mademoiselle Smithson pour le Théâtre-Anglais, représentation du 23. Une loge. »

(Autographe.)

« Mon cher Maurice,

» Vous avez signalé avec quelque raison, dans votre feuille de ce jour, l'inconvenance d'une double affiche annonçant à la fois et le même jour, au théâtre de l'Odéon, le spectacle du soir de l'Opéra-Comique et celui du Théâtre-Français pour le lendemain. Nos relations avec l'Opéra-Comique sont tellement amicales, qu'un malentendu seul a pu causer cette double annonce..... Rien de pareil n'aura lieu à l'avenir..... Tout à vous.   VÉDEL, *Directeur*.

» 26 novembre 1832. »

(Autographe.)

(*Toujours par avancement de date.*)

Dans le premier volume de la présente Histoire anecdotique, page 392, l'*Ordinaire prochain* s'est engagé à compléter, ou à peu près, les demandes faites par M. Alexandre Dumas, qui, disait-on, *n'a jamais rien demandé.* Or, il est de toute constatation que places, politique, affaires, littérature, etc., M. Alexandre Dumas a demandé :

La recommandation du général Foy,
La bibliothèque du Palais-Royal,
La bibliothèque de Fontainebleau pour son fils,
Sa grâce à Louis-Philippe qu'il avait menacé,
Un titre nobiliaire,
Toutes sortes de choses aux chancelleries,
L'oubli de ses opinions radicales,
Un regard de la Vendée,
La protection de son drame : *Napoléon Bonaparte,*
Des secours littéraires, sans gêne ni façons, à

Walter Scott,	Schiller,
Pierre de l'Étoile,	Shakspeare,
Gœthe,	Cooper,
Chartier,	Kotzebue,
Eschyle,	Hoffmann,
Lope de Vega,	Dante,
Anquetil,	Augustin Thierry,
Chateaubriand,	Milmann,
Mérimée,	Racine,
Gaillardet,	Guilbert de Pixérécourt,
Cordellier-Delanoue,	Souvestre,
de Musset,	Brot,

et à vingt autres auteurs plus ou moins *vivants.*

Il a demandé *je ne sais quoi* (mais j'en réponds) à MM. Yver, Lassen, Delachaume, Laffitte, Lefrançois, Legendre, Saint-Sauveur, et quarante-deux autres orateurs du même *meeting.* — Si l'on juge que ce n'est point assez, j'en ai encore.

« Cher ami,

» Voici une petite annonce pour nos bals, que vous arrangerez avec votre bel et bon esprit, de manière à ce qu'elle nous pousse le public. A vous de cœur.

» Dartois.

» 15 décembre 1832. »

(Autographe.)

« Monsieur le Directeur,

» Depuis longtemps je voulais vous écrire pour vous remercier de votre extrême bienveillance à mon égard. Je ne puis donc résister au désir de vous témoigner ma reconnaissance ; car un éloge de vous est le plus joli suffrage que je puisse ambitionner..... Le pas d'Adèle Dumilâtre a été terriblement chuté hier soir. Pourquoi? On dit que la claque est trop renforcée pour elle. En attendant, elle est remontée les larmes aux yeux dans sa loge. Le Directeur a fait venir Auguste (le chef des Romains) immédiatement après la danse, et lui a parlé mystérieusement.

» Élisa Roland.

» 18 décembre 1832. »

(Autographe.)

« Monsieur le Directeur,

» Bien des bruits ont couru sur mon indisposition.... Pour ne pas retarder la représentation d'une pièce tant attendue, j'ai répété généralement étant malade, j'ai joué étant malade, mais les forces m'ont manqué à la seconde représentation, et ce n'est qu'après avoir lutté quarante-huit heures avec le mal que j'ai dû céder et occasionner une relâche.... Trois médecins l'ont constaté.... Le Directeur m'a parlé de prier mademoiselle Dorus de se charger de mon rôle momentanément dans *le Pré aux Clercs*. Je ne m'y suis pas refusée; mais j'avais espéré que MM. Planard et Hérold auraient bien voulu me demander mon consentement, et que mademoiselle Dorus même ne se serait pas chargée d'un rôle qui m'appartenait avant d'avoir obtenu mon agrément.... J'y renonce, etc.

» F^e CASIMIR.

» Le 20 décembre 1832. »

(Autographe.)

« MON BON AMI,

» Nous donnons demain *Seize ans*. Je vous fais passer une loge pour Madame; tâchez qu'elle en profite demain, car je pense que nous serons quelque temps sans jouer cette pièce. Tout à vous de cœur.

» J.-B. MARTY.

» 26 décembre 1832. »

(Autographe.)

« Je souhaite la bonne année à mon cher Maître, et lui demande pour mes étrennes la continuation de ses bontés. Ci-jointe l'analyse de la pièce qu'on joue ce soir au Panthéon, dont l'un des coupables est votre vieux disciple et tout dévoué serviteur,

» SIMONNIN.

» 31 décembre 1832. »

(Autographe.)

« Mon cher et obligeant critique,

» J'ai été non surpris, mais bien agréablement flatté l'autre jour de trouver, dans le *Courrier des Théâtres,* votre aimable petit mot sur mon *Luther,* plus cruellement ballotté par le comité du Théâtre-Français qu'il ne le fut jadis par la diète de Worms. Je n'ai pas besoin de vous dire combien j'ai été sensible au délicat et obligeant appui que vous lui avez prêté....

» Léon Halévy.

» Décembre 1832. »

(Autographe.)

L'été, nous allons tous les deux occuper nos loisirs aux Ternes, Hérold poursuivant ses inspirations au sein de sa famille, et moi rêvassant au journal du lendemain. Notre retour à la ville s'effectue le matin, à la même heure, tant par obéissance à nos devoirs que pour nous donner le plaisir de causer des affaires dramatiques et musicales. Je m'y plais jusque-là qu'assez souvent je suppose un accident arrivé à mon véhicule, afin que le partage de l'Omnibus me procure un plus long entretien. Dans ce cas, il est arrêté que le premier venu à la station obtient, *ipso facto,* sa locomotion gratuite aux dépens du retardataire, ce qui va directement à l'opposé de notre but, car c'est à qui s'y rendra le dernier. Aussi, comme il se lève plus tard que moi, j'ai demandé la révision de nos statuts, mais le fondateur est inflexible; je prierai madame Hérold de faire secrètement avancer la montre de son mari. (1832.)

MA VIE. — CHAPITRE XXIV.

1809. — JOURNALISTE.

Aimé-Martin descendait du coche, ses *Lettres à Sophie* sous le bras, espérant pour elles le même succès que celui des *Lettres à Émilie,* de Dumoustier. Il l'attendait avec patience dans l'exercice de sa profession d'accordeur de pianos, lorsque je le rencontrai dans une maison où déjà l'on combattait mon refus d'une part à la rédaction du *Journal du Soir,* appartenant aux frères Chaignieau. Aimé-Martin, dont l'opinion avait acquis une certaine faveur dans cette société, joignit son insistance aux autres, malgré tout ce que je pus dire de mes *dispositions négatives,* et, bon gré, mal gré, je dus céder à tant d'obsessions obligeantes. Son livre fut le premier dont j'eus à rendre compte. L'article était curieux!... Enfin, avec des conseils et de la bonne volonté, je parvins à ne pas trop faire souffrir les lecteurs de mon apprentissage.

Picard avait quitté le théâtre Louvois et dirigeait celui de l'Odéon. Une de ses actrices, madame Molé, me conta un jour qu'à l'époque fort éloignée où elle était dans la troupe de Lyon, un très-grand personnage de ses anciens amis, passant le soir par cette ville, demanda, pendant qu'on changeait de chevaux, ce qu'il y avait au spectacle. Sur ce qu'on lui dit que madame Molé jouait *Sémiramis,* il s'y rendit, monta aux coulisses, lui apparut, et l'emmena aussitôt tout habillée en Reine de Babylone.

L'anecdote me parut plaisante. Je la traitai en un acte en vers, sous le titre des *Comédiens d'Angoulême,* en cherchant à tirer parti des quiproquos qu'une pareille mascarade avait dû causer dans les auberges. Toujours prêt à me faire du bien, Picard y prit un rôle, et la pièce fut jouée le 10 avril avec un succès complet.

CHAPITRE XXV.

PAS D'EXPLICATIONS!

La Presse commençait à se constituer à titre de *Quatrième pouvoir* dans l'État. Pour appuyer cette prétention, les éléments organisateurs cherchaient à se rapprocher; mais la liberté nécessaire leur manquait. Napoléon, encore trop puissant pour craindre l'agitation des carrés de papier, se contenta de les faire surveiller de plus près, et d'ordonner, par forme d'épuration, un grand mouvement dans le personnel des rédacteurs. M. le duc de Rovigo, Ministre de la police générale, homme d'action, logique, positif et conciliant, vit cette mesure tomber dans ses attributions. Il avait confié à Étienne la Division de l'Esprit public, précédemment aux mains d'Esménard, l'auteur du poëme de *la Navigation* et de l'opéra de *Trajan.* Étienne devint en outre Censeur du *Journal des Débats,* où les feuilletons de Geoffroy lui étaient soumis. Cette période et celle de *Conaxa* furent l'apogée des rumeurs littéraires qui retentirent si bruyamment au début du siècle.

J'avais été le confrère d'Étienne au Théâtre de l'Impératrice. Le souvenir de ces relations, bien que sans intimité, l'engagea-t-il à me désigner pour tenir la plume dans le cabinet du Ministre, lors de cette nouvelle répartition des rédacteurs dans les divers journaux de la capitale ? Je ne sais. Quand on en fut aux théâtres, je vois encore le Duc de Rovigo me dicter, en se promenant, à mesure qu'il les avait discutés avec le Chef de division, les noms des écrivains auxquels il destinait cette partie. Lorsque vint le tour du *Journal de Paris*, le Ministre s'arrêta, et, fixant sur moi un regard plein de bienveillance : « *Celui-là*, me » dit-il, *vous le connaissez. — Bien obligé, Monsei-* » *gneur.* » répondis-je ; et me voilà replacé sur mon siége de jugeur, que j'avais quitté au *Journal du Soir*.

La séance terminée, le Duc se retira dans ses appartements. Je restai seul avec Étienne, qui, m'attirant vers la fenêtre, et badinant d'un air assez embarrassé avec l'espagnolette, me félicita d'une addition de deux mille quatre cents francs à mon revenu. « Cette » somme, ajouta-t-il, sera plus que doublée, si vous » voulez faire tous les jours un petit extrait de ce que » la veille les théâtres auront offert d'intéressant, de » curieux, et que vous viendrez lire au déjeuner du » Ministre ; cela lui plaira beaucoup. »

Croyant voir en cela une imitation de ce qu'on disait qui se passait chez l'Empereur, et *pour le seul amusement* du Souverain, j'allais accepter, quand un regard oblique de mon interlocuteur me sembla trahir une pensée secrète, une pensée politique étrange.

Après un moment de silence, je voulus le presser de s'expliquer; mais déjà nous nous étions compris. Il me dit alors que la place dont on venait de me gratifier dépendait d'une seconde acceptation. Et, sans aller plus loin, je le priai d'en disposer sur-le-champ. Ce qu'il fit. La fortune qui venait de me sourire s'envola.

(*La suite au Chapitre prochain.*)

« Je vous envoie, monsieur, la préface (en épreuve) de mon nouvel ouvrage intitulé *l'Usurpation et la Peste*. Si vous vouliez l'insérer dans le *Courrier des Théâtres*, en totalité ou en partie, *cela me ferait bien plaisir*..... Madame la vicomtesse d'Arlincourt me charge de vous dire qu'elle trouve votre Lettre (à Louis-Philippe) ADMIRABLE. Elle l'a relue deux fois. Elle serait charmée de vous exprimer elle-même combien vous l'avez enchantée. Tout à vous.

» LE VICOMTE D'ARLINCOURT.

» 5 janvier 1833. »

(Autographe.)

« ..... Tâchez donc de me donner l'occasion de vous être utile. ALPHONSE KARR.

» 6 janvier 1833. »

(Autographe.)

« ..... Veuillez constater le succès des *Écorcheurs* dans une annonce pour demain, en attendant les grands articles. — Vous seriez bien aimable d'en faire plusieurs. Mais, je vous le demande en grâce, point d'analyse. Cela déflore un roman et ôte l'envie de le lire. Quand les secrets du livre sont sus d'avance, le charme est détruit. Traitez-moi en ancien ami.

» LE VICOMTE D'ARLINCOURT.

» 18 janvier 1833. »

(Autographe.)

La première représentation du *Pré aux Clercs* a eu lieu le 16 du mois dernier, et Hérold est mort aujourd'hui. Trois jours avant son dernier triomphe, il l'espérait si peu que, dans une conversation de quelques instants, « *Je ne réussirai pas,* » m'a-t-il dit à plusieurs reprises. Et, quand je lui demandai d'où venait sa crainte, il ne put nettement me l'expliquer. Je vis alors qu'à l'instar des enfants, le génie a quelquefois peur de son ombre. (19 janvier 1833.)

« Paris, le 19 janvier 1833.

» Hérold est mort! notre affliction est profonde. Le public a permis de fermer le théâtre. Il était six heures et demie; il s'est retiré religieusement. Demain, le chef-d'œuvre de celui que nous regretterons longtemps. Nous désirons lui rendre hommage; nous voulons qu'il soit simple, sans annonces, sans démonstrations extérieures. Je demande quelques vers à Planard pour la fin du spectacle. J'espère qu'il me les enverra. Et madame C... se pardonnera-t-elle de l'avoir affligé dans ses derniers moments? Voici les dernières paroles qu'il m'a adressées : *Elle m'a fait bien du mal par son ingratitude !* PAUL DUTREICH. »

(Autographe.)

Il est incontestable que les derniers moments d'Hérold viennent d'être empoisonnés par l'interruption du *Pré aux Clercs,* qui a duré cinq jours. Après la seconde représentation, le mal de gorge de madame Casimir, cause de cet accident, a été désobligeamment interprété par plusieurs journaux, dont le grand artiste a partagé l'opinion. Sous cette influence, la maladie s'aggravant d'heure en heure, Hérold s'écriait encore avant hier dans son délire : « *La voilà! tenez, madame* » *Casimir! ne la voyez-vous pas?..... Elle est au-dessus* » *de ma tête!...* » Et il doutait de sa réussite, quand elle était déjà un de ses plus beaux triomphes! (20 janvier 1833.)

« ..... Je vous sais si complaisant et si bon, que je viens sans crainte vous demander un service. M. Blondeau, qui vous remettra ce billet, est un de nos artistes de l'orchestre les plus recommandables. Il est auteur et compositeur... Il va vous donner une pièce en trois actes que je vous supplie d'avoir la bonté de lire, et si vous êtes content, et votre avis est toujours bon, soyez-le assez pour vous charger d'en parler à M. Harel, qui fera tout ce que vous voudrez, et vous me rendrez à moi un grand service..... J'aurais bien voulu vous conduire moi-même monsieur Blondeau; mais une audience de M. le duc de Choiseul me prive de ce plaisir. Votre, etc. L. DAMOREAU CINTI.

» 24 janvier 1833. »

(Autographe.)

« ..... J'ai besoin de votre appui plus que jamais ; et si les amis me manquent, sur qui pourrais-je compter... Tout à vous.   DARTOIS.

» 12 février 1833. »

(Autographe.)

« ..... Qui a pu exciter la colère sous l'influence de laquelle tu as écrit ce matin dix lignes de ton journal? Je ne puis l'attribuer qu'à mon article, dont la criminalité ne peut se trouver que dans l'*audace* du parallèle entre mademoiselle Mars et madame Dorval. Que mademoiselle Mars se console, on a eu aussi l'*audace* de comparer Napoléon à Alexandre et à César, et il a eu la grandeur d'âme de ne pas s'en offenser. Mademoiselle Mars aurait dû avoir autant de magnanimité, et ne pas exercer le despotisme de son amitié pour troubler des affections et des attachements de vingt ans, qui sont aussi respectables et aussi vifs que les siens. Je t'en dirai plus long ce soir. Tout à toi, ami.

» MERLE.

» 19 février 1833. »

(Autographe.)

Quand Napoléon eut formé le projet de substituer dans l'armée la coiffure à la Titus aux incommodités résultant de l'emploi de la poudre et de ses accessoires, il déclara ne pas imposer sa volonté. Un ordre du jour annonça seulement que le chef suprême verrait ce changement *avec plaisir*. Ainsi qu'il s'y attendait, ce sacrifice (c'en était un) parut alors bien plus agréable. L'exécution soudaine fut accompagnée de circonstances plus gaies les unes que les autres. Le Colonel de cavalerie légère Lasalle, si célèbre depuis, se distingua en cette occasion par une mise en scène extraordinaire, et dont l'originalité était tout à fait dans le goût de la vie des camps. Un énorme bassin de cuivre lui fut apporté. Il y jeta le premier sa queue et ses tresses, coupées de sa main, en invitant tous ses officiers à l'imiter, ce qui fut fait en une minute au bruit des *vivat* les plus retentissants. Puis l'alcool, transformé en un *Punch* indescriptible, acheva de porter jusqu'au délire la joie d'avoir fait quelque chose qui devait plaire au *Dieu de la Victoire*.

« Pour monsieur Charles Maurice, de la part de la mère du bon Hérold (le portrait de son fils).

» HÉROLD.

» 8 mars 1833. »

(Autographe.)

En sa qualité d'ancien précepteur de Louis-Philippe, M. Pyère, l'auteur de *l'École des Pères*, homme des plus estimés, et le véritable Alceste de nos jours, a son franc-parler à la Cour citoyenne. Dernièrement, pendant que Louis-Philippe grondait le duc de Nemours pour son peu de zèle à s'instruire, M. Pyère écoutait en silence. Mais un regard du jeune homme l'ayant interrogé, « *Eh bien, soit!* lui dit-il, *ne travaillez pas,* » *puisque vous le voulez; vous serez un âne couronné,* » *voilà tout.* » C'est M. Pyère qui me l'a dit, il y a moins de dix minutes. (18 mars 1833.)

On a vendu aujourd'hui la bibliothèque d'Hérold. La partie musicale (c'est de celle-là seule qu'il est question) contient des débris de richesses dont quelqu'un profitera sans doute. Après M. Halévy, qui y a beaucoup acheté, il serait d'une haute importance de savoir en quelles mains le reste aura passé. Il y a là bien des choses à espérer, et plus d'une crainte à concevoir. Hérold laisse inachevée la partition d'une pièce en deux grands actes; quatre morceaux en sont terminés, et quelques autres ébauchés. On parle d'un théâtre qui voudrait recueillir ces fragments et les mettre aussitôt à la scène, en les intercalant le mieux possible dans un cadre fait exprès. Mais je doute que cela se réalise, *perchè?*.... La langue italienne a de bien commodes réticences..... Par bonheur, on n'est pas toujours forcé de les expliquer. (20 mars 1833.)

« Que ferons-nous ? (style Mauricien.)

» Ami MERLE.

» 9 avril 1833. »

(Autographe.)

« MON CHER MAURICE,

» En venant voir le *Landau* et l'*Artiste,* faites la part de la vétusté de ces ouvrages. N'oubliez pas que ce qui a donné lieu à telle scène, à tel personnage, à telle plaisanterie, n'existe plus aujourd'hui, et, par conséquent, est tout à fait de l'histoire ancienne. Songez aussi combien ces scènes à travestissements ont perdu de leur originalité par les nombreuses copies qu'on en a faites depuis longtemps sur les théâtres secondaires. Pensez enfin que je ne les ai rejouées qu'à mon corps défendant, faute d'ouvrages nouveaux, et pour éviter un procès. — Je regrette que vous n'ayez pas pu venir hier : le Public était bien disposé et moi assez en train. — Aujourd'hui, lorsque je voudrais pour vous jouer de mon mieux, j'ai ma femme malade qu'il a fallu veiller une partie de la nuit, et, pour surcroît, un enrouement affreux. — N'importe, il faut aller quand même..... autrement nous-sentirions sur l'échine la verge du Directeur. — Qu'on dise après cela que nous ne sommes pas les libres enfants des arts ! Mille compliments affectueux. PERLET.

» 11 avril 1833. »

(Autographe.)

« L'auteur de *Caïus Gracchus* est venu pour remercier monsieur Charles Maurice de l'article obligeant qu'il a eu la complaisance de mettre ce matin dans son journal. Il est désolé de n'avoir pas été assez heureux pour le rencontrer, il aurait joint à ses remercîments un mot en faveur de la première représentation, qui aura lieu demain. Monsieur Dartois, au reste, espère qu'il ne sera pas moins bienveillant *après* qu'il ne l'a été *avant*. C'est dans cette persuasion qu'il le prie de recevoir l'assurance, etc. A lui de cœur.

» THÉODORE DARTOIS.

» 18 avril 1833. »

(Autographe.)

« ..... Pour l'agencement des figures et le coloris, monsieur Charles Maurice jugera ce soir avec tout un public que, par malheur, je n'ose espérer le voir comme lui disposé à la bienveillance. Ce m'est au moins une consolation de penser que, si l'arrêt vient à être rendu d'une manière un peu brutale, il me sera signifié plus doucement et par une main amie, etc.

» THÉODORE DARTOIS.

» 19 avril 1833. »

(Autographe.)

M. Andrieux, de l'Académie française, est mort ce matin à minuit et demi. A la perte qu'en éprouve le pays, je joins la mienne, qui me prive d'un ami, du Conseil à qui je dois l'inspiration de quelques bons vers, comme toute la Jeunesse reconnaît lui devoir aussi celle des bons exemples. (11 mai 1833.)

Une de nos Dames de haut parage (elle a *gouverné* une illustre enfance) s'occupait constamment des devoirs qu'exige une dévotion sincère. Un jour, inquiète de n'avoir pas eu le temps d'aller à confesse, elle se disposait à s'y rendre, lorsqu'un personnage politique vint lui faire visite. La conversation tombant sur les journées de 1830, on en vint naturellement au Ministre prétendu fauteur des résultats. Le personnage ne l'épargna point. Ce que voyant la dame, dont le royalisme était excité, elle se prit à dire : « *Convenez, mon cher,* » *que ce monsieur de P.... est un grand maladroit!* » Puis, s'arrêtant tout à coup « *Ah! mon Dieu,* s'écria- » t-elle, *je viens de dire du mal de mon prochain, je*

» *ne pourrai pas encore me confesser!* » — Le cas était grave. Elle courut sur-le-champ en référer à son Directeur ! « *Quoi!* lui dit ce dernier, après avoir pris com-
» munication du fait, *n'est-ce que cela qui vous retient,*
» *Duchesse? Allez! allez! vous avez raison, ce P......*
» *est un pauvre homme. Passez à mon confessionnal,*
» *nous allons terminer cette affaire.* » — Et la bonne Duchesse, heureuse comme une reine, se mit aussitôt en règle avec ses devoirs de piété, sans crainte de trop atténuer les scrupules de sa conscience politique.

✼

« J'aurai un grand plaisir à me rendre aux désirs de notre ami monsieur Charles Maurice, et demain, à dix heures du matin, je serai chez lui si cela peut lui convenir. Son tout dévoué,

» Martin, de l'Opéra-Comique.

» Ce 11 mai 1833. »

(Autographe.)

« Je vous envoie, mon cher maître, un récit des funérailles de M. Andrieux.... J'ai parlé au bord de cette fosse. Je ne vous envoie pas ce que j'ai dit. Cependant, si vous le désirez, je vous le ferai passer. Mais, de grâce, ne songez point à moi. Il ne faut songer qu'à notre pauvre maître. Si vous croyez que ce soit un hommage qui signifie quelque chose, à la bonne heure. Sinon, non. Quand on a la fosse sous les yeux, les vanités humaines semblent bien misérables.

» Boulatignier.

» Ce 3 mai 1828. »

(Autographe.)

Pour attirer l'attention sur une soirée à son bénéfice, que madame Dorval va donner dans la salle de l'Opéra, je lui ai conseillé d'exhumer un acte de la *Phèdre* de Pradon. Cela me semble une occasion d'étude pour les journalistes, et quelque chose d'intéressant, jusqu'à certain point, pour le Public. Elle m'écrit à ce sujet :

« Mon ami, voulez-vous, pouvez-vous me mener chez ce cher monsieur Véron demain, avant ou après ma répétition ? Il faut nous dépêcher, n'est-ce pas ?... Ah! quels vers que ceux de M. Pradon! Pour les retenir, je suis obligée de les mettre sur l'air : *Vive! vive à jamais M. de Catinat*. Envoyez-moi un de vos esclaves pour me répondre.

» J'embrasse votre femme et je vous aime.

» M. Dorval.

» Vendredi, 17 mai 1833. »

(Autographe.)

« Monsieur,

» Oserai-je vous prier de vouloir bien autoriser l'insertion de la petite note ci-jointe dans le *Courrier* de demain ? (Représentation à mon bénéfice sur le théâtre d'été de Tivoli.) Je vous serai très-reconnaissante de cet acte de bienveillance. Agréez, etc.

» V. Déjazet.

» 19 mai 1833. »

(Autographe.)

La représentation au bénéfice de madame Dorval a eu lieu hier à l'Opéra, avec le quatrième acte de la *Phèdre* de Pradon, suivi du quatrième acte de la *Phèdre* de Racine ; ce qui devait rendre, selon moi, la comparaison assez piquante. Mademoiselle Duchesnois a représenté cette dernière, et madame Dorval l'autre. L'effet a été froid. Le Public a peu compris, et les journalistes n'ont pas compris du tout. (31 mai 1833.)

Aujourd'hui j'ai fait mieux qu'un excellent article de journal, possibilité à part ; j'ai empêché de se battre deux soldats qui avaient déjà le sabre à la main, près de ma demeure d'été, à Clignancourt. Je gagerais qu'il y a quelquefois du bon chez les journalistes *méchants,* chose beaucoup plus rare chez les méchants journalistes. (22 mai 1833.)

« Comment pourrai-je, monsieur, vous exprimer toute ma reconnaissance de l'article que j'ai lu dans *le Courrier des Théâtres* de samedi ?... Je n'ai pu lire sans une vive émotion ces détails touchants, si vrais, ces louanges délicates sans flatterie, noblement exprimées, et si profondément senties qu'on voit qu'elles partent du fond du cœur. Elles prouvent bien, monsieur, que vous compreniez admirablement l'homme de génie qui est l'objet de vos regrets. Veuillez agréer, etc.   Veuve HÉROLD.

» 27 mai 1833. »

(Autographe.)

DU THÉATRE, DE LA LITTÉRATURE, ETC.

« Menjaud est venu pour prier monsieur Maurice d'annoncer la représentation de sa femme pour demain. On donne *les Enfants d'Édouard*. Il l'obligera beaucoup.

» 5 juin 1833. »

(Autographe.)

« La bienveillance que vous avez eue pour *Béatrix* m'autorise, monsieur, à vous en offrir un exemplaire. Veuillez recevoir avec indulgence cette preuve d'une reconnaissance d'autant plus vraie, que la manière dont j'ai été traité en général me dispense d'aucuns frais de politesse envers la plupart des journaux. — Je suis heureux de trouver une occasion de plus de vous exprimer mes remercîments et de vous renouveler l'assurance, etc.   A. DE CUSTINE.

» 22 juin 1833. »

(Autographe.)

Nul n'a autant que moi le droit de n'aimer pas les d'Orléans, et c'est ce droit même qui me fait un devoir d'écrire dans mon journal d'aujourd'hui :

« La Reine et ses enfants ont été hier à l'Opéra.
» Parmi les tacites assurances qu'on leur a données,
» nous avons vu avec peine presque tout le par-
» terre affecter de se tourner vers eux *le chapeau sur*
» *la tête*. Il n'y a point de courage dans de pareilles
» manifestations, surtout lorsqu'elles s'adressent à des
» femmes, à des enfants. Or, ce qui n'est pas brave,
» déplaît en France. »

Il n'est pas bien sûr que beaucoup de leurs *amis* fassent pour eux ce que je fais en ce moment. (22 juin 1833.)

« 15 juillet 1833.

» Mon cher Charles,

» Merci de l'insertion de la lettre de l'autre jour.

» Si vous le jugez à propos, dans vos plaisanteries sur le père *Kéroubini*, vous pouvez dire que plusieurs journalistes se trompent étrangement en attribuant à Chérubini la célèbre et populaire ouverture de *Démophon*, qui a été jouée par les orgues de Barbarie. Cette ouverture est de *Vogel*.

» Sans doute Chérubini en a fait une aussi, mais on applique à la sienne la popularité de l'autre.

» Mille amitiés à tous deux.

» F. Gail.

» Quand dînerez-vous chez nous, ou nous chez vous ? »

(Autographe.)

« Monsieur,

» J'ai l'honneur de vous prévenir que l'exposition de la *table des Maréchaux*, dont l'ouverture avait été annoncée pour les 27, 28, 29 juillet et jours suivants, vient d'être ajournée *par ordre supérieur....*

» A. de Serres.

» 28 juillet 1833. »

(Autographe.)

« ..... Je ne suis que peu de moments à Paris, et ces moments sont employés à faire le triste métier de solliciteur, puisque, ne pouvant plus m'occuper de musique, il faut que je sollicite une place qui m'aide un peu. J'irai vous dire ce que j'aurai obtenu, et alors nous pourrons remercier *tout haut,* s'il y a lieu, ce dont je doute toujours par le temps qui court. — Toujours est-il, mon cher Maurice, que j'ai été deux fois aux eaux des Pyrénées; que j'ai fait le tour de l'Italie tout en cherchant ma voix, et même en y cherchant celle des chanteurs actuels. Tout cela n'a réussi qu'à compléter ma ruine, si bien commencée par la perte de mes places, de mes pensions et du théâtre, puisqu'il ne me joue plus du tout. Mais je conserve du reste une assez bonne santé, et c'est là l'essentiel.... Musique à part, car il n'y a plus rien, qu'elle est belle cette Italie! Nous en parlerons. Je veux aussi vous faire part d'un projet et avoir votre avis.

» BOÏELDIEU.

› Ce 3 août 1833. »

(Autographe.)

Les derniers instants de mademoiselle Bourgoin méritent de ne pas être oubliés. Nombre de gens ont fait parler des leurs, qui ne s'étaient signalés ni par autant de résignation, ni par des sentiments aussi généreux. Après avoir été administrée par M. l'abbé Olivier, Curé de Saint-Roch, la mourante demanda tranquillement l'explication du frottement des Saintes huiles dans le creux de ses mains, et se rendit compte du motif avec un calme admirable. Puis, sa bonté naturelle aidant : « *Ne pleurez pas,* dit-elle à son entou-
» rage, *mon parti est pris; laissez-moi m'occuper de*
» *vous.* » Après avoir confirmé ses dispositions écrites,

elle engagea son fils à *ne faire que ce qu'il fallait* lorsqu'elle n'aurait plus de conseils à lui donner, ajoutant que le luxe, dans ces sortes de dépenses, est tout à fait inutile. Enfin, le moment suprême venu, rien n'a manqué au courage de cette excellente créature. C'est justice de le dire, parce que cela peut le faire faire. (11 août 1833.)

« Mon cher monsieur Maurice,

» Je commence par vous remercier de l'article en faveur de ma pauvre mère; il m'a touché au cœur, et j'en suis infiniment reconnaissant et pour elle et pour moi. Je viens réclamer encore un service de vous. Par la précipitation mise dans l'expédition des billets de faire part, qui m'ont été apportés cachetés, on a omis de dire : *Ex-sociétaire du Théâtre-Français*. Il importe beaucoup qu'on ne suppose pas que j'aie voulu lui enlever le plus beau fleuron de sa couronne. Je compte sur votre amitié toujours dévouée pour en prévenir demain vos nombreux lecteurs. Vous rendrez un service signalé à votre dévoué,   A. Bourgoin.

» 12 août 1833. »

(Autographe.)

« Mon cher Maurice,

» Vous avez accueilli avec bienveillance les suppliques que je vous ai adressées, vous avez même bien voulu encourager quelques-uns de nos artistes qui vous ont rendu visite. Recevez, mon cher ami, tous mes remercîments, et mettez-moi, je vous prie, à même de vous témoigner ma reconnaissance. Votre tout dévoué, C. DORMEUIL.

» Ce 15 août 1833. »

(Autographe.)

« MON BON PETIT AMI,

» Je rentre ce soir, et je n'ai pu danser le pas que je voulais. Je suis réduite à danser un vieux pas. Serez-vous assez bon pour parler de moi et pour dire que je rentre au pied levé? Je suis tellement fatiguée que je ne puis aller moi-même vous prier de cette obligeance; veuillez m'excuser. Je sais bien que ma recommandation est inutile, car depuis longtemps je ne puis douter de l'intérêt que vous me portez. — Adieu, mon bon ami, recevez de moi deux bons gros baisers, que j'irai vous porter moi-même le plus tôt possible. Votre, etc. F^e MONTESSU.

» 21 août 1833. »

(Autographe.)

« Merci mille fois, mon cher Maurice ! Quand vous faites un article pour moi, je crois toujours que mon frère est le rédacteur de votre journal ; mais mon frère n'est que bon, et vous vous êtes bon et pétillant d'esprit. Merci, merci mille fois ! Votre bien dévoué,

» BOÏELDIEU.

» 21 août 1833. »

(Autographe.)

« ..... Moi qui me mettrais au feu pour vous.....

» DARTOIS.

» 22 août 1833. »

(Autographe.)

☸

Quelques jours après le décès de mademoiselle Bourgoin, madame Lafon, femme du Comédien français, ayant rendu visite à M. le Curé de Saint-Roch, trouva chez lui plusieurs personnes qui s'entretenaient de détails relatifs aux derniers moments de cette artiste. Lorsqu'il les eut laissés parler, M. l'abbé Olivier termina par ces paroles : « *Allez, allez, je voudrais être aussi sûr qu'elle d'entrer au Paradis!* »

☸

Les paroles que l'on rapporte de mademoiselle Bourgoin à son dernier moment ne sont pas vraies. Il n'y a eu ni chapelet ni cette exclamation : « *Après les perles et les diamants, les grains de bois, c'est juste!* » que la mourante aurait faite en touchant un rosaire. Elle a bien quitté la vie, et rien de plus. (Août 1833.)

☸

« Mon bon Maurice,

» Notre pauvre Coisy est mort à la Haye, où il accompagnait Potier. Je sais que, comme moi, tu lui donneras de sincères regrets. Je perds un excellent ami, dont je ne remplacerai jamais le spirituel dévouement. Il t'aimait aussi, toi : dis un mot pour sa mémoire dans ton journal. Il était homme de cœur et d'esprit, les mots et les idées ne te manqueront pas. Ton ami

» Ferdinand Laloue.

» 23 septembre 1833. »

(Autographe.)

« Madame Dabadie, rue de Provence, n° 65, prie Monsieur le rédacteur du *Courrier des Théâtres* de lui envoyer un abonnement de son journal, pour trois mois, et de joindre la quittance avec le premier numéro. »

» Paris, 28 septembre 1833. »

(Autographe.)

Bellini n'est pas seulement un très-joli homme, dont une femme envierait la figure, c'est encore un artiste du plus modeste caractère. Il a trouvé le moyen de mettre son doute de lui-même à la hauteur de son génie. Tout à l'heure, à propos de sa *Sonnambula*, je lui disais, comme chose toute simple, qu'il y a de l'âme dans sa musique. Ce mot lui a fait tant de plaisir qu'il s'est écrié avec son doux parler italien : « *Oui, » n'est-ce pas ?* DE L'AME !... *C'est ce que je veux....* DE » L'AME.... *Oh ! je suis sensible ! merci !... c'est que* » L'AME, *c'est toute la musique.* » Et il me serrait les mains, comme si je venais de découvrir un nouveau mérite dans son rare talent. — Que cela diffère de ce que je vois tous les jours ! (29 septembre 1833.)

« Merci, mille fois merci pour tout ce que vous annoncez de ma pièce, et la position où vous l'élevez en soulevant un parallèle entre *la gaieté* de mon *Struensée*, et le *Struensée* de la Comédie-Française. C'est la flatterie la plus délicate dont vous puissiez chatouiller mon amour-propre, à moi, tandis qu'elle est une leçon pour

M. M.... de la rue Richelieu. Mais Dieu veuille que ma pièce réponde à vos bienveillantes espérances!!

» Au reste, vous commettez une erreur involontaire en disant que peut-être les auteurs du roman viendront réclamer une part dans le travail des dramaturges ; mon Struensée, à moi, *était fait avant l'apparition du roman,* et n'a aucune ressemblance avec lui. Je vous serai bien obligé de rectifier ce petit point.

» Et croyez-moi votre bien reconnaissant.

» Fréd. Gaillardet, 10, *quai des Orfévres.*

» 14 octobre 1833.

» *P. S.* Si par hasard vous désiriez avoir quelques billets, veuillez, je vous en prie, vous souvenir de moi. »

(Autographe.)

✤

Il faut croire que c'est plutôt une manie qu'une méchanceté, chez M. Népomucène Lemercier, de déblatérer contre l'Empereur. Je viens de lui offrir cette idée pour le salut de sa délicatesse. Nous étions ce soir au foyer de l'Opéra. Il se laissait aller à ses déclamations, et, ma foi, je lui ai rappelé qu'en lui faisant restituer les terrains de sa famille, situés rue Saint-Honoré, et qu'avait confisqués la Révolution, Napoléon lui avait donné l'équivalent de vingt-cinq mille livres de rente, puisqu'ils étaient évalués à cinq cent mille francs. Je lui ai dit cela devant tout le monde. Aussi, je crois que l'auteur d'*Agamemnon* passera la nuit cloué et tout abasourdi, comme je l'ai vu, sur les feuilles du parquet. (16 octobre 1833.)

DU THÉATRE, DE LA LITTÉRATURE, ETC. 73

✺

« Mon bon ami,

» Je ne laisserai pas passer ce jour sans me rappeler qu'il existe un Charles, bien bon, bien excellent ! un ami plus dévoué dans le malheur que dans la prospérité. Cet ami, c'est aujourd'hui sa fête. Je la lui souhaite avec mon âme. Je n'aurais pas besoin de signer, il me reconnaîtra.

» A lui toujours et pour toujours.

» Valmonzey, *de la Comédie française.*

» 3 novembre 1833. »

(Autographe.)

✺

« *Vers récités par moi sur la tombe de ma sœur chérie Caroline Milen.*

« ..... Son âme au moins est immortelle.
Dieu tout-puissant la sauvera.
Prions, mes sœurs, prions pour elle,
Dieu, qui nous voit, nous entendra.....
Au tombeau rejoins notre mère,
Cher ange ! toi que nous pleurons ;
Que la terre te soit légère ;
Attends, ma sœur, nous y viendrons.

» Minette, *du Vaudeville.*

» 4 novembre 1833. »

(Autographe.)

✺

La semaine passée, pour l'amusement de la royale compagnie, on avait introduit au château du Carrousel un improvisateur des plus habiles. Invité à dîner, il continuait de donner des preuves de son talent, lorsque Louis-Philippe, charmé, risqua cette grave imprudence : « *Je parie cent louis,* dit-il, *que vous ne*

» *remplissez pas sur-le-champ les rimes que voici,* » et il les débita. Il n'avait pas fini, que le poëte ripostait par les vers demandés. Alors, il fallut voir l'amphitryon tomber soudain dans la tristesse, et tous les convives,

<blockquote>Sur celui de Louis composant leurs visages,</blockquote>

se rembrunir dans un morne silence, comme si la table était devenue tout à coup un véritable catafalque. Cet état dura jusqu'à ce qu'on se rendît au petit salon pour y prendre le café. Cruelle pensée, le roi venait de perdre cent louis!... La nouvelle de la perte d'une bataille n'aurait pas causé plus de chagrin à ces tendres amis. Mais rassurons-nous, le rusé poëte a réfléchi, il s'est pénétré de toute la délicatesse de sa situation, et le Chef d'un peuple aussi spirituel que le nôtre va facilement se tirer d'affaire. Il a lui-même pris le temps de se remettre, et, d'un air dégagé qui peut lui ouvrir une bonne issue, il se hasarde à reparler de l'*heureuse* improvisation. Il veut en féliciter l'auteur, quand celui-ci, tout prêt à la repartie, lui répond : « *Non, sire, ce que j'ai fait n'est pas bon;* » *voici ce que j'aurais dû dire pour accomplir loyale-* » *ment le pari; donc, je n'ai pas gagné.* » Et il récita une nouvelle version, qu'à l'exemple du maître les auditeurs applaudirent à tout rompre. — « *C'est juste,* » s'écria Louis-Philippe, *ah! monsieur, que vous avez* » *un beau talent!...* » — Comme par magie la gaieté reparut sur toutes les figures, et celle du vainqueur rayonna jusqu'au soir du bonheur de certain personnage de comédie quand il retrouve sa chère cassette. (**17 novembre 1833.**)

« Mon cher Maurice,

» Je sais que vous êtes bon et que vous vous empressez toujours d'être utile aux artistes; voilà l'occasion de rendre service à un artiste de Bruxelles qui est dans la misère la plus profonde..... Il vous paraîtra bien étonnant peut-être que je vous écrive sitôt, mais je trouve l'occasion d'employer votre bienfaisante amitié, et je ne crains pas d'être importun. Recevez, etc.

» L. LAFONT, *de l'Opéra.*

» 3 décembre 1833. »

(Autographe.)

« ..... Je vous sais bon, oui bon, quoiqu'on en dise...

» VÉRON.

» 6 décembre 1833. »

(Autographe.)

« Monsieur,

» Voici bien un nouvel obstacle, Jouslin me refuse Firmin, qui joue dimanche, et qu'il me refuserait encore, je crois, s'il ne jouait pas : il n'y a que vous même, je crois, qui puissiez directement lever cet obstacle. *Je suis vraiment bien malheureux de ne pouvoir jamais vous être bon à rien.* J'aurai l'honneur de passer demain dans la matinée chez vous, pour que nous avisions ensemble aux moyens d'arracher le consentement de Jouslin. Veuillez agréer, etc.   AL. DUMAS.

» 12 décembre 1833. »

(Autographe.)

Les hachures du style romantique, dont ces messieurs se disent les inventeurs, se trouvent plaisamment inaugurées dans une vieille pièce intitulée *la Porte murée*, où Cassandre adresse la lettre suivante à son neveu Lélio :

« J'espère que je puis faire de ma fortune l'emploi » qui me paraît le plus convenable. Une fois pour » toutes, ne vous mêlez jamais, mon cher, de mes » actions ; je ne veux pas avoir l'air d'un Cassandre de » comédie, et que l'on mène par le bout du nez ; ne » vous mettez pas en peine de tout ceci ; surtout rap- » pelez-vous bien que ma résolution est immuable. Je » vous salue. »

Sans y changer un iota, cette épître, mise en vers de douze pieds, produit un morceau de la forme et de la force de ceux que nous lisons tous les jours. Exemple :

> J'espère que je puis — faire de ma fortune
> l'emploi qui me paraît — le plus convenable. Une
> fois pour toutes, ne vous — mêlez jamais, mon cher,
> de mes actions ; je — ne veux pas avoir l'air
> d'un Cassandre de co — médie et que l'on mène
> par le bout du nez ; ne — vous mettez pas en peine
> de tout ceci ; surtout — rappelez-vous bien que
> ma résolution — est immuable. Je
> vous salue.

Ce ne sont donc pas messieurs *de la plume forte* qui impatronisent ces beautés-là chez nous. (1833.)

« ..... Vous ne pouvez vous figurer le plaisir que j'ai à lire votre journal tous les matins à mon réveil.

Je m'estime heureux que tout ce que j'ai eu de pertes et de déficit depuis deux ans me permette encore de me donner un journal que j'aime bien plus depuis que j'en connais l'auteur.... On m'avait bien dit, du reste, que vous étiez ainsi fait. S'il n'y avait pas tant d'ingrats dans ce monde, vous devriez avoir un bien grand nombre d'amis sincères et dévoués.

» ALBERT DE CALVIMONT.

» 12 janvier 1834. »

(Autographe.)

Dans une bonne pensée, croyant savoir que l'état de fortune de Boïeldieu était plus triste qu'en réalité, Cartigny, Directeur à Bruxelles, exprima le désir que tous les théâtres de France et de l'Étranger donnassent des représentations au bénéfice de ce grand Compositeur. J'ai pris sur moi de déclarer que cela ne conviendrait ni à l'artiste, ni à ses compatriotes, et sur-le-champ a paru la lettre suivante :

« Monsieur le Directeur, je suis on ne peut plus reconnaissant de la preuve d'intérêt et d'amour pour les arts que vous voulez bien me donner en me priant de consentir à ce qu'à votre exemple, MM. les Directeurs de tout théâtre qui a représenté mes ouvrages donnent une représentation à mon bénéfice. Mais, malgré les pertes des places et des pensions dont je jouissais sous le précédent gouvernement; malgré la perte de ma santé, dont le mauvais état ne me permet plus de me livrer à la composition, ma position n'est pas telle que quelques journaux l'ont présentée au public, et je serais d'autant plus blâmable de le laisser dans cette erreur, que M. le Ministre des travaux publics a accueilli mes réclamations avec bonté. J'ajouterai que la promesse que le ministre a bien voulu me faire d'une place dans laquelle je pourrai encore être utile à mon pays et à l'art que je professe, ne me laisse aucune inquiétude sur mon avenir, sur cet avenir d'artiste qui, pour être heureux, doit toujours être modeste. Je n'accepte donc pas, M. le Directeur, l'offre que vous me faites avec tant de bienveillance; mais je conserverai toujours avec une profonde reconnaissance le souvenir d'une preuve d'intérêt, honorable pour celui qui la donne et pour celui qui la reçoit.

» J'ai l'honneur d'être, etc.

» BOÏELDIEU.

» 12 janvier 1834. »

Ce diable de Loëve-Weimars ne connaît rien. Il a des boutades qu'un autre n'oserait jamais se permettre. Ce soir, à l'Opéra, en nous racontant le procès qu'il a eu aujourd'hui, il rappelait cette interjection du Président : « *Vous avez une voiture!* » Et il ajoutait : « *Perrin Dandin était furieux de ce que je ne vas pas* » *à pied comme lui. Est-ce ma faute?* » Sur ce thème, Loëve-Weimars semait à pleines mains des broderies incroyables et inénarrables. (17 janvier 1834.)

« Que vous a donc fait ce pauvre *Victor* (*l'Enfant de la forêt*)? Ingrat! il a charmé votre enfance. C'était mon premier ouvrage; on l'avait jugé suffisamment bon pour être représenté aux Italiens en opéra. Il a eu cinq à six cents représentations à Paris et plus de deux mille en province. Il n'a point outragé la morale;

il a fait répandre de douces larmes aux femmes sensibles du dernier siècle. Il est vrai que l'on était si bête dans le dernier siècle ! Nous avons grandi si vite ! Et nous sommes si bons !...   G. DE PIXÉRÉCOURT.

» 18 janvier 1834. »
(Autographe.)

✿

Au bas d'une supplique que présente un Choriste des Bouffes aux artistes de ce théâtre, le premier ténor a signé hier : « *Rubini, ancien choriste.* » Ne perdons pas ce mot-là. (18 janvier 1834.)

✿

Il ne serait plus de bonne guerre de revenir sur l'espèce de hoquet qui accompagne maintenant la diction de mademoiselle Duchesnois, surtout dans les tirades de quelque longueur. En en causant d'amitié avec elle, j'ai appris que cet inconvénient, dont son amour-propre est le premier blessé, n'est pas l'effet d'une intention d'artiste, mais celui d'une fâcheuse disposition de santé. «Si je voulais le combattre, m'a-t-elle dit, le sang m'é-
» toufferait, car, dans mes émotions de la scène, il me
» remonte jusqu'à la gorge, et ne me laisse pour m'en
» soulager que le moyen dont le reproche m'est d'au-
» tant plus pénible qu'il m'est impossible de l'éviter. »
A présent, c'est chose dite.

✿

« C'est avec peine, Monsieur, que les artistes de l'Opéra-Comique ont lu dans votre feuille du 22 un article qui les traite d'ingrats. Hérold est mort le 19 janvier 1833. Dimanche dernier, 19, était l'anniversaire. Un hommage digne de ce compositeur lui a été rendu le soir au théâtre : on y exécuta les deux derniers ouvrages dont il a enrichi la France et notre scène. Chacun de nous, à la fin du spectacle, est venu payer son tribut à la mémoire d'Hérold. M. Rolet, son beau-père, a voulu faire célébrer deux jours après un service en l'église de Neuilly, quoique notre Directeur lui eût offert en notre nom de le faire célébrer dans une église de Paris, attendu nos travaux et les fatigues qui en résultent. Nous croyons, monsieur, que vous êtes maintenant mieux instruit de ce qui s'est passé, et que vous ne refuserez pas d'insérer notre réclamation contre une épithète qui ne nous est pas applicable. Vous obligerez vos très-humbles serviteurs,

» PONCHARD, HENRI, FÉRÉOL, DESLANDES, E. THÉNARD, E. MASSY, J. HABENECK, E. RIFAUT, E. MONSEL, CASIMIR, CAVÉ, LOUVET, RÉVIAL, GENOT, FARGUEIL, PAUL.

» 23 janvier 1834. »

(Signatures autographes.)

« Plaignez-moi, mon cher ami; hier, en vous quittant, je me suis empressé d'aller chez moi annoncer à madame Delrieu l'offre que vous lui faites d'une place dans votre loge, à l'Opéra-Comique. Ma femme était absente. Elle avait couru chez une intime amie, tombée subitement très-malade..... Cette malheureuse circonstance nous interdit à tous deux le spectacle..... Veuillez agréer l'expression de ma reconnaissance *particulière*. TOTUS TUUS.   DELRIEU.

» 23 janvier 1834. »

(Autographe.)

MA VIE. — CHAPITRE XXVI.

1810. — EMPLOYÉ.

J'appris que, dans une Division du Ministère des Cultes, sous le comte Bigot de Préameneu, on cherchait un Auxiliaire, dont le travail ne devait durer qu'un mois et la rémunération ne s'élever qu'à cent francs. Bien que le Théâtre me rapportât assez pour que je pusse dédaigner une si mince aubaine, je ne dérogeai point à mon système de ne jamais refuser si petit bonheur que le ciel nous envoie. J'allai me présenter.

Le Ministre était méticuleux, grand sectateur de son autorité, et, pour la faire sentir, les détails ne le rebutaient point. La modicité du poste que je sollicitais n'empêchait pas qu'il fallût le tenir de lui-même. Sa réception fut digne et froide. Il me demanda, tout d'abord, si je savais l'orthographe; à quoi je répondis simplement : « *Oui, Monseigneur.* » Pour connaître mon écriture, il me dit de lui en donner à l'instant un échantillon. C'était la première fois que j'approchais une Puissance. J'étais ému. Le titre d'Attaché à un Ministère m'enflait déjà d'un orgueil comprimé, qui n'allait à rien moins qu'à m'ôter la respiration. Je traçai sur le papier une phrase dont le sens était qu'en de certaines occasions, plus on désire bien faire plus mal on fait, et que, par ce motif, j'écrivais dans ce moment beaucoup moins correctement qu'à l'ordinaire. Le Ministre lut et se prit légèrement à rire. Ma cause était gagnée. On m'installa. C'était le 1ᵉʳ mars.

Dans le courant de ce mois assigné à mon labeur, M. et madame Bigot de Préameneu marièrent leur fille à M. de Janzé, Auditeur au Conseil d'État, et qui devint notre Secrétaire-Général. Je pris sur moi de composer l'épithalame, et l'envoyai au Ministre. Sa lecture l'étonna si fort qu'il me fit appeler pour me demander excuse d'avoir douté de ma science profonde en matière d'orthographe. Ce fut bien pis quand je lui avouai que je faisais *même* des comédies..... Il ne savait plus où se fourrer. Une invitation à dîner corrobora les témoignages de sa satisfaction, et, le lendemain, je touchais le point culminant de mes désirs, j'échangeais mon titre d'*Auxiliaire* contre celui d'*Employé !*

Je le justifiai si bien que, sans priver le gouvernement du temps que je lui devais, au lieu de lire le journal, de déjeuner une seconde fois, de tailler des plumes, de conter des histoires et de rendre des visites dans les bureaux, j'écrivais une pièce en un acte en prose, le *Luxembourg*, qui, le 14 mai de cette année, obtint à l'Odéon un succès des plus caractérisés. Alexandre Duval y mit le comble en me disant qu'il *aurait voulu l'avoir faite*.

CHAPITRE XXVII.

1811. — INCIDENT.

Je me marie. J'épouse la fille d'un Maître de pension, jeune personne d'un esprit supérieur, d'une éducation parfaite, et qui, dans une autre sphère, aurait compté parmi les femmes renommées. C'est la sœur de mademoiselle Vauvilliers, linguiste et historien des plus estimés, à qui l'on doit une excellente *Grammaire*, une *Histoire de Jeanne d'Albret* et une autre de *Blanche de Castille*, ouvrages d'une grande étendue de connaissances, et auxquels les hommes compétents ont unanimement rendu justice.

J'ai pour témoins de ma chaîne conjugale Saint-Prix, qui a été le Parrain de *Mascarille* (on appelle ainsi les personnes qui aplanissent aux auteurs les premières difficultés du théâtre), M. Darbaud, mon Chef de Division, Aimé-Martin et Michalon.

M. le Comte Bigot de Préameneu nous fait l'honneur de signer au contrat.

(*La suite au Chapitre prochain.*)

« Monsieur, j'ai eu tellement à me louer de votre obligeance chaque fois que j'ai eu besoin d'y recourir, que j'ai la confiance de vous demander encore deux services.... Accordez-moi l'échange avec votre journal.
— Donnez-moi quand vous pourrez une occasion de vous être agréable en quelque chose.

» ALPHONSE KARR.

» 28 janvier 1834. »

(Autographe.)

« ..... Dans le concert, je jouerai un concerto, un duo de piano et violon avec Henri Herz, une grande fantaisie sur *la Muette de Portici,* et un duo de chant et violon par M. Stockhausen et moi. Je vous fais d'avance mille remercîments de votre complaisance, aimable ami, car vous avez toujours mis tant de grâce et d'amitié dans nos rapports ensemble, que j'ose espérer tout de votre bonté pour moi.

» LAFONT, le violoniste.

» 8 mars 1834. »

(Autographe.)

« MONSIEUR,

» ..... J'aurais bien voulu vous parler un instant ; mais ce matin cela m'était impossible, et dans la journée peut-être serez-vous occupé. Si vous pouvez, sur les quatre heures, me donner un instant de rendez-vous, soit chez vous, soit chez moi, si cela vous est plus commode, je vous serai infiniment obligé, et je vous prie d'avance de recevoir mes remercîments, ainsi que l'expression de ma considération la plus distinguée. E. SCRIBE.

» 13 mars 1834. »

(Autographe.)

« 21 mars 1834.

» MON CHER ENNEMI,

» J'apprends que vous avez une colère contre moi. Pourquoi ? on ne me le dit pas clairement. Est-ce parce que je n'aurais pas été assez indiscret avec vous, ou bien parce que vous trouvez que j'ai eu l'air de vous éviter un de ces soirs ? Un de vos amis pense que c'est pour ce dernier motif. Homme d'esprit comme vous l'êtes, comment avez-vous de pareilles idées ?

Suis-je capable de cela ? Si j'ai passé à côté de vous sans vous parler ou vous saluer, c'est que je ne vous aurai pas vu, ou bien qu'une préoccupation quelconque m'avait distrait, car j'en ai, des préoccupations ! Ne croyez jamais, je vous prie, que je puisse faire volontairement une impolitesse, à vous surtout. Quand je veux rompre, la rupture est bientôt faite, et très-franchement. Pour être faux, je ne suis pas encore assez administrateur. Tout le monde sait qu'on peut compter sur mon amitié ou sur mon inimitié comme sur un contrat authentique ayant force exécutoire. Vous savez dès lors sur quoi vous pouvez compter avec moi. — Je serai indiscret avec vous autant que vous le désirerez, dans les limites de mon devoir, bien entendu, soit pour que votre journal ait l'avantage d'être mieux informé que les autres, soit pour assurer le succès de toute bonne mesure en matière de théâtre. Je vous avoue que je suis fort mécontent du gâchis au milieu duquel je me débats depuis plus d'un an. Mais je suis entouré de tant de mauvais vouloirs.... que le bien m'est difficile, presque impossible. Je lutte avec courage, sans aide ; ce qui me serait cependant fort nécessaire. Si vous et vos confrères saviez.... vous seriez plus disposés à m'approuver, car je vous défie d'émettre une bonne idée qui ne soit ou ne devienne un de mes projets. — Je voulais aller vous voir ; mais je suis chevillé à mon cabinet. A notre première rencontre, vous m'assassinerez ensuite, si vous voulez ; mais au moins vous saurez que vous assassinez un mouton. Mille compliments affectueux.

» Cavé. »

(Autographe.)

« Monsieur,

» Mon mari se proposait d'aller vous voir et vous remercier de la manière amicale dont vous l'avez traité pendant ce petit cours de représentations qu'il vient de donner; mais un accident imprévu, et qui aurait pu lui être funeste, le retient chez lui pour quelques jours. Dans la nuit et la journée de jeudi, il a été saisi d'une indisposition très-grave, qui, sans les prompts secours qu'on lui a portés, aurait été une apoplexie. Il est depuis hier matin hors de tout danger, mais encore trop faible pour pouvoir sortir; il a même essayé aujourd'hui de prendre l'air en voiture; mais le mouvement lui a fait mal. Veuillez donc l'excuser, monsieur, et soyez persuadé de sa reconnaissance pour toutes vos amabilités; j'y joins mes remercîments bien sincères, et vous prie d'agréer l'assurance, etc.

» Eup. Martin.

» Ce 5 avril 1834. »

(Autographe.)

Je ris encore de l'ébahissement que vient d'avoir chez moi la femme de Menjaud, quand je lui ai dit que, s'il voulait prendre l'emploi des *Niais,* son mari ferait courir. Elle m'a regardé d'un œil fixe où se peignait une fureur concentrée, qui lui a ôté pour un moment la voix. J'ai tâché de la calmer en lui expliquant mes raisons; car je croyais lui donner un bon conseil et ne pensais pas à faire une épigramme. C'est que, sérieusement, l'air naïf de la figure de Menjaud, ses pommettes qui appellent le rouge de l'api, son rire ingénu, ses manières simples, sa tournure engoncée, ses gestes d'une gaucherie sans apprêt, et sa voix d'une bonne nature, ressortiraient à merveille dans les rôles du susdit emploi. Il y aurait même avec Brunet une sorte de ressemblance par le visage et la désinvolture, qui ne nuirait pas à sa réussite. Mais rien de cela n'a désarmé sa femme, et je crois qu'elle ne viendra plus me voir. Ce sera autant de perdu pour eux. (11 avril 1834.)

» Bon et très-obligeant ami,

» Je sors de chez mademoiselle Mars. Elle s'est montrée à merveille pour moi, et m'a promis de jouer *Suzanne* à l'Odéon dans la représentation qui m'intéresse. Je suis restée chez elle plus d'une heure. Elle s'est montrée si aimable, si affectueuse, que je n'ai pas voulu la quitter sans l'embrasser de tout mon cœur. Elle devait aller ce matin chez vous pour vous dire du mal de moi. En vérité, je le mérite bien, puisque je pouvais mettre en doute son intérêt pour

» Volnais.

» *P. S.* M. Dormeuil s'oppose à ce que mademoiselle Déjazet joue le page dans *Figaro*. N'en parlons plus.

» 19 avril 1834. »

Loève-Weimars et le Directeur des Beaux-Arts se querellent aujourd'hui dans mon journal, au sujet de l'Opéra et de l'Opéra-Comique, dont un désir de Direction se débat entre eux et Crosnier, que le premier appelle l'*ayant cause* de Cavé. Le résultat sera piquant à connaître..... dans quinze ans. (23 avril 1834.)

❦

« 28 avril 1834.

» Mon cher juge,

» Vous avez lu le factum du *Constitutionnel*. Vous répondrez sans doute. Quel journal ne répond pas? Or, je vous demande si, depuis que j'occupe la division des Beaux-Arts, les théâtres en général ne sont pas plus propres, et si en particulier le Théâtre-Français n'est pas entré dans une meilleure voie? Le public n'y est-il pas revenu? N'a-t-il pas, par suite de mes efforts, payé 400,000 francs de dettes? Puis-je espérer que vous me protégerez un peu contre les injures du prédicateur grossier qui s'est déchaîné contre moi? Vous savez qu'on me fait souvent responsable de mesures auxquelles je suis étranger, contre lesquelles j'ai souvent même protesté. Mais vous me connaissez, et ma part est facile à faire, pour vous surtout qui m'aimez un peu. Je serai très-reconnaissant de ce que vous ferez pour moi, et vous prie d'agréer mes compliments affectueux. Cavé. »

(Autographe.)

❦

« Monsieur,

» En ne me refusant pas de conserver votre loge pour ma représentation, vous diminuez le regret que j'éprouve de n'avoir pu réussir à vous en faire accepter une meilleure. Recevez mes remercîments pour l'extrême obligeance que vous avez eue d'annoncer cette représentation dans votre journal, et croyez-moi, etc.

» Ad. Nourrit.

» Ce 30 avril 1834. »

(Autographe.)

« Je vous remercie mille fois, mon cher Charles, du petit mot aimable que vous avez mis pour moi dans votre journal. Depuis les *événements* qui me sont arrivés, j'ai désiré bien souvent vous voir, mais j'en ai été empêchée par des affaires de toute espèce. Je saisirai cependant avec empressement le premier moment libre que j'aurai pour aller causer avec vous. En attendant, recevez la nouvelle assurance de mes amitiés sincères.

» L. D. Cinti.

» 4 mai 1834. »

(Autographe.)

« Mon cher ami,

» Je vous adresse et vous recommande le plus chaudement possible M. Achard, qui vous remettra cette lettre. C'est un garçon rempli de talent et de bonnes qualités; il désire faire votre connaissance, recevoir vos bons conseils; et j'ai pensé que, par amitié pour moi, vous l'accueilleriez favorablement. Toujours à vous.   C. Dormeuil.

» 6 mai 1834. »

(Autographe.)

« M. Al. Soumet prie monsieur Charles Maurice de ne plus adresser *le Courrier des Théâtres* à la maison rue Saint-Florentin, 5, mais bien à Sèvres, rue de Vaugirard, n° 24.

» 7 mai 1834. »

(Autographe.)

« MONSIEUR,

» J'ai l'honneur de vous informer que le *Théâtre nautique* sera très-prochainement ouvert, et de vous prier d'avoir l'extrême bonté de l'annoncer dans votre journal. Je suis, etc.

» ST-ESTEBEN, *le Directeur*.

» Ce 11 mai 1834. »

(Autographe.)

« MON CHER MAURICE,

» L'intérêt que vous prenez à ma santé me fait croire que vous apprendrez avec plaisir que je suis beaucoup mieux, et que demain je reparaîtrai dans *Don Juan*.... Je compte sur votre indulgence. Votre dévoué,

» RUBINI.

» Ce 19 mai 1834. »

(Autographe.)

« MONSIEUR,

» J'ai l'honneur de vous adresser une loge pour l'ouverture du *Théâtre nautique*. Veuillez agréer, etc.

» ST-ESTEBEN.

» Ce 23 mai 1834.

» Je prie en même temps monsieur Charles Maurice de ne pas nous juger avant de nous avoir vus. »

(Autographe.)

Nota. Cette ouverture n'a eu lieu que le 10 juin suivant.

❦

Un duel sérieux s'est accompli dans la journée, entre Damoreau et M. Manuel. Trois reprises, en différents lieux, ont été nécessaires à la satisfaction des deux parties, et, sans la très-heureuse intervention d'une pièce de cent sous, l'acteur aurait reçu dans l'aine un coup d'épée qui a laissé sa marque sur cet heureux bouclier. — A cette occasion Perpignan, toujours peu fourni d'écus, a dit ce mot drôle : « *A la place de Damoreau, j'aurais été blessé.* » (27 mai 1834.)

❦

Jamais Ladureau, qui vient de mourir, n'a été, comme je l'entends dire en ce moment, Directeur du Théâtre de la Porte-Saint-Martin. Associé à Bénazet pour l'acquisition de cette salle, il n'en a été ainsi que copropriétaire. Ce qu'il y a de plus vrai et de plus singulier à rapporter de ce père Ladureau, c'est la source de sa fortune, qui a été l'effet d'un hasard étrange. Il exerçait la profession de batelier, lorsque, au plus fort de la Terreur, un inconnu vint lui remettre une grosse tonne, sans vouloir lui dire ce qu'elle contenait, mais en lui enjoignant de ne la restituer qu'à lui seul. Après un laps de temps considérable, cet homme ne reparaissant pas, et lorsqu'il y eut à la fois prescription morale et nécessité de savoir à quoi s'en tenir, on régularisa l'ouverture de cette tonne, qui se trouva remplie de gros sous, formant une somme jugée légitimement acquise au dépositaire. Celui-ci en fit bon usage, et fonda sur ces assises de cuivre une aisance, à laquelle ses deux fils ajoutent encore par de constantes économies. Le père Ladureau laisse deux cent mille francs de rente, rien que sur le produit de ses maisons dans Paris, dont il était le contribuable le plus fort imposé. Il est donc juste de reconnaître que ce batelier-là avait très-bien conduit sa barque. (1834.)

« Mon cher ami, il y a un nouveau débutant à la Porte-Saint-Martin, qui a des moyens remarquables, et qu'il faut encourager. Il m'a prié de vous faire cette prière pour lui. Il n'est point du tout hardi, et n'ose aller vous voir avant qu'on vous ait prévenu. C'est fait. Il s'appelle *Mélingue*. Vous le verrez certainement.

» D'ÉPAGNY.

» 6 juin 1834. »

(Autographe.)

» MON CHER MAÎTRE,

» Ce pauvre et petit Directeur de Versailles a grand besoin d'aide ! Intéressez-vous donc à lui en lui prêtant le secours de votre publicité spéciale..... Je recommande cela à votre bonté. CARMOUCHE.

» Le 11 juin 1834. »

(Autographe.)

« Vous avez été plus prompt à répondre au désir que je vous ai exprimé que je ne l'ai été moi-même à vous en faire mes remercîments. Le samedi je vous demande *le Courrier,* et le dimanche il arrive à l'Étang pour déjeuner. Il n'y manquait qu'une chose : c'était que vous fissiez avec lui le voyage. Cette obligeance que vous me témoignez *dans toutes les occasions* vaut bien la peine qu'on en fasse la remarque. Elle tient à une vieille justice rendue et à un devoir rempli. Avouez que je fus bien inspiré ce jour-là, car je fis entrer dans votre cœur un sentiment qui *ne s'y est pas éteint*, et qui peut bien passer *pour un modèle.* GRILLE.

» 12 juin 1834. »

(Autographe.)

❦

« C'est une véritable bonne fortune, mon cher confrère, que d'aller se plaindre à vous d'une injustice. La réparation en est si prompte et si agréable, que volontiers souhaiterait-on une chute imméritée afin de vous trouver là pour être relevé par un triomphe. Mon cœur vous remercie de toute la bonté du vôtre. A vous bien profondément.

» E. DE VAULABELLE.

» 23 juin 1834. »

(Autographe.)

❦

Martin a longtemps boudé ma petite influence ; mais il a fini par reconnaître que ce n'était pas tout à fait sans danger, et maintenant d'un échange de politesses il résulte entre nous tout ce qu'il faut de relations pour que le journaliste ne soit point engagé, et que le comédien n'ait pas peur. Je l'ai vu dans la journée ; il m'a parlé de son art en homme qui l'aime et l'estime. Ce qui m'a surtout intéressé, ce sont les soins *obéissants* qu'il prend de sa voix. « *Tout ce* » *qu'elle m'ordonne*, m'a-t-il dit, *je le fais ; je la con-* » *sulte sans cesse. Si je veux sortir, et qu'elle s'y op-* » *pose, je reste ; si je sens qu'elle ait faim, je mange ;* » *si le repos du sommeil lui convient, je dors ; et tou-*

» *jours comme cela.* » Je ne m'étonne plus qu'à son âge il la conserve si pure, si belle, si jeune. (28 juin 1834.)

❦

Persuadé des efforts que tentera l'imitation, je constate tout de suite l'origine et le succès d'un moyen nouveau dans la Danse théâtrale. En ce moment, à Vienne en Autriche, Duport, le célèbre, élève une jeune personne du nom de Schlanjouski, chez laquelle l'emploi des *pointes* est tout à fait extraordinaire. Aux leçons, non-seulement elle tient par une imperceptible partie de l'orteil à la planche qu'elle ne semble pas même effleurer, mais elle parcourt dans cette attitude le théâtre pendant plusieurs minutes, et s'enlève en exécutant les *temps* les plus difficiles, sans jamais retomber que sur ce faible point d'appui. Pour l'importation de cet exercice merveilleux, fions-nous à nos danseuses. (Juin 1834.)

❦

« Minette Margueritte est venue *en personne naturelle* voir son ami Charles Maurice ; actrice retirée, et bien retirée, du théâtre, cette démarche de l'amitié est bien désintéressée. — Mille compliments à monsieur et madame de la part de la susdite.

» 16 juillet 1834. »

(Autographe.)

❦

Les acteurs de la *petite province* n'y manquent jamais. Dès qu'ils ont joué, n'ayant plus affaire au théâtre, ils vont occuper dans la salle la place la plus apparente, pour que les spectateurs s'ébahissent en voyant de près ces êtres extraordinaires. La coutume veut qu'en pareil cas on laisse assez de rouge sur son visage pour que la méprise soit impossible. Il y en a même qui gardent du personnage qu'ils viennent de représenter les parties de vêtement dont les couleurs sont le plus criardes. Alors ils posent en un coin bien choisi, comme les mannequins du Carnaval. Je viens de voir un échantillon de cette faiblesse *extra muros*, en la coutumière personne de Provost, ministre assassiné ce soir à la Porte-Saint-Martin, au commencement de *l'Impératrice et la Juive*, et qui s'est montré, tout de suite après, dans une avant-scène. N'est-ce pas trop sacrifier l'illusion des spectateurs à ce qui n'est qu'une ridicule fantaisie de cabotin nomade? On embarrasserait bien Provost si on lui demandait à quel comédien de mérite il a vu faire pareille chose. (23 juillet 1834.)

※

« Eh quoi! l'on ne pourrait plus signaler par la voie de la presse, même avec indignation, ces *honteuses insultes à la morale et au bon sens!*.... En fait de polémique littéraire, il n'y a point de diffamation quand le Critique reste dans son sujet, quelque amères que soient ses réflexions..... Un avocat, interprétant le mot *considération,* a prétendu assimiler à la diffamation toute attaque à la *considération* professionnelle d'un individu. C'est là une erreur grave; car la loi, par le mot *considération,* n'a entendu que l'estime personnelle dont chacun a le droit de jouir, et non *l'intérêt* matériel, dont l'atteinte peut tout au plus donner lieu à une action civile, mais ne saurait donner prise à une action en diffamation. Et si, en effet, la loi pouvait être autrement entendue, que de procès en diffamation ne seraient pas chaque jour portés devant les tribunaux ! »

» DE GÉRANDO.

» Juillet 1834. »

❦

« Je pars ce soir pour Bordeaux, où je vais passer un mois. Je ne voulais pas partir sans avoir le plaisir de vous voir, et vous demander si vous n'aviez pas quelque commission pour ce pays. Je n'ai pas le bonheur de vous rencontrer, mais je n'en suis pas moins votre bien dévoué de cœur.

» LAFONT, *de l'Opéra*.

» 11 août 1834. »

(Autographe.)

❦

« MON CHER MAÎTRE,

» Je prends la liberté de vous adresser M. de Fontmichel, auteur d'*Il Gitano* et d'un chœur du *Mont Sinaï*; il aura même, je l'espère, l'honneur d'être mon collaborateur un de ces jours. En attendant, il désire vous être recommandé et avoir l'avantage de lire *le Courrier des Théâtres*. Je me flatte que vous voudrez bien accueillir ma lettre et son objet. Votre, etc.

» CARMOUCHE.

» Le 5 septembre 1834. »

(Autographe.)

❦

« ..... Si vous saviez combien je travaille depuis trois mois à mon tableau du Diorama, et que de difficultés j'ai à vaincre ! Figurez-vous l'intérieur d'une église vue de jour et déserte; la nuit vient; l'église s'éclaire et laisse apercevoir un grand nombre de figures, enfin une *Messe de minuit;* et tout cela peint sur la même toile. J'espère que ce tableau plaira. D'ici à peu, je vous prierai d'en être juge. Agréez, mon cher ami, etc. DAGUERRE.

» 11 septembre 1834. »

(Autographe.)

« MON CHER RÉDACTEUR,

» Vous avez ma lettre, n'est-ce pas? — Donnez-moi donc votre numéro. — Je pars. — Je crois que si de nouvelles attaques étaient dirigées contre moi dans votre journal, vous seriez assez bon pour les faire suivre de votre opinion personnelle. Mille compliments et remercîments. AL. DUMAS.

» 11 septembre 1834. »

(Autographe.)

« ..... Je n'ai rien à dire à celui qui m'a presque adopté dans mon enfance littéraire; il doit savoir que je n'ai pu l'oublier. Je suis donc encore confiant en lui.

» D'ÉPAGNY.

» 1er octobre 1834. »

(Autographe.)

« Bonjour, MON SUZERAIN !......

» D'ÉPAGNY.

» 1er octobre 1834. »

(Autographe.)

« MON CHER MONSIEUR MAURICE.

» Je vous prie de vouloir bien inscrire Lablache parmi vos abonnés. Il demeure hôtel des Ambassadeurs, rue Notre-Dame-des-Victoires. Mille compliments. » SEVERINI.

» 3 octobre 1834. »

(Autographe.)

❦

Boïeldieu ne pouvait composer qu'en chantant à haute voix. Il a pu résulter de cette habitude, qu'il n'a pas combattue, persuadé qu'il ne la vaincrait point, la disposition à cette maladie du larynx qui l'a emporté à l'âge de cinquante-neuf ans et demi. C'est à sa campagne de Jarcy qu'il a très-philosophiquement rendu le dernier soupir, après avoir fait lui-même sa barbe, « *pour mourir,* disait-il, *selon le soin que l'on doit avoir » de sa personne.* » Il parlait aussi du désir qu'il aurait d'être inhumé au pied d'un arbre. On l'en avait tout doucement dissuadé. Quel arbre, et quel stimulant pour lui!.... Les bonnes partitions seraient tombées toutes faites de ses branches. (8 octobre 1824.)

❦

Le théâtre de l'Ambigu-Comique inaugure un nouveau moyen de publicité en mettant sur sa façade un transparent portant le titre du *Juif errant.* L'imitation ne peut manquer de survenir. Brevet à l'inventeur! (Octobre 1834.)

❦

Mes constatations à la mort de Boïeldieu ont été celles-ci. Il a fini sans souffrance, le 8 de ce mois, entouré de ses parents et d'amis, à quatre heures quarante minutes du soir. Ses yeux, toujours ouverts, le représentaient comme sortant d'un paisible sommeil. A son service, qui a eu lieu aux Invalides, Monseigneur de Quélen n'a pas permis aux actrices de chanter. Le drap funéraire était tenu par Berton, Cortot le sculpteur, Nourrit pour l'Opéra, et Martin pour l'Opéra-Comique. Au pont de la Concorde, les deux premiers ont été remplacés par MM. Dupaty et Auber. Ce dernier n'était pas en habit de l'Institut. Quatre discours ont été prononcés, et c'est au Cimetière de l'Est que va commencer le pèlerinage promis à ces restes si précieux. — La veille de sa mort, Boïeldieu, suivant son habitude, avait monté sa montre, en accompagnant ce fait de réflexions des plus philosophiques. Le lendemain elle s'est arrêtée en marquant l'instant exact, pas une seconde de plus ou de moins, du dernier soupir de son maître. (Octobre 1834.)

Je me serais aussi prosterné sans efforts devant le génie qu'il est impossible de ne pas reconnaître à M. Rossini. Mais on a voulu lui immoler la renommée des nôtres, et j'ai senti que j'étais de mon pays. Or, attendu que le soleil a des taches, j'ai pu trouver sans mentir que de beaux ouvrages n'en étaient pas exempts. Voilà toute l'histoire, dont, au reste, M. Rossini parcourt plus d'une fois les chapitres, malgré l'indifférence qu'il affecte à l'égard de la Critique. Très-souvent, chez Tortoni, on l'a entendu dire : « *Charles* » *Maurice est-il arrivé?* » Ce qui veut dire : *le journal*, cette définition est reçue. S'il y a dans la feuille quelque trait sur le Maëstro, les garçons se hâtent de répondre négativement ; mais il n'en est pas dupe. — Ce matin, en insistant, il a ajouté : « *Quoi qu'il puisse*

» *dire sur mon compte, il ne fera jamais mieux que*
» *ceci, qui m'a bien fait rire :*

» On vient de planter en Amérique le tout petit
» arbre d'acajou qui doit produire le bois dont on fera
» le piano sur lequel M. Rossini composera la musique
» de l'opéra qu'il a promis. »

C'est qu'aussi le grand Compositeur n'en finit pas
de la partition qu'on doit lui payer cent mille francs!
Figaro dirait encore : « C'est comme si je n'avais pas
» promis. » (10 octobre 1834.)

※

« ..... Mon pauvre Boïeldieu est donc mort!... Qui
fera maintenant des *Dame blanche*, des *Calife*, des
Chaperon, etc., etc.? Hélas! que vous disais-je sur
le boulevard il y a six mois!... Puisque nous ne faisons que passer, pourquoi sommes-nous si méchants?

» G. DE PIXÉRÉCOURT.

› Le 10 octobre 1834. ›

(Autographe)

※

« MONSIEUR,

» Je m'empresse de vous envoyer le secours que
vous avez demandé pour madame B.... J'espère que
vous me donnerez souvent l'occasion de faire d'aussi
bonnes actions. Agréez, etc.   EDMOND BLANC.

› 28 octobre 1834. ›

(Autographe.)

※

Saint-Prix, l'un des derniers Romains de la Comédie
française, est mort aujourd'hui 29 octobre 1834. —
Deuil au théâtre et chez les honnêtes gens!

❦

Pas un discours n'a été prononcé aujourd'hui aux obsèques de Saint-Prix, l'un des hommes les plus recommandables, et l'un des talents les plus estimés parmi ceux qui ont brillé à la Comédie française..... Quelle triste chose à noter! (29 octobre 1834.)

❦

« Je serais allé vous voir, si des soins matériels et multipliés ne me retenaient en ce moment; mais notre ami commun, M. Merle, m'a fait espérer que nous nous rencontrerions chez lui; et là j'espère que se terminera pour toujours une querelle dont, à vrai dire, je ne comprends pas bien le motif. Il y a tant de malentendus dans la vie!

» J'offre à monsieur Maurice et ma branche d'olivier et mes salutations empressées.   ANCELOT.

» 1ᵉʳ novembre 1834. »

(Autographe.)

❦

La femme charmante qu'avait épousée Saint-Prix, le tragédien sans successeur, était veuve de Maille, un homme qu'à notre époque on aurait reconnu pour Chimiste, et qui n'en a pas ambitionné le titre. Fournisseur de toutes les Cours de l'Europe, et en particulier de la maison de madame de Pompadour, il a inventé des cosmétiques, des vinaigres, des compositions opiacées, des parfums qui se sont maintenus dans le commerce, et dont la science garde encore un bon souvenir. Ce sont les Acloque qui lui ont succédé. Un fils, né de ce mariage, s'est uni à la nièce de Saint-Prix par les soins de ce dernier, dont il porte le nom ajouté à celui de Maille, et continue cette filiation d'honnêtes gens modèles. (Novembre 1834.)

❦

« Une analyse faite en cinq minutes, par un homme qui n'a pas mangé depuis hier quatre heures, est ignoble de rédaction, et fera le plus grand tort à votre journal si vous ne la corrigez pas. Ami   HAREL.

» 4 novembre 1834. »

(Autographe.)

❦

Deux personnes désolent ce pauvre Harel : Victor Hugo et Bocage. Tout à l'heure, il me peignait ses angoisses lorsque le premier vient explorer le théâtre pour imaginer des décorations dont la dépense le fait frémir, et quand, après avoir tout accordé à l'autre, celui-ci n'est pas satisfait. — « *Je lui donne,* m'a-t-il » dit, *les rôles, les costumes, les billets qu'il désire ;* » *mais à présent il me demande la République, je ne* » *peux pas la lui donner.* » (14 novembre 1834.)

❦

La nomination de M. Scribe à l'Académie française trouve plus d'un injuste obstacle. Il est vrai que ses titres sont grands, et c'est peut-être une raison..... Dans le nombre, on distingue l'opposition de M. Alexandre Duval, malade, et dont la souffrance aigrit le caractère. Pressé par deux de ses collègues, il a répondu ce matin : « *Si vous le nommez, vous me ferez mou-* » *rir.* » Mais, l'accès passé, il a été le troisième à rire de cette boutade. (20 novembre 1834.)

« Mon cher maître,

» Mille fois merci à votre plume bienveillante !.... Je ne me coucherais pas content si je ne vous rendais certain du bien que vous m'avez fait et de la reconnaissance que j'en éprouve. Bien bonne amitié.

» Hippolyte Cogniard.

» 25 novembre 1834. »

(Autographe.)

« Monsieur et philosophe,

» Puis-je espérer quelques lignes dans votre estimable journal pour mon fils aîné ? *La gloire est une poussière de six pieds,* a dit quelqu'un avant moi. Oui ; mais elle fait naître les talents, elle crée les artistes, et partant, etc. Agréez, etc.

» Le physicien Robertson.

» 25 novembre 1834. »

(Autographe.)

La plus belle journée que puisse désirer un homme de lettres, M. Scribe l'a vue luire aujourd'hui pour lui-même. Élu membre de l'Académie française le matin, il a joint le soir à cet honneur le succès d'une comédie en cinq actes, *l'Ambitieux,* au Théâtre-Français. — Sur vingt-huit votants, au premier tour de scrutin, M. Scribe a obtenu douze voix, et, au second tour, quinze. Il avait pour concurrents Ballanche et M. de Salvandy. — Ce double triomphe est inouï dans les fastes. (27 novembre 1834.)

A la représentation de *l'Ambitieux*, ce soir, au Théâtre-Français, M. Alexandre Duval, causant au balcon avec un spectateur, ne m'a pas paru ménager assez Scribe, dont la pièce est pourtant estimable. En ces sortes de cas, les auteurs n'ont pas même voix consultative. Mais le plaisant de la conversation, c'est que, pour critiquer le fauteuil académique disputé le matin par M. Emmanuel Dupaty, le pauvre intrus imputait à cet écrivain les *Lettres sur l'Italie* composées par son père. Sauvage, qui écoutait aussi, a redressé le jugement de cet habile défenseur d'une génération à l'autre. (27 novembre 1834.)

Le plus étonnant *Ténor* qu'on ait entendu, Rubini, aime ardemment la distraction par le jeu de cartes. Un des machinistes du Théâtre-Italien est là-dessus d'une force qui pique vivement le goût du chanteur, dont il faut qu'il fasse la partie, même pendant les représentations, en quelque lieu de l'enceinte qu'ils se trouvent. Cet homme, ayant à donner des ordres hier pendant qu'on exécutait la *Semiramide,* était obligé de se tenir au milieu de la scène, derrière le tombeau de Ninus. Rubini l'y a poursuivi, et là, le rideau levé, courbés pour n'être pas vus du Public, tous deux ont satisfait, l'un sa passion favorite, et l'autre la condescendance qu'il croit devoir au premier talent de la troupe. Quand j'ai parlé de cela tout à l'heure à Rubini, il en a ri de cet air qui dit si bien la bonne simplicité de sa manière d'être. (17 décembre 1834.)

MA VIE. — CHAPITRE XXVIII.

1812. — MASCARILLE.

« Je vous remercie, mon cher Maurice, de la bonne
» nouvelle que vous m'avez donnée en m'annonçant
» que votre pièce en cinq actes était reçue à la Co-
» médie française à l'unanimité. Il ne peut rien vous
» arriver d'heureux qui ne me fasse le plus grand
» plaisir.

» Agréez, je vous prie, l'assurance de ma sincère
» amitié.

» PICARD.

» 10 mai 1811. »

(Autographe.)

Cette lettre m'arriva à l'occasion de l'ouvrage que je venais de faire recevoir : *Mascarille ou la Sœur supposée,* d'après la pièce de Rotrou portant le second de ces titres. J'en avais promené partout la pensée, selon l'habitude des poëtes, dont la verve s'échauffe par la locomotion. Jean-Jacques Rousseau a dit : « La
» marche a quelque chose qui anime et avive les idées :
» je ne puis presque penser quand je reste en place ;
» il faut que mon corps soit en branle pour y mettre
» mon esprit. » — Jusque-là je n'avais jamais mis plus de huit jours à composer une pièce de théâtre, et celle-ci venait de me coûter le travail d'une année entière, concurremment avec celui de mon Bureau.

Le Comité de lecture, où siégaient *Saint-Prix,*

Saint-Phal, Baptiste aîné, Baptiste cadet, Damas, Armand, Thénard, Després, et mesdames Mars, Thénard mère, Bourgoin, Devienne, Émilie Contat, Mézeray et Volnais, l'avait admise avec acclamations.

Comme j'allais me retirer suivant l'usage, l'auteur ne devant connaître son sort que le lendemain, Saint-Phal vint à moi, et me prenant le bras : « *Restez, mon-* » *sieur,* me dit-il, *vous voyez quel plaisir a fait votre* » *ouvrage, les bulletins sont inutiles. Depuis que je suis* » *à la Comédie française, je n'ai jamais vu recevoir* » *une pièce avec un pareil enthousiame.* » Cependant, par respect pour la forme, on jugea les bulletins nécessaires. Alors, je me retirai dans le cabinet du Régisseur, où mademoiselle Volnais vint me confirmer la réception.

C'était alors une grande affaire, un véritable événement que l'admission avec éclat d'une comédie en cinq actes en vers à ce théâtre. Toute la littérature y prenait part. Je vis venir à moi les premiers écrivains en ce genre. Andrieux fit mieux que me féliciter, il désira connaître la pièce, en morigéna plusieurs vers et m'en inspira de bons. Je me le rappelle encore, chez lui, rue de Vaugirard, debout avec moi devant sa fenêtre, cherchant une rime ; puis, de l'air distrait d'une personne qui ne sait pas de quoi elle parle, m'indiquer une poule sur le fumier de la cour, et me disant : « *Cette* » *poule !...* » C'est qu'il était sur la trace de son idée et ne voulait pas la tourmenter, de peur de l'empêcher de venir. Ceux qui font des vers comprendront cela.

Sous de tels auspices, il m'était bien permis d'espérer un succès ; oserai-je dire que ce n'eût été que le fait d'un encouragement légitime ? Geoffroy en avait glissé l'espérance, presque le désir, dans un de ses feuilletons, où il disait :

« Une comédie en cinq actes et en vers ! il y a là
» de quoi frémir. L'auteur est jeune ; il a déjà donné
» sur de moindres théâtres quelques bagatelles où l'on
» a trouvé de l'esprit : il y a bien loin de cet esprit au
» talent de faire une bonne comédie en cinq actes et
» en vers, même dans le genre de l'intrigue. La diffi-
» culté devient plus grande quand cette intrigue est
» dans les vieilles mœurs et dans le goût de l'ancien
» comique, où les valets et les fourberies dominent.
» L'âge de l'auteur et les obstacles qu'il lui a fallu
» vaincre lui donnent des droits à l'indulgence, et la
» seule intention d'imiter Molière doit lui mériter la
» bienveillance..... Je ne puis à présent que former
» des vœux en attendant les compliments. »

Malgré tout cela, *Mascarille* ne réussit que dans les trois premiers actes, d'une manière bien rare, à la vérité; car le dernier fut rempli d'applaudissements sans relâche, accompagnés de bravos enthousiastes. Talma quitta la salle pour venir m'embrasser sur le théâtre. « *Entendez-vous,* me dit-il, *je n'ai jamais vu* » *cela.* » Mais je ne partageais pas cette frénésie. Au milieu des transports, de légers signes d'hésitation, perceptibles pour le seul auteur, m'avaient révélé la présence d'un écueil. On parlait dans la pièce d'une vieille tante retenue derrière la cantonnade, mais dont le spectateur pouvait pressentir la mort, comme dans *le Légataire universel,* où je croyais trouver mon absolution. Ce détail devant revenir assez souvent dans les deux derniers actes, je jugeai que chaque fois il serait l'objet d'un blâme de plus en plus prononcé, à mesure qu'approcherait le dénoûment. Je ne me trompais pas. Cette tache et la cabale aidant (monsieur l'auteur tombé!) firent succéder aux exagérations contraires trente ou quarante coups de sifflets, les premiers, les seuls que j'aie reçus et qui me parurent suffisants pour accuser une chute. On me conseilla de faciles corrections. Je m'y refusai et retirai ma pièce, malgré le bon procédé des Comédiens, qui maintinrent pendant quinze jours sur leur affiche l'annonce de la seconde représentation, espérant vaincre ma résistance.

Les visites, les épîtres consolatrices m'arrivèrent de toutes parts. On me dit dans une de ces dernières :

« Vous pouvez hardiment crier à la cabale, personne
» ne vous reprochera de chercher ce motif de conso-
» lation. Le parterre s'est bien comporté ; mais il y
» avait aux secondes galeries *deux* sifflets *acharnés.*
» Il faut espérer qu'ils n'y seront pas à la seconde re-
» présentation. »

Tout le monde m'a assuré que ces deux sifflets avaient été seuls à fonctionner ; mais qu'en se relayant et variant avec adresse leurs modulations stridentes, ils se donnaient l'apparence d'une certaine unanimité. Aimé-Martin m'écrivit :

« On a été injuste. Malgré tous nos efforts, on n'a
» pas voulu écouter ; mais j'espère dans une nouvelle
» représentation. Je criais comme un beau diable :
» *Écoutez avant de juger.* Mais il y avait des gens qui
» *avaient intérêt* à ne pas écouter..... Allons, du cou-
» rage ! Le talent surmonte tout, et vous en avez. »

(Autographe.)

Le père de M. Pillon, aujourd'hui l'un des éminents

Conservateurs de la Bibliothèque Impériale, cultivait avec succès les lettres. Voici l'extrait de l'épître amicale qu'il m'adressa :

« ..... J'éprouve une grande peine à voir qu'on ne
» te rende pas la justice que tu mérites. Moi qui juge
» d'après les bons et anciens principes, j'ai vu dans
» ton ouvrage le germe d'un beau talent et la connais-
» sance approfondie des grands maîtres. *Macte animo,*
» *mi amice!* Que Molière, Regnard, Destouches, etc.,
» soient constamment les modèles..... Marche toujours
» dans l'étroit sentier que les génies n'ont pas frayé
» pour la multitude; ne t'embarrasse nullement des
» clameurs d'écoliers qui, pour *deux ou trois expres-*
» *sions hasardées,* s'empressent de condamner l'ou-
» vrage entier. Encore une fois, courage! Ta comédie
» est gaie, d'un bon comique, et surtout bien écrite. »

Roger, l'auteur de *l'Avocat,* Picard, Andrieux, Luce de Lancival, et nombre d'écrivains de premier ordre, voulurent me retenir dans la route où je cherchais la haute comédie; mais la déception avait été trop forte, et je ne me suis plus adonné qu'à des esquisses dont, aussi bien que personne, j'ai compris la faiblesse.

CHAPITRE XXIX.

1812-1813. — CONSPIRATION DE MALLET.

J'étais depuis trois ans et huit mois au Ministère des Cultes quand éclata cette conspiration. J'ai dit que j'avais connu ce général à Pavie, dont il commandait la place. Comme il allait souvent à Milan pour ses plaisirs, il emmenait mon ami Bruguière, qui, dans ce cas, faisait de moi un Commissaire des Guerres *par intérim*.

Entre Commis, nous avions parlé de cela dans les bureaux. Je ne m'étais pas douté de ce qui pouvait m'en advenir.

Le matin du jour où Mallet se déclara, nous apprîmes, en arrivant au Ministère, que ce général était le chef de la conjuration, qu'on l'avait arrêté, et qu'il était gardé à vue à l'État-Major, place Vendôme, chez le Général Doucet. Je connaissais particulièrement ce dernier, pour le voir très-souvent chez Saint-Prix, son ami intime. J'obtins la permission d'aller m'assurer du fait, afin que notre Ministère eût des nouvelles certaines.

La première personne que je trouvai fut Doucet, qui me raconta en peu de mots cette arrestation, dont il avait été le premier auteur, puisque, avant de se présenter à lui, Mallet avait à peu près réussi près des autres fonctionnaires. Il me fit pénétrer ensuite dans une petite chambre à l'entre-sol, où je vis celui-ci lié, garrotté, étendu par terre sur le dos, avec un visage serein, et plutôt semblable à un homme qui pense tranquillement à ses affaires qu'à un conspirateur dont le sort est déjà décidé. Il n'y avait guère possibilité qu'il me reconnût : c'était le 24 octobre 1812, et notre rencontre avait eu lieu en janvier 1806. On devine que je me gardai bien de le mettre sur la voie.

De retour au Ministère, une querelle s'engagea sur un sujet assez futile entre moi et un Employé, dont je me trouvai poussé à payer l'impertinence par un soufflet. Furieux, le misérable descendit aussitôt chez le Ministre, et appuya sa plainte d'une information qu'il savait bien devoir, en un pareil moment, effrayer l'esprit timoré de M. Bigot de Préameneu. Il lui dit que je connaissais Mallet, que j'avais eu des rapports avec lui, sans expliquer ni leur nature ni leurs dates, et que je venais de le voir dans le lieu de sa détention. Les commentaires allaient tout seuls. Le Ministre me fit appeler sur-le-champ, et, ne m'écoutant que pour la forme, il m'ordonna de retourner à mon bureau, en me donnant à penser qu'il méditait quelque chose. J'en demeurai persuadé moins d'une heure après. Des Agents vinrent *m'inviter* à les suivre dans un fiacre au Ministère de la Police.

Chemin faisant, je me souvins de ma séance dans le cabinet du duc de Rovigo, lors du classement des Journalistes, de la bienveillance qu'il m'avait montrée, et j'en augurai que je serais bientôt délivré de l'ennui qu'on me suscitait. Lui-même avait été de sa personne séquestré et enfermé à la Force. Connaissant le malheur, il ne pouvait manquer d'y compatir.

Quand nous arrivâmes au Ministère, mes aimables compagnons parlèrent de mon interrogatoire par le Chef de la Police de sûreté, nommé Pâque, prédécesseur et peut-être contemporain de Vidocq. Cette audience me souriait peu. J'y voyais une assimilation des plus désobligeantes. Mais, sous les lambris où nous étions, bien qu'ils fussent richement dorés, il n'y avait pas à mettre son opinion à la place de celle que les commensaux formulaient. Je me résignais, lorsque j'entendis affirmer que le Ministre avait recouvré sa liberté et qu'il venait de rentrer à l'hôtel. Soudain je me réclamai de lui, et demandai à être admis en sa présence, ajoutant avec aplomb qu'*il me connaissait.* Cet air d'assurance imposa à mes racoleurs. On dépêcha près du Duc, qui me reçut à l'instant.

Je le trouvai plutôt demi-couché qu'assis de côté, un bras sur le dos du fauteuil, l'autre sur le genou, tête nue, en habit du matin, ayant à ses pieds un de ces grands chapeaux à cornes qu'on appelait autrefois *à la Landremann,* évidemment celui d'un ouvrier, et avec lequel il était parti de la prison, le sien ne s'étant pas assez tôt retrouvé. Je fus frappé de sa contenance calme et de son esprit présent. Dès qu'il me vit, l'expression de son visage devint affectueuse.

— *Eh bien!* me dit-il, *monsieur Charles Maurice, qu'y a-t-il? Est-ce que vous êtes de la conspiration?*

— *Non, assurément, Monseigneur,* répondis-je, *je ne sais pas même pourquoi l'on m'amène ici.*

Je lui contai brièvement l'aventure du soufflet et l'infâme parti que le receveur avait tiré de mes relations anciennes, indirectes et momentanées avec le général Mallet.

— *Mais,* reprit le Ministre, *cela ne me regarde pas; c'est une affaire à terminer au bois de Boulogne.*

Je dis que je l'entendais bien ainsi; mais que l'inquiétant pour moi était de ne pas trouver M. de Préameneu disposé à me garder dans ses bureaux.

— *Ce serait injuste,* s'écria le Duc, *et je vais aller moi-même lui en parler.*

Puis il donna l'ordre de me laisser sortir.

Beaucoup moins de sa part, son indifférence seulement, et j'étais fusillé avec les pauvres petits soldats impliqués à leur insu dans l'échauffourée, et qui moururent sans y rien comprendre à la plaine de Grenelle, en criant : *Vive l'Empereur!*

Croirait-on qu'en une telle conjoncture M. le Duc de Rovigo ait trouvé le temps de me tenir parole? Dans la journée même, il se rendit à pied, une badine à la main, chez le Ministre des Cultes, et lui démontra qu'il n'y avait pas lieu à exercer contre moi la moindre rigueur. Peine inutile! M. de Préameneu, sous l'empire de la panique que lui causait l'idée du retour de l'Empereur, ne s'attacha qu'au désir de donner la preuve d'une fidélité qui ne voulait rien entendre, pas même la voix d'un collègue mieux informé que lui.

(*La suite au Chapitre prochain.*)

Régisseur au théâtre de la Porte-Saint-Martin, Moëssard déploie dans l'exercice de ces fonctions cet esprit souple et quelque peu flatteur auquel il s'était habitué. En ce moment, sous la direction d'Harel, entre les ridicules prévenances dont il accable mademoiselle George, il en est une qui, en allant au but contraire, excite vivement l'hilarité de ses camarades. Dès que l'actrice sort habillée de sa loge, elle trouve là le Régisseur, tenant le grand bâton de l'ordre, dont il frappe les planches en marchant à reculons devant elle, tant pour rassurer l'embonpoint de la Directrice sur leur solidité, que pour lui dire tacitement : « *Si elles flé-* » *chissent, je tomberai avant vous, et ma perte vous* » *sauvera.* » De la part d'un autre, ce serait presque de l'injure; dans la pensée de Moëssard, c'est de l'encens. (1834.)

❦

« Je soussigné, Docteur en médecine, Chirurgien du Roi et du Prince royal, Chirurgien-major des Invalides, etc., etc., certifie que M. Charles Maurice, demeurant rue de la Victoire, n° 6, est affecté d'un *rhumatisme articulaire* qui a son siége dans le *genou gauche,* et qui le met aujourd'hui dans l'impossibilité de sortir de chez lui.   A. PASQUIER.

» 18 décembre 1834. »
(Autographe.)

❦

« MON CHER AMI,

» Je commence par vous remercier de votre bienveillance pour notre théâtre ; il est impossible de servir plus chaudement ses amis, et il faudrait être *bien ingrat* pour ne point vous répéter combien nous sommes sensibles à l'intérêt que vous nous témoignez.... »

» C. DORMEUIL.

» 22 décembre 1834. »
(Autographe.)

❦

Tous les journaux sont reçus chez Louis-Philippe, qui les lit assis sur son canapé. Un très-grand personnage vient de me dire qu'il a vu souvent le Roi écarter de la main ceux qui l'empêchent de trouver tout de suite *le Courrier des Théâtres,* et faire à celui-ci l'honneur de le parcourir un des premiers. Je ne me croyais pas si nécessaire au maintien de l'équilibre européen. (1834.)

Pour avoir donné son nom à une jument de course, mademoiselle Déjazet a appelé devant les magistrats un journaliste reproducteur des faits du *Jokey-Club.* Le Public s'est intéressé à cette affaire, au point de n'avoir pas même songé à en connaître le résultat. (1834.)

M. de Saint-Aulaire, notre ambassadeur dans plusieurs cours, était d'une simplicité d'extérieur qui n'empêchait pas de deviner en lui l'homme de la compagnie la plus distinguée. Un jour, au moment où j'allais entrer au Ministère de l'Intérieur, je vis un monsieur tout près d'en faire autant, et qui, posant le pied sur le banc de la porte, détachait de sa jambe une petite guêtre de couleur jaunâtre, avec des boutons de nacre. Comme je le reconnaissais, il me parut piquant de savoir comment cela finirait, ce qui eut lieu de la façon la plus ordinaire et la moins facile à prévoir. Les deux guêtres enlevées, aussi tranquillement que s'il eût été chez lui, M. le Comte les plia avec un certain soin et les mit dans la poche de son habit. Un de ses amis, à qui je racontai le fait en m'étonnant qu'en pareil cas M. de Saint-Aulaire ait été à pied, me répondit : « C'est qu'il aura trouvé en chemin quelque malheu-
» reux à qui il avait donné l'argent de sa voiture. »

M. de Quélen, l'Archevêque de Paris, s'est rendu aujourd'hui auprès de mademoiselle Duchesnois, presque au dernier terme de ses cruelles souffrances. Une

dame Lavalette, des amis de la tragédienne, l'avait pressentie sur cette visite, à laquelle la pauvre femme avait tout de suite consenti. Seulement elle lui dit avec l'accent de la douceur et du désespoir : « *Comment recevrais-je un prêtre, à tout instant je blasphème?* »
— Son affreuse maladie est évidemment la seule coupable. (7 janvier 1835.)

꽃

Mademoiselle Duchesnois est morte hier, après une atroce agonie de plusieurs mois. Naguère encore, n'acceptant qu'à peine les consolations que nous essayions de lui donner, elle disait avec un tranquille courage : « *Qui donc a pu inventer cette maladie-là?* » Et elle s'abandonnait avec confiance au secours de la Divinité; car elle a quitté la vie dans de profonds sentiments religieux. (9 janvier 1835.)

꽃

Du 11 août 1833 jusqu'à ce jour, c'est-à-dire en dix-sept mois, le Théâtre-Français a perdu quatre de ses principaux artistes : mademoiselle Bourgoin, Damas, Saint-Prix et mademoiselle Duchesnois. Les talents s'en vont plus vite qu'ils ne viennent. (9 janvier 1835.)

꽃

Les obsèques de mademoiselle Duchesnois ont eu lieu aujourd'hui. Le discours que son camarade Lafon a prononcé sur la tombe a paru simple et très-convenable. Dans un passage, il a dit : « Qu'il me suffise de dire aujourd'hui que chacun de nous se rappelle toute la gloire de mademoiselle Duchesnois. Les pleurs des

» malheureux qu'elle a soulagés, les regrets des pro-
» scrits qu'elle a protégés, servis et secourus, atteste-
» ront ses nobles bienfaits. Elle vivra à jamais, ainsi
» que Talma, près de qui elle va reposer, dans le sou-
» venir de tous ceux qui l'ont connue, applaudie et
» admirée. On redira tout ce que la nature libérale lui
» avait prodigué de talent; et, pour en rehausser l'é-
» clat, on redira tout le bien qu'elle a fait; l'accent de
» la reconnaissance en trahira le secret. » (10 janvier 1835.)

(Autographe.)

Par une coïncidence qui n'a que la valeur d'un fait, mademoiselle Duchesnois et mademoiselle Bourgoin, toutes les deux à leurs derniers moments, ont désiré que la présence de madame Charles Maurice les leur rendît plus supportables. De chaque côté la maladie était la même, et rendait bien affligeant le spectacle de tant de souffrances. Puisque c'est un mérite de l'avoir accepté, en l'accompagnant de pieuses consolations, ce doit être en même temps l'excuse de la note que je prends ici. (10 janvier 1835.)

L'usage du calembour poussé jusqu'à l'abus n'est pas la seule faiblesse de Carle Vernet : les idées superstitieuses le travaillent au moins autant. Ce soir, au Vaudeville, il m'initiait aux secrets de sa persuasion que tous nos actes de la journée dépendent de l'effet du premier. « En sortant de chez moi, m'a-t-il dit, si
» je fais un faux pas, je rentre tout de suite et ne mets
» plus le pied dans la rue que le lendemain. » Il m'em-

pêchait déjà bien assez d'entendre les acteurs, pour que j'essayasse une discussion à ce sujet. Mais bientôt, cédant à sa turlutaine : « Quel théâtre que celui-ci ! » me dit-il. Voyez, quand vous y entrez, on vous jette » la porte au nez. » Je ne comprenais pas. Alors il m'a montré la porte doublée de toile verte qui ferme l'orchestre, et il m'a fallu deviner que cette porte est *aunée*. — J'aimais mieux son mot à une personne qui, le trouvant à lire *le Miroir,* lui demanda s'il se regardait dedans. « Oui, répondit-il en lui indiquant les Éphémérides, je regarde, *en effet, mes rides.* » (17 janvier 1835.)

Entre habitués et gens de connaissance, on discutait cette nuit, au Foyer public de l'Opéra, des qualités et des défauts de plusieurs artistes de ce théâtre. Un des interlocuteurs a résumé ainsi son opinion sur l'un de ces derniers : « *Massol a une voix qui donne l'idée* » *d'une grosse barre de fer brut tombant sur un tas de* » *pavés neufs, et comme acteur il joue toujours avec* » *deux bras gauches dans ses poches.* » (31 janvier 1835.)

L'Opéra a livré cette nuit la *Jeune fille en loterie* que son bal avait promise. Sur les représentations de l'Autorité, on a supprimé la scène entre Arnal, Lepeintre jeune et Odry, qui devait précéder le tirage, et le numéro gagnant a reçu le lot sorti de la palette de mademoiselle Ledoux, la savante élève de Greuze. Franchement, on n'a pas mal fait d'intervenir, car, d'après les demi-mots que m'avait glissés Mira, je craignais déjà quelque chose dans le goût du *réalisme*, ce grand précepteur de la morale actuelle. (31 janvier 1835.)

❦

« Cher amphitryon,

» J'accepte! j'accepte avec empressement et plaisir! Ne me refusez pas non plus, vous, de me demander bien vite quelque chose qui puisse vous être agréable! Je veux rester en compte courant d'amabilité avec vous, ou du moins le tenter.... j'aime les choses difficiles. Ce qui ne l'est pas, c'est de vous être attaché quand on vous connaît. Je vous le suis de tout mon cœur. Croyez-le bien, et acceptez l'assurance des sentiments bien sincèrement affectueux de votre, etc.

» Lassagne, Secrétaire de Louis-Philippe.

» 3 février 1835. »

❦

« Prononcer en public et dans un temple consacré à Dieu l'oraison funèbre de Molière, le jour anniversaire de sa mort, est s'acquitter à la fois d'un devoir religieux et patriotique.   L'abbé Auzou.

» 12 février 1835. »

(Autographe.)

❦

« Monsieur,

» Bien que nous soyons aux *Variétés,* nous comptons, de Lurieux et moi, pour nos *Marmitons,* sur la bienveillance à laquelle vous nous avez accoutumés; nous en avons grand besoin ce soir; nous ne sommes pas forts, et l'on ne nous a aidés de l'appui d'aucun des grands noms. Mais au moins nous sommes *propres* et *décents,* et puis nous ne donnons de *tiers* à personne. — Mille remercîments pour le passé, pour le présent, pour l'avenir. SAUVAGE.

» 26 février 1835. »
(Autographe.)

« Dans son patois de coin de rue,
Le *Corsaire* me dit : Les ânes t'ont hué.
Je n'en disconviens pas, c'est un fait avoué ;
Mais pour mieux le prouver, *le Corsaire* me hue.

» VIENNET.

» 27 février 1835. »
(Autographe.)

L'auteur m'a donné cela ce soir au foyer de l'Opéra.

« MONSIEUR,

» Je vous prie d'accepter, comme témoignage de mon estime et de l'intérêt que j'attache à votre présence, ce billet pour la répétition générale de mon *Marino Faliero,* qui aura lieu demain avant midi. — Je place mon ouvrage sous la protection de votre talent, et je vous prie d'agréer les sentiments de ma considération la plus distinguée. — Très-dévoué serviteur, DONIZETTI, 5, rue Lepelletier.

» 10 mars 1835. »
(Autographe.)

« Mille remercîments de votre gracieuse petite note, monsieur. S'il est vrai qu'on s'attache à ceux qu'on oblige, je puis donc compter désormais sur votre bienveillance. J'irai, si vous le permettez, vous remercier moi-même ces jours-ci, et vous rappeler que vous avez bien voulu me promettre un appui, dont j'ai, vous le savez, grand besoin. Agréez, etc.

» IDA.

» 13 mars 1835. »

(Autographe.)

« MONSIEUR,

» Je vous envoie ces billets, espérant que vous voudrez bien me faire l'honneur d'assister à mon concert; j'en serais extrêmement flatté. J'ai l'honneur, etc.

» LISZT.

» 6 avril 1835. »

(Autographe.)

« MON CHER AMI,

» Je compte sur votre amitié et sur votre complaisance pour me rendre un grand service. Il s'agit de faire un petit article dans votre journal qui annonce le *concert* que je donne à mon *bénéfice,* et qui le fasse mousser comme il faut. Vous pensez que j'attache beaucoup d'importance à ce que vous en disiez un mot. Aussi vous serai-je bien reconnaissant de ce que vous ferez pour moi. Recevez, etc.

» HABENECK aîné.

» 21 avril 1835. »

(Autographe.)

« CHER MAÎTRE,

» ..... Savez-vous que vous ne m'avez pas permis de dormir ma pleine nuit, comme à l'ordinaire. Votre voix amicale me tintait sans cesse aux oreilles, et me répétait ces paroles toutes gracieuses que vous m'avez adressées hier : « Je crois que, pour tout homme, une » heure sonne à laquelle son bon ange lui offre une » chance de prospérité, une veine de bonheur; s'il » n'en profite, il est perdu ! » — Est-ce vous qui avez réglé mon heure? Est-ce vous qui êtes ce bon ange? Est-ce ma veine de bonheur que vous me montrez du doigt? Il me semble que oui. Je vous remercie du cœur plus que des lèvres de vos bontés pour moi. Laissez-moi m'appuyer encore un peu sur votre épaule robuste, et j'atteindrai le but. — Encore merci, et reconnaissance !   HIPP. COGNIARD.

» 14 mai 1835. »

(Autographe.)

« MONSIEUR,

» Je vous prie de ne plus m'envoyer votre journal, ne voulant plus le lire.   SERDA.

» Le 11 juin 1835. »

(Autographe.)

Depuis trois jours, Taylor, ma femme et moi étions en négociations des plus actives : lui, pour éloigner prématurément mademoiselle Mars de la Comédie française, et nous pour l'y conserver. Michelot poussait à ce renvoi, croyant servir les intérêts de mademoiselle Bourgoin. — Armand n'a pas déserté ceux de mademoiselle Mars. — Par nos démarches, M. le Vicomte de la Rochefoucauld s'est départi de ses exigences, à condition que mademoiselle Bourgoin se mettrait à jouer des rôles secondaires, en commençant par Mélite du *Philosophe marié*. — Bref, mademoiselle Mars et Taylor, réunis à notre table, ont signé la paix hier au soir, et *le Courrier des Théâtres* l'a garantie. — Taylor a appelé ce dîner un *guet-apens*. (14 juin 1835.)

※

« Monsieur,

» Je vous remercie de l'indulgence que vous avez mise dans votre feuilleton sur *le Roi*. Lurine et moi, nous avons fait recevoir avant-hier au Théâtre-Français, et à l'unanimité, une pièce intitulée *Un Boudoir*. Nous vous saurions bien bon gré, monsieur, d'annoncer dans votre journal cette réception, à laquelle nous attachons beaucoup de prix. Votre dévoué,

» T. Solar.

» 25 juin 1835. »

(Autographe.)

※

« Indiquez-moi un service que je puisse vous rendre, et en échange duquel vous sentiez le besoin de m'envoyer une épreuve du *Courrier des Théâtres*, que j'ai toujours eu grand désir de recevoir, 1° parce qu'il est spirituel plus qu'aucun autre, 2° parce qu'il est le seul qui donne réellement les nouvelles des théâtres. Tout à vous.   » Alphonse Karr.

» 30 juin 1835. »

(Autographe.)

※

« ..... Vous savez mieux que personne, quand vous le voulez, faire la part à chacun, et vraiment le théâtre et le directeur de l'Ambigu méritent peu d'être sacrifiés..... Je serai à Paris pour les *glorieuses*..... Je vous demande pardon de mon griffonnage et du style de ma lettre; mais mon enfant, monté sur un âne et escortée de quatre ou cinq petits paysans, se promène féodalement dans les vastes halles du château de Caupenne, et fait un tapage à réveiller tous mes ancêtres. — DE CÈS-CAUPENNE.

» Ce 14 juillet 1835. »

(Autographe.)

※

« Veuillez, nous vous prions, monsieur, nous protéger comme vous l'avez fait jusqu'à présent. Vous êtes si bon ! vous rendez les artistes si heureux par votre bienveillance ! Vous trouverez toujours les deux sœurs toutes dévouées. FANNY et THÉRÈSE ESSLER.

» 11 août 1835. »

(Autographe.)

※

« Voici mes poésies, monsieur ; je désire que vous ayez autant de plaisir à les lire que j'en ai à vous les offrir. — Recevez de nouveau tous mes remercîments. Je ne vous recommande pas de voir M. C. le plus tôt possible. J'ai toute confiance en vous, et je crois que ma barque théâtrale ira à bon port, puisque vous voulez bien en tenir le gouvernail. Mon père vous dit mille choses affectueuses ; il sent vivement tout ce que vous voulez faire pour moi. Encore une fois, monsieur, merci de cœur bien plus que de bouche.

» M. WALDOR.

» 20 août 1835. »

(Autographe.)

※

Duvicquet, l'ex-rédacteur des feuilletons de théâtre, au *Journal des Débats,* est mort vers les derniers jours de ce mois, à l'âge de 70 ans. Il avait été Professeur à l'Université et le continuateur de Geoffroy. Sa mémoire sera chère aux amis des Lettres, qu'il a défendues contre les prétendues *doctrines* soi-disant *nouvelles* tant que ses forces le lui ont permis. La bonté de son caractère le portait à rire le premier des attaques inconsidérées de quelques jeunes gens plus habiles à ce jeu que dans l'art de penser et d'écrire. S'ils eussent mieux connu Duvicquet, ils auraient su combien il aimait et encourageait la jeunesse. J'en parle avec la conviction de l'expérience, car j'ai souvent reçu de cet excellent maître des conseils et des enseignements qui m'ont été fort utiles. Que ma reconnaissance lui soit acquise! et puisse ce peu de mots jetés à la hâte sur son cercueil ramener à de plus équitables sentiments les écrivains qui vont parler de sa mort, après avoir essayé de troubler sa vie! (Août 1835.)

On a repris aujourd'hui *Turcaret* au Théâtre-Français. Monrose a montré dans le rôle de Frontin un aplomb repoussant, et qui fait d'un simple valet intrigant une espèce de bandit à mettre aux mains de la Justice. Mais où donc Menjaud a-t-il vu que le Marquis de la Tribaudière parut à sa première entrée, le col tombant sur la poitrine et débraillé comme Antonio avec son *petit reste d'hier au soir?* Fleury, le modèle, se gardait bien d'un pareil excès. Rien dans sa toilette n'affectait le désordre. S'il y en avait eu la veille, cela ne se voyait plus. Ses jambes et quelque chose de sa prononciation annonçaient seulement, mais avec un tact parfait, comme chez un homme de bonne compagnie, que de très-légères fumées obscurcissaient encore la tête du personnage. Son souvenir d'ivresse était celui d'une ivresse de Marquis ; il tirait à sa fin, et le plus délicieux Champagne pouvait seul en être accusé. Menjaud, au contraire, se rapproche de Larissole, et le vin qui l'a mis en cet état n'a pas dû coûter plus de quatre sous la pinte. Cette tache sur un aussi beau tissu que celui de Lesage ne se peut tolérer, et j'en demande l'effacement avec d'autant plus d'assurance, que l'acteur a peu de chose à faire pour me l'accorder. (21 août 1835.)

« Votre constance est charmante, et je vous en remercie. C'est quelque chose en ce temps-ci qu'un homme *qui reste fidèle* à certaines idées affectueuses....

» GRILLE.

› 25 août 1835. »

(Autographe.)

« MON TRÈS-CHER MAÎTRE,

» Il paraît que vous ne vous cachez pas d'avoir quelques sentiments de bienveillance pour moi, car il arrive assez souvent qu'on réclame mon intervention pour obtenir votre indulgence. Mais aujourd'hui il s'agit d'un jeune homme qui a de bonnes qualités, de la modestie, et par-dessus tout le besoin de manger. Je ne risque donc rien à intercéder auprès de vous en sa faveur. Je sais d'ailleurs combien le Critique, qu'on croit si impitoyable, est au fond indulgent pour les jeunes gens qui ne dédaignent pas les avis et qui ont besoin de se faire une existence.....

» BOULATIGNIER.

» Ce 27 août 1835. »

(Autographe.)

« Monsieur,

» Désirant recevoir votre journal et vos bons et utiles conseils..... je travaille la danse à l'Opéra avec zèle et persévérance, mes maîtres m'encouragent; mais ce sont les avis d'un connaisseur tel que vous, monsieur, qui me seront bien nécessaires, et je les recevrai avec reconnaissance, fussent-ils sévères, si vous daignez apercevoir mes essais et mes efforts. J'ai l'honneur, etc.

» Maria.

» 29 août 1835. »

(Autographe.)

Ce soir, dans *la Juive*, Nourrit a donné une bonne leçon aux figurantes qui badinent sur le théâtre et détruisent l'illusion des spectateurs. Une de ces demoiselles, habillée en Page, croyant l'espièglerie nécessaire à qui porte ce costume, tirait la robe de celle qui la précédait, et riait de voir sa camarade se plier en arrière. Dans ce moment, Nourrit, qui n'avait pas à parler, s'est dirigé vers ce Chérubin de mauvais ton, et, le prenant par le bras, l'a conduit sans mot dire, mais d'un air expressif, jusqu'à la coulisse, où il l'a fait vivement entrer. (23 septembre 1835.)

La cour de Cassation décide que l'Arrêté municipal qui défend à tout acteur de *rien ajouter à ses rôles*, sans y avoir été *autorisé par le Maire*, est obligatoire, et que les contraventions ne peuvent être excusées sous prétexte qu'elles n'ont occasionné aucun inconvénient. (Septembre 1835.)

Les Femmes savantes ont été ce soir unanimement vouées au rouge. Les acteurs ont paru s'être donné le mot contraire à celui dont ils auraient dû s'occuper. Volnys portait un habit *écarlate*, Duparay un justaucorps *rouge-usé*, madame Desmousseaux une toilette *vermillon*, madame Tousez un fourreau *sang-de-bœuf*, et tous les autres avaient plus ou moins de ces couleurs dans leurs vêtements. L'aspect résultant de ce carnage antithéâtral était des plus désagréables. Et malheureusement il y avait encore d'autres reproches à faire à cette agglomération que celui de ressembler à un buisson d'écrevisses. (30 septembre 1835.)

« Mon bon Charles,

» Nous pouvons nous souhaiter nos fêtes. Je suis à Paris pour une grande partie de l'hiver, et je ne voudrais pas me priver de la lecture qui m'amuse tous les matins..... mon journal qui me suit partout..... Au revoir. Potier.

» 22 novembre 1835. »

(Autographe.)

« 13 novembre 1835.

« Mon cher maître,

» Le théâtre de l'Ambigu-Comique a été vendu hier aux enchères publiques au prix de 724,000 fr., avec les frais 830,000. Je l'ai poussé pour mon compte jusqu'à 630,000 fr.; c'était une rage. J'en suis presque fier, car ce théâtre, que jusqu'ici on n'avait pu vendre presque à aucun prix, grâce à la direction de Cès-Caupenne, a été vendu à un prix plus élevé qu'aucune autre salle de spectacle. Je vous dis tout ceci, afin que vous en fassiez mon profit. Amitiés.

» DE CÈS-CAUPENNE. »

(Autographe.)

❦

« MON CHER AMI,

» Vous avez fait ce que je désirais, et d'une façon aussi spirituelle que bonne pour moi. — Je vous en remercie cordialement. D'ÉPAGNY.

, Ce 19 novembre 1835. ,

(Autographe.)

❦

« J'avais bien peur que monsieur Ch. Maurice n'eût oublié la promesse qu'il m'avait faite l'autre jour au Théâtre-Italien dans un moment d'exaltation, dans un transport de *dilettante*. Cette promesse était trop agréable pour que je ne l'eusse pas prise au sérieux, et je comptais bien la rappeler, quand j'ai reçu la brochure, qui est d'autant plus précieuse encore à la suite de cette légère inquiétude. Je prie donc monsieur Ch. Maurice de recevoir tous mes remercîments.... etc.

» RAOUL-ROCHETTE.

, 1er décembre 1835. ,

(Autographe.)

❦

Inconnu à Paris quand il y arriva, en décembre 1835, le violoniste Oll Bull alla loger dans la rue Rochechouart, chez une dame respectable, qui le reçut et le traita, à chacun de ses voyages, avec une bonté toujours pareille. Un jour qu'il m'en parlait et témoignait avec bonhomie toute sa reconnaissance, Oll Bull ajouta : « *Je ne vois qu'un moyen de la lui prouver, c'est d'épouser sa fille.* » Et il l'a fait. — Voilà un Suédois bien plus Français que beaucoup des nôtres.

❦

Rendu à la liberté dont l'avait privé le Gouvernement de 93, ainsi que plusieurs de ses camarades, Saint-Prix se retira à Viry dans une petite propriété, anciennement le Presbytère. L'effet que lui avait causé cette injuste incarcération, bien qu'il l'eût courageusement supportée (on sait qu'il disait en riant : « *Le Roi des Rois réduit à balayer sa chambre !* »), laissa de longues traces. Saint-Prix passa dans cette retraite un temps que je lui ai entendu plusieurs fois déplorer. « *Dix ans de perdus !* » disait-il avec amertume. Il oubliait que l'estime publique l'avait suivi au Presbytère. (1835.)

❦

« ..... Vous que j'ai *tant tourmenté,* permettez que je vous tourmente une dernière fois. Ma représentation marche jeudi.... Dieu veuille préserver mes chanteurs d'un rhume et mes danseurs de cors aux pieds ! — Qu'il me soit permis de vous témoigner vendredi mes remercîments de vive voix, et combien je suis votre tout dévoué,   Horace Meyer.

› 8 décembre 1835. ›

(Autographe.)

CONSEILS A UN JOURNALISTE.

Dans le temple où tu tiens et l'encens et la crosse
Et dont les sacrés murs sont couverts de grands mots,
Dis-toi que ton génie exerce un sacerdoce,
Fait et défait les Rois comme il juge à propos,
Et dispense à son gré les biens avec les maux.

Mais dans l'usage heureux de ton omnipotence,
Ami, si tu m'en crois, garde quelque prudence :
Ne dis pas qu'un auteur a fait un méchant vers,
    Ton ennemi serait terrible !
Ni qu'un acteur a mis son rouge de travers,
    C'est un forfait irrémissible !....

Du reste, tu le sais, Beaumarchais te l'a dit,
    Tu peux tout dire
    Et tout écrire
Sur l'Opéra, le siècle et les gens en crédit.

    Je n'arme donc ta politique
Que contre ces agents de l'ordre dramatique
    Dont je connais à fond l'esprit ;
      Car pour t'apprendre
      A mieux parler
    L'un te ferait volontiers pendre,
    Et le second, beaucoup plus tendre,
    Tout simplement écarteler.

« Voici la réponse pour votre protégé. — Mille choses affectueuses.   Cte CLAPARÈDE.

» 20 décembre 1835. »

(Autographe.)

J'ai un nouvel abonné du nom de *M. Lapersonne*, et j'apprends que son journal est destiné à M. le duc de Nemours. Ce qui donne accès à deux numéros de ma feuille dans les parages de la Cour citoyenne. — Noté sans réflexions. (1835.)

❧

C'est aujourd'hui que Lacenaire et Avril ont été exécutés. Les fanfaronnades du premier ont fait place au dernier moment à des marques d'une insigne lâcheté. Je le constaterai dans le journal de mardi, où je dirai la gêne de sa voix, le fléchissement de ses genoux et la décomposition de son visage. — Ainsi se trouvent démenties ces paroles ébouriffantes de M. Jacques Arago, qui s'est tant et si étrangement occupé de ce misérable : « J'ai vu, nous a-t-il dit, j'ai étudié Lace-
» naire. Cet homme est *plus fort que la mort;* je suis
» sûr qu'il serait *plus puissant que les tortures.* Ces
» paroles seront imprimées avant son exécution. Lace-
» naire ira à l'échafaud comme vous allez à une pro-
» menade. » — Il ne manquait plus à l'esprit du citoyen Jacques que de vouloir intéresser le Public à son invention de l'*assassin fashionable!* (9 janvier 1836.)

❧

Je disais il n'y a qu'un instant à Harel qu'il fatigue beaucoup trop mademoiselle George en la faisant jouer sans relâche sur un théâtre aussi vaste que celui de la Porte-Saint-Martin. — « *Point du tout,* m'a-t-il ré-
» pondu, *je lui laisse un jour par semaine, le di-*
» *manche...:. pour mettre des sangsues.* » — On ne l'inventerait pas. (25 janvier 1836.)

MA VIE. — CHAPITRE XXX.

1814. — LA PARTIE D'ÉCHECS.

« *Je reprends ma trousse et mon rasoir....* » Je veux dire ma plume et mon canif. Triste, mais courageux, je rappelle mes idées dramatiques, et, trois mois après, le 4 février 1814, je lis à la Comédie française une pièce de circonstance en un acte, en vers, *la Partie d'échecs.*

Le Comité était composé de *Saint-Prix, Lafon, Baptiste aîné, Devigny, Baptiste cadet, Armand, Lacave et mesdames Mars et Émilie Leverd,* en présence de *Bernard,* le commissaire du gouvernement.

Talma y accepta le rôle d'un Colonel de la Garde nationale faisant allusion à la personne de Napoléon, et mademoiselle Mars celui de son épouse assistant à une partie d'échecs entre les deux Empereurs de France et d'Autriche. Je voudrais, disait-elle, par certain résultat,

« *Que l'un ne perdît point et que l'autre gagnât.* »

Baptiste cadet s'était chargé d'un personnage anglais conseillant toujours à son allié de marcher, et reculant d'un pas chaque fois qu'il lui disait : « *Avance-vô!* » de sorte qu'au dernier avis, il disparaissait dans la coulisse. La donnée générale, en un sujet de comique si difficile, parut piquante, et les sentiments français dont l'ouvrage était semé triomphèrent de la secrète opposition de plus d'un auditeur. — Un jour j'apporterai la preuve de cette dernière assertion.

L'Empire venait d'échapper des mains de son fondateur.... Les Bourbons étaient en France.

Un peu plus de deux mois écoulés, je donnai à l'Odéon *la Servante maîtresse,* un acte en vers, dont la Comédie française n'avait pas voulu et dans laquelle Chazel, Talon et mademoiselle Délia firent merveille. On la joua le 12 avril 1814, jour où le Comte d'Artois fit son entrée à Paris. — Le succès m'engagea à dédier cette pièce imprimée à mademoiselle Mars, par une épître en vers dont mes maîtres se montrèrent satisfaits.

Tout cela n'était pas une position. L'excellent Saint-Prix, *mon Parrain* (je ne lui donnais pas d'autre nom), en fit la remarque avant moi. Son cœur le poussant, il vint m'offrir de me louer un petit appartement dans sa maison, rue du Cherche-Midi, qu'il habitait avec sa femme, la veuve de Maille, le chimiste qui a laissé tant d'excellents secrets hygiéniques.

C'était bien l'intérieur le plus honnête qui se pût voir! Aux mœurs simples et aisées de l'ancien temps se joignait le ton du monde heureux par la fortune. Sous des dehors sérieux qu'entretenait la tenue de son *Emploi* au théâtre, Saint-Prix avait la gaieté d'un enfant. Il aimait l'innocente chanson de table, qui plaisait tant à nos pères, et surtout quand il l'entendait par Désaugiers, souvent son convive, ou par Étienne Jourdan, qui l'était toujours. Un mot peindra sa charmante compagne : nous l'avions surnommée *la Colombe.*

J'acceptai avec bonheur l'offre qui m'était faite à si bonne intention, meilleure encore que je ne le croyais, car Saint-Prix ne tarda pas à la compléter en parlant de moi à un homme des plus obligeants.

Barbier de Neuville, aussi distingué par l'élégance de son esprit et le charme de ses habitudes que par la bonté de son caractère, était Chef de la plus importante Division du Ministère de l'Intérieur. Il avait heureusement cultivé les lettres. Lui recommander un auteur, c'était obtenir à l'avance ce qu'on sollicitait. Il était en outre Lieutenant-colonel dans la onzième légion de la Garde nationale, où Saint-Prix et moi étions Grenadiers. — Une Revue générale eut lieu au Champ de Mars. Saint-Prix en profita pour engager M. de Neuville à s'occuper de moi. La réponse fut mon admission immédiate dans l'un des bureaux de sa Division.

Là, moins gêné encore qu'au Ministère des Cultes, et toujours sans priver le Gouvernement des clartés qu'il retirait de mon titre d'*Expéditionnaire*, je trouvai le temps d'ajouter trois ouvrages aux deux que j'ai cités plus haut, savoir : *la Partie de chasse*, en cinq actes en prose, jouée à l'Odéon le 19 juillet 1814; *le Mari trompé, battu et content*, en un acte en vers, représenté au même théâtre le 28 du même mois; et *la Fille mal gardée*, le ballet de Dauberval, en trois actes, mis en vers libres et joué, là encore, le 11 octobre suivant, les deux premiers avec beaucoup de succès, et le dernier, selon ce qu'on peut attendre d'une pièce brochée pour servir les intérêts d'un *Bénéficiaire*.

M. l'Abbé de Montesquiou, qui fut le premier Ministre de l'Intérieur de la Restauration, rendit fort douce l'existence de ses subordonnés. Double type de l'homme de l'ancienne Cour et de l'ancien homme d'Église, ce vieillard unissait au ton du grand monde la simplicité un peu composée des formes cléricales. Son accueil était fort sympathique. Son Ministère fut l'Eldorado des Employés, qui virent, à son entrée, pleuvoir étrennes, gratifications, doubles mois, avec recommandation aux chefs de *ménager les chères santés* placées sous leurs ordres. — Au très-grand regret des Commis, on n'en a pas conservé la graine.

Une chose inespérée m'arriva. La situation politique était assez tendue. Il y avait en outre une rareté de grains qui ne laissait pas d'inquiéter. La Duchesse de Berry, pour la première fois enceinte, était à son terme. Louis XVIII ordonna qu'à cette occasion, une LETTRE ROYALE, traitant de l'état des choses avec réserve, et de l'objet particulier avec convenance, serait adressée aux Évêques. — Ce fut moi, simple Commis, que l'on chargea, je ne sus pourquoi, de sa rédaction.

Mon projet fut soumis au Roi, qui n'y trouva qu'un mot à changer, encore s'exprima-t-il sous une forme dubitative. Il écrivit en marge, au crayon : « *Je crois que ce mot conviendrait mieux.* » — J'y déférai.

Le jour venu, nous étions, le matin de bonne heure, au Ministère, tenant la circulaire toute prête. Deux courriers vinrent nous donner des nouvelles de la Duchesse. Mais le second, en annonçant que le nouveau-né était une fille, apporta l'ordre du Roi de ne point faire partir les lettres..... J'en fus ainsi pour les frais de mon éloquence administrative.

Pour son début dans la carrière, M. Guizot, nommé Secrétaire général de ce Ministère, sut également se faire aimer par sa politesse, sa douceur et ses manières à la fois graves et bienveillantes. Mais, voyant de plus près les individus, et plus directement responsable, il déployait, sans qu'elle eût le temps de s'attiédir, la fermeté que lui recommandait à lui-même l'expédition du travail. Il ne pouvait mieux tomber pour moi que de s'adresser à M. Barbier de Neuville, et de le consulter sur le choix d'un *Secrétaire intime*. L'empressement que celui-ci mit à me désigner fut suivi de ma prise de possession tout de suite. — Je suis un personnage.

CHAPITRE XXXI.

1815. — MONSIEUR GUIZOT.

Tout ce qu'on peut attendre de bons procédés d'un supérieur, je l'ai reçu de M. Guizot. La manière si rare de commander sans blesser en rien le subordonné, l'indulgence qui patiente et le savoir qui corrige, s'enchaînaient avec bonheur dans le tranquille exercice de mes nouvelles fonctions. Toutefois, ce ne fut pas sans avoir payé ma dette aux dangers d'un premier essai.

Jean-Jacques Rousseau, au prétendu concert de Lausanne, ne se trouva pas plus empêtré que moi. Le premier ordre que me donna M. Guizot avait pour objet un *Rapport*, dont il me communiqua verbalement l'idée en me remettant les pièces qui devaient m'apprendre le reste. Troublé au dernier point, il est probable que j'entendis le bruit des paroles; mais, à coup sûr, je ne compris rien de la pensée générale. Ce que je saisis le mieux, c'est que l'expédition de l'affaire était urgente, nouveau motif pour me faire perdre tout à fait la tête. Une sueur froide me parcourut, et mes éblouissements redoublèrent. Je rentrai dans mon cabinet, bien résolu à me soustraire par la fuite au ridicule aveu de ma stupidité ; mais en mesurant cette démarche au bonheur d'occuper un poste si honorable, je me commandai et retournai près de M. Guizot, à qui je me confessai. Il n'en témoigna ni fâcherie ni surprise, et recommença ce qu'il m'avait dit, comme si c'eût été la première fois. — J'écoutai mieux et je compris.

Très-occupé des spéculations de la politique nouvelle, M. Guizot, ne pouvant accorder d'entretiens qu'à de certaines personnes, m'avait chargé de tenir l'audience publique des jeudis, où se pressait la foule des solliciteurs. Ma vanité s'en acquittait avec assez de plaisir ; mais c'était tout : je n'étais pas né pour aller plus loin dans les sentiers diplomatiques. Je me trouvais plus à l'aise avec les poursuivants de la Légion d'honneur. Notre facilité en cela était extrême. Tous les dix jours je faisais le travail, en ajoutant aux noms que me donnait M. Guizot ceux des gens qui, pendant l'intervalle, s'étaient adressés à moi, et sur le compte desquels je m'étais assez édifié pour que de plus longs renseignements ne fussent pas nécessaires. Je rédigeais l'Ordonnance, je la mettais au portefeuille, et le Roi la validait, sans conteste, par sa signature. On devine que la prodigalité de cette distinction dut produire quelques anecdotes. Par discrétion, je n'en citerai que deux.

Un homme que j'avais entrevu, sans trop savoir où, M. Maffioli, depuis Référendaire à la Cour des Comptes, vint me dire son envie de participer à la crucification universelle, n'ayant que cela pour y réussir. Je lui répondis que mes ordres étaient de recevoir une pétition, quel qu'en fût le motif, pourvu qu'elle constatât que je n'avais pas recruté un vagabond sans papiers. A force de chercher, il découvrit qu'il avait un oncle, et que cet oncle était *le premier Curé* à qui le Comte d'Artois, rentrant en France, *avait adressé la parole.* Il écrivit cela sur son commencement d'état de services, et fut décoré. Soyons juste envers lui, il en fut si penaud, qu'en me rencontrant depuis, jamais il ne fit semblant de me reconnaître. Je l'avais bien mérité!

Une autre fois, chargé de décorer les Grenadiers du Bataillon des Filles Saint-Thomas pour leur belle conduite envers Louis XVI et la Reine, ayant trouvé deux *Guérin* sur la liste, je reçus l'ordre d'aller aux informations. Le résultat fut que l'un était peintre en miniature, et l'autre un bourgeois du Marais. Le premier n'était pas chez lui quand je m'y présentai. Le second me donna des raisons suffisantes. — L'impartialité de mon rapport fit que je demeurai arbitre (sauf plus amples renseignements) entre ces deux concurrents. Bref, il fallut me prononcer en faveur du bourgeois, malgré tout mon penchant pour l'artiste. A quelque temps de là, j'appris que ce dernier se désolait de ne pas recevoir cette récompense de ses travaux. Ainsi, dans cette affaire, j'avais été aussi roi que le Roi.

A plusieurs reprises, M. Guizot m'avait dit de me porter sur cette feuille des bénéfices, et toujours il me semblait qu'attendre un peu était m'y donner de plus en plus des droits. Enfin, suivant son ordre exprès, fondé sur l'exemple des personnes *placées dans les autres Ministères, comme je l'étais près de lui,* je venais d'écrire mon nom sur une Ordonnance, lorsque Berton, le grand Compositeur, vint me demander en grâce d'en faire partie. Le nombre des élus était limité.

Je ne pouvais satisfaire l'ardent désir d'un homme de ce mérite, et mon ami, qu'en le mettant à ma place. J'en demandai la permission à M. Guizot, et Berton fut décoré. A la promotion suivante, M. Guizot eut la bonté d'exiger la réintégration de mon nom; mais, à la nouvelle de l'approche de l'Empereur, Louis XVIII, qui tenait déjà la plume, la jeta en disant : « *Cet homme arrive, ce sera pour mon retour.* »

Dans vingt circonstances, Berton tint à honneur de rappeler ce fait, dont, un mois avant de mourir, il rendait encore publiquement témoignage.

(*La suite au Chapitre prochain.*)

꽃

Dans un de mes curieux procès, l'avocat adverse, piteusement à sec de moyens contre ma personne, suait, soufflait, rejetait la manche de sa toge sur son épaule, et ne sentait rien venir. Pour ne point cesser de parler, il allait peut-être dire de moi tout le bien qu'il ne pensait pas de son client, lorsqu'une idée lumineuse lui traversa la région cervicale. De sa voix la plus persuasive, il prit à témoin de mes crimes, quoi ?... *l'innombrable richesse de ma bibliothèque !....* Il n'apercevait pas le bel éloge qu'il faisait de ma vie en étalant pièce à pièce cette honteuse indigence d'arguments raisonnables! Quoi qu'il en soit, avec autant de sérieux que m'en pouvait laisser une aussi hideuse bouffonnerie, je me levai et m'engageai par serment à donner en sortant de l'audience, à ce Démosthènes aux abois, toute ma bibliothèque pour *cent écus*. Un sourire de juge passa sur les lèvres du tribunal, et Maître Vatimesnil ne sut plus que répondre. (Janvier 1836.)

Jusqu'à certain point tout peut se justifier. Voyons si Racine, traité de *polisson,* en est une espèce de preuve. Gentil, l'auteur du mot, étant au collége, ne recevait jamais de patoches qu'au sujet de ce grand écrivain, dont il ne pouvait se mettre les vers dans la tête. Premier motif. — Fort longtemps après, à Metz, l'entreprise d'une riche édition de Racine, où lui seul était intéressé, échoua et le ruina complétement. — Sous le poids de ces souvenirs, il arriva qu'un jour, entendant prononcer avec éloge ce nom pour lui si fatal, Gentil n'eut pas le temps de réfléchir, et lâcha le mot dont il était loin de prévoir le long retentissement. N'est-ce pas là un de ces péchés qui sollicitent la miséricorde ? (1836.)

« Montpellier, le 24 février 1836.

« J'ai vu de près le Styx, j'ai vu les Euménides
» Déjà venant frapper mes oreilles timides,
» Les cris affreux du chien de l'empire des morts, »

comme dit le bon Abbé de Chaulieu, dont, peut-être par routine et par habitude, je fus toujours le bénévole citateur. Je ne suis encore que convalescent..... Les voyages me sont devenus presque impossibles avec soixante-dix ans tout à l'heure, qui me retiennent dans la ville hippocratique par excellence et qui est aussi ma ville natale. J'y suis logé en face de la maison où je suis né, qui ne nous appartient plus depuis longtemps ; mais l'intérêt, l'affection, la considération très-vivement exprimée de mes concitoyens me sont restés, ce qui n'est pas le lot de tous les hommes qui ont couru une carrière publique. Cette circonstance morale, et les empêchements physiques me clouent également ici. Ainsi donc

> Nisas à Montpellier finira sa carrière,
> Et jamais de Paris ne verra la barrière......

Recevez une bonne embrassade selon mon cœur, qui ne vieillit pas comme ma pauvre main.

» C. Nisas. »

(Autographe.)

« Mon cher ami,

» ..... Je n'ai pas signé ma lettre, parce que je ne voulais pas me mettre sous le coup d'une accusation de pédantisme. Si je m'avoue coupable du fait, c'est pour vous dire que je n'ai pas eu la prétention de vous adresser une *remontrance* ou de vous donner *un conseil*. Ce n'est pas à l'écolier qu'il appartient d'en remontrer au maître. — Je vous ai soumis une petite réflexion à propos d'un point d'histoire, et vous l'avez accueillie : je vous en remercie. — J'ai eu hier de vos nouvelles aux Français par madame Charles Maurice, à qui je me suis permis d'aller faire un doigt de cour en votre absence : je vous dirai même que vous m'avez servi de passe-port, puisque, afin d'être sûr d'un bon accueil, je lui ai demandé de vos nouvelles. Comme cela est adroit ! n'est-ce pas ?.... A vous de cœur.

» Th^{re} Anne.

» Ce 28 février 1836. »

(Autographe.)

❦

M. Elleviou assistait ce soir à la reprise du *Calife de Bagdad*, dont il a établi le principal rôle avec tant de distinction. C'est Étienne Thénard qu'il a trouvé sous les habits de ce personnage, et ce n'a pas été comme s'il s'était vu dans une glace. (5 mars 1836.)

❦

Puisque Plaute nous parle des *Claqueurs*, il était de date historique qu'il y en eut encore du temps de Talma et de mademoiselle Duchesnois ; mais, du moins, les premiers ne cumulaient pas l'applaudissement avec le *redemandage*, et si les successeurs avaient *rappelé* ces deux artistes *avant la fin d'une pièce*, ils ne les auraient certainement pas fait *paraître*. Forcément arraché de la coulisse après le quatrième acte d'*Andromaque*, le grand tragédien n'aurait jamais compris qu'il lui fût possible de bien rendre les fureurs d'Oreste, malgré sa faculté d'être maître de lui-même. Il se serait regardé comme un bateleur aux ordres d'une tourbe dont l'exigence eût avili l'homme en voulant exalter l'acteur. Il aurait senti que le vrai Public ne pouvait sacrifier la vraisemblance et l'illusion à l'amour-propre de comédiens irréfléchis. En effet, voyez-vous le fils d'Agamemnon faisant la révérence à deux mains sur la poitrine, sourire, parader à la façon des *Grotesques*, s'en aller à reculons, et puis revenir incontinent se faire l'interprète des sublimités de Racine ! Il y a là de quoi dégrader tout un art, ridiculiser tout un peuple.... Est-ce que Nourrit, le Talma de l'Opéra, et mademoiselle Falcon, qui n'en est pas la Duchesnois, *reparaîtront* toujours après le quatrième acte des *Huguenots?*... C'est intolérable. (Mars 1836.)

❦

« Le 18 mars 1836.

» Je vous ai remis, mon bon ami, un projet d'engagement de madame Damoreau. Cette pièce m'est aujourd'hui même d'une grande utilité. Je compte donc sur *votre obligeance habituelle* pour me la renvoyer aussitôt que vous pourrez. A vous de *cœur*.

» Duponchel. »

(Autographe.)

❦

« Monsieur,

» J'ai l'honneur de vous prévenir que la répétition générale de mon opéra (*I Briganti*) aura lieu lundi 21 mars à midi et demi..... Mille compliments de la part de Mercadante reconnaissant.

» Mercadante.

» 24 mars 1836. »

(Autographe.)

❦

Firmin, que j'ai vu commencer aux *Jeunes Élèves* de la rue Dauphine, et de là passer à *Louvois*, y a été bien mieux placé qu'il ne l'est à la Comédie française. Le premier défaut de sa personne est une taille que réforment mal les souliers à hauts talons. Il s'ensuit qu'il ne peut avoir l'autorité nécessaire dans tout ce qui ne tient pas aux *Amoureux* proprement dits. Quelle que soit la richesse ou l'élégance du costume qu'il porte le mieux, on sent toujours qu'il est déguisé.

Incommensurable différence avec Fleury, qui ne paraissait être sous son véritable costume qu'avec l'*habit habillé*. Firmin a donc grand besoin de familiariser d'abord son extérieur, et son talent ensuite, avec les rôles du *Grand emploi*. Il manque de cet aplomb, de ces belles manières, de cette grâce consommée, de cette ampleur de formes, de cette dignité de débit, de cette justesse d'élocution, enfin de cette gaieté, toujours un peu contenue pour qu'elle ait sa noblesse, qui constituent les *Premiers rôles*. Son impétuosité nerveuse, qu'il prend pour de la chaleur, sa perpétuelle recherche des petits moyens, son débit saccadé, son défaut de goût en ce qui touche aux usages d'un certain monde, et le peu de sûreté de sa mémoire compensent difficilement les qualités dont cet acteur est pourvu. Les connaisseurs voient qu'il se souvient; mais ils ne s'aperçoivent pas qu'il crée, je veux dire qu'il trouve; car, pour le comédien, tout est fait, tout est dit dans leurs rôles, il ne faut que mettre la main dessus, et c'est ce qu'on appelle les bonnes études.

※

« Mon cher maître,

» J'ai un fils, un fils énorme, déjà d'une vivacité que je m'efforcerai de rendre plus sage que celle de son père, et ce fils, cet enfant chéri depuis si longtemps, c'est dans deux mois, c'est en juillet prochain que je le serrerai dans mes bras!... Je ne l'étoufferai pas, mais j'aurai bien peur de le casser! — Je n'ai plus ici de littérature et de théâtre que votre *Courrier*, que je lis chaque matin, vous le savez, depuis dix-huit ans. Étant officier, j'étais abonné au *Camp-Volant*;

l'auteur dramatique et le préfet vous ont été fidèles à travers une vie déjà passablement agitée, et le calme qu'elle goûte aujourd'hui ne peut jamais vous être contraire, car je sais, je m'en fais gloire, être peu oublieux et aussi reconnaissant que possible des témoignages bienveillants que j'ai reçus de vous, et qui n'ont pas laissé de contribuer à mes succès. Envoyez-moi donc toujours votre spirituel *Courrier ;* ce sera l'alphabet de mon Édouard !.... Je vous renouvelle l'assurance, etc. ED. MAZÈRES.

» Foix, ce 25 mars 1836. »

(Autographe.)

Mademoiselle Saint-Val cadette vient de mourir à l'âge de quatre-vingt-cinq ans, à Draguignan (Var). Son véritable nom était Algiari de Roquefort (Marie-Blanche). Elle se posa en rivale de la célèbre Dumesnil, et lui fut de beaucoup inférieure. Ruinée par la mort de Prédican, le notaire, elle obtint de Louis XVI une pension, que lui conserva Louis XVIII, et qu'elle perdit à la Révolution de 1830. Son neveu, Conseiller de Préfecture, l'a soutenue. C'est mademoiselle Saint-Val cadette qui, bien que vouée à la tragédie, a établi, et très-brillamment, le rôle de la Comtesse dans *le Mariage de Figaro.* (Mars 1836.)

Hardiment, l'Ambigu-Comique a donné hier la *première représentation* de L'AVOCAT PATELIN (né sous Louis XI), et a complété le fait par l'addition de couplets chantés dans le cours de l'ouvrage. Auteur anonyme et sage seulement à moitié. (11 avril 1836.)

❦

Nous sommes en avril 1836, et le Théâtre-Français conçoit l'heureuse idée d'engager Bressant, qui est aux Variétés. Je doute qu'il la réalise; on n'y va pas si vite. Il ne le fera que lorsque cet acteur, admis plus tôt dans la troupe, aurait eu le temps de gagner pension double.

❦

Un très-beau portrait de Racine, peint à l'huile, et le buste en marbre d'Andrieux, viennent d'être donnés à la Comédie française ; l'un par la famille de Saint-Prix, l'autre par M. Thiers, Président du Conseil et Ministre des affaires étrangères, qui se montre encore une fois de plus le digne successeur du célèbre académicien. (Avril 1836.)

❦

« 1er juin 1836.

» MON CHER AMI,

» Je pars dans une heure ; comme la vie, que vous savez mieux que personne, m'a empêché d'aller vous voir, je ne veux pas que vous pensiez que ce soit de l'oubli. A mon retour, vous aurez fini de prendre ce long bain de vapeur qu'on vous inflige rue Chantereine, et nous nous retrouverons, moi toujours votre bien dévoué, et vous, j'espère, avec cette bienveillance pour moi que j'ai toujours trouvée en vous. Mille amitiés.   A. LOÈVE-WEIMARS. »

(Autographe.)

❦

« *De Caën.....* Je ne vous parlerai pas de *redemandages* et de couronnes, je sais que vous ne les aimez pas, quoique tout cela en province ne se fasse pas par les mêmes moyens qu'à Paris. Le *fait* est que la salle était pleine, et que le succès de ma femme a été des plus grands. Ceci est *de l'histoire*, dont vous ferez ce que vous voudrez. Votre silence ne me fera pas moins croire que vous m'aimez, et n'altérera en rien la reconnaissance que je vous porte pour l'intérêt que vous m'avez déjà témoigné.   PRADHER.

» 10 juin 1836. »

(Autographe.)

Sieyès est mort aujourd'hui. — Dans le cours de sa carrière, les honneurs et la fortune ne lui ont pas manqué. Il a été tour à tour membre de l'Assemblée constituante, Directeur, et un moment Consul de la République, Comte, Sénateur et enfin membre de l'Institut. C'est de lui ce mot prophétique. Le Gouvernement des *Cinq Directeurs*, réduit à trois, prenant pour la première fois séance, et le Général Bonaparte se plaçant tout d'abord au milieu des deux autres, Sieyès dit d'un air assez tristement résigné : « Ah ! » *nous avons un maître !* » — Il est mort dans sa demeure, rue du faubourg Saint-Honoré, 119, et âgé de quatre-vingt-huit ans. (20 juin 1836.)

« CHER MAURICE,

» ..... Je m'en rapporte à votre amitié, qui va toujours au delà de nos désirs. Si vous aviez la bonté d'insérer quelque chose, ne vous donnez plus la peine de faire tirer les articles sur de petits papiers, nous avons assez éprouvé que les journaux de Paris vous copient pour qu'il ne soit pas nécessaire de faire lire vos articles autrement que par le journal qu'ils reçoivent ou qu'ils voient....   L. PRADHER.

» 29 juin 1836. »

(Autographe.)

Rouget de l'Isle est mort aujourd'hui. Louis-Philippe lui avait donné la croix d'honneur, et *la Marseillaise* la renommée. Il n'en laisse qu'une. (30 juin 1836.)

« 14 juillet 1836.

« ..... Je n'ai fait aucun sacrifice pour la mise en scène de mon ouvrage, qui a été mis à l'étude à son tour de réception à l'Opéra-Comique. Je démens formellement tous les bruits que la malveillance a répandus à ce sujet. Agréez, etc.

» FONTMICHEL, auteur de la musique du *Chevalier de Canolle*. »

(Autographe.)

« CHER AMI,

» Combien je vous remercie de votre bon souvenir pour moi ! En effet, je vais mieux. Mais la douleur que vous laisse le dedans d'une gorge ensanglantée se fait encore fortement sentir ; je ne fais encore que des gestes, les docteurs Roux et Deguise me défendent de donner un *son* sans leur permission. Surtout, cher ami, ne laissez pas dire que l'opération des amygdales c'est peu de chose ! Il faut y avoir passé pour en parler autrement..... Au revoir bientôt !

» CONSTANCE JAWURECK.

» 28 juillet 1836. »

(Autographe.)

« Monsieur,

» Il m'est impossible de garder plus longtemps le silence et de ne pas vous exprimer les sentiments de reconnaissance que je ressens pour le zèle si gracieux! si persévérant! que vous mettez à faire marcher mes tristes affaires..... Je les croyais tout à fait mises à l'écart, et me soumettais *comme toujours* au triste sort dont le nom de mon pauvre père a bien de la peine à me sauver.... Si je pouvais hériter de l'une des pensions vacantes par la mort de MM. Delille et Gomis, je me regarderais comme bien heureuse!... Je pourrais donner comme espoir et comme consolation à ceux qui les sollicitent, qu'étant vieille, infirme et presque aveugle, ils pourraient se flatter de me voir assez vite dans l'autre monde..... Votre obligée,

» J. S. SÉDAINE.

» 7 août 1836. »

(Autographe.)

Delrieu vient de lire sa nouvelle tragédie chez le Ministre de l'Intérieur. L'ouvrage a pour titre *Pharamond*, et sera joué sous celui de *Léonie*. Le salon était rempli de monde, et la chaleur étouffante. Accablé, tant par elle que par l'animation qu'il y mettait, après le premier acte, le poëte a ôté ses gants. A la fin du second, il a demandé et obtenu la permission d'ôter sa cravate. Les mêmes causes nécessitant les mêmes mesures, il s'est débarrassé de son gilet après le troisième acte. L'habit du lecteur s'en est séparé à la fin du quatrième, et au cinquième la perruque y a passé.

Les auditeurs se sont mutuellement félicités de ce que, trop Classique pour l'oser, Delrieu n'avait pas mis sa pièce en six actes. (25 août 1836.)

⁂

Samson ne comprend pas le rôle de Bernadille dans *la Femme juge et partie,* qu'on a reprise hier. Il n'a rien de la naïveté crédule, de la bonhomie naturelle, du comique franc et de la sensibilité que demande le personnage. Le jeu de cet acteur est précisément l'opposé de ces qualités, car il a toujours l'air de vouloir mystifier ses interlocuteurs, de chercher finesse à tout propos, et, s'il se distingue, c'est par une impassibilité sèche, un aplomb de glace qui ressemblent plutôt à du Professorat de Conservatoire qu'à du talent de comédien. De telles dispositions ne peuvent que refroidir une pièce où jadis l'admirable organisation de Dugazon n'avait rien de trop pour justifier les situations lentes et forcées. Il y parvenait à ce point que, dans sa frayeur de la pendaison, Bernadille touchait au tragique le plus saisissant. J'ai vu des Comédiens français quitter leur foyer pour aller dans la salle jouir de l'incomparable talent dont cette anxiété fournissait la profonde étude à Dugazon. Son successeur s'y travaille, il est guindé, froid, et si mauvais enfin, qu'il a été beaucoup applaudi, selon le rite actuel. — Messieurs les Claquetins ont mis le Théâtre sur ce pied que moins un acteur mérite d'encouragements, plus on lui en prodigue, et le Public, qui se laisse entraîner par eux, consacre cette détestable méthode, contre laquelle j'écrirai tant qu'il me restera de forces. Nous verrons qui l'emportera, car il est impossible que cela dure encore longtemps. (24 septembre 1836.)

❦

« ..... Je commence par vous remercier de l'annonce que vous avez faite sur ma rentrée au Théâtre-Français. Je crois qu'elle a été dictée par un sentiment de bienveillance que vous me montrez souvent, et ma reconnaissance s'arrêtera à vous. Il ne m'en a pas moins été fort agréable de voir que vous traitiez vos amis de loin comme de près, et c'est ce qui m'engage à vous mettre au courant de mes succès..... Ne trouvez-vous pas que je ressemble à mademoiselle Angélique de Vieux-Bois, qui avoue tout bonnement qu'elle a de l'esprit comme un ange. C'est la nécessité où je me trouve de faire mes affaires moi-même.

» Rose Dupuis.

» Montpellier, 9 octobre 1836. »

(Autographe.)

« J'offre mes compliments empressés à monsieur Charles Maurice, et j'ai l'honneur de lui envoyer ci-jointe l'analyse bien complète du *Postillon,* en recommandant de nouveau la pièce à toute sa bienveillance. Son dévoué serviteur,   Ad. de Leuven.

» 13 octobre 1836. »

(Autographe.)

❦

Delrieu est mort hier des suites d'une incontinence forcée, au milieu de la foule dont il n'a pu sortir, sur la place de la Concorde. La saison est mauvaise. Cela fait que, le temps d'arriver chez lui, Delrieu a éprouvé un refroidissement dont il a été impossible d'arrêter les suites ; et voilà un honnête homme de moins. (3 novembre 1836.)

❀

Le nitrate d'argent est moins sensible à l'action de la lumière que le plus légitime amour-propre d'un artiste dramatique à l'effet d'une critique fondée et qui se produit avec originalité. Tel on a vu, et l'on voit encore, la confiance de mademoiselle Mars atteinte par ce mot de Damaze de Raymond dans le *Journal des Débats :* « *Ses gestes sont* POINTUS. » La grande comédienne s'en inquiète, et, ce soir encore, je ne savais que lui dire pour la tranquilliser. Il y a cependant bien longtemps ! (8 novembre 1836.)

❀

« Mille remercîments, mon cher ami, pour tout ce que vous dites de bon ce matin. Honneur à qui donne de tels conseils ! Honte à qui ne voudrait pas les recevoir ! Tout à vous. A. LESOURD.

» 14 novembre 1836. »

(Autographe.)

❀

Il faut bien appeler *instrument* des bouts de bois à peu près semblables à des *tailles* de boulanger, placés sur une table, et dont M. Gusikow tire des sons si nets, si limpides, qu'il en compose une exécution musicale achevée. L'Opéra-Comique l'a produit hier dans un entr'acte, et le Public a cru entendre la flûte, le flageolet, le piano et l'harmonica. Travail de patience et d'imaginative, qui récompensera difficilement son auteur; car il est à craindre, comme en nombre de cas, qu'ici la forme ne nuise beaucoup au fond. (1ᵉʳ décembre 1836.)

☙

Très-légèrement indisposé d'abord, Carle Vernet est mort il y a sept jours, sans avoir pu connaître sa nomination d'officier dans la Légion d'honneur. M. Schikler, le millionnaire prussien, a voulu que le corbillard fût traîné par six de ses plus beaux chevaux. Il a compris qu'il s'agissait d'un Prince. (5 décembre 1836.)

☙

« Monsieur,

» J'apprends à l'instant par quelques-uns de mes amis toutes les choses aimables que vous voulez bien dire d'avance sur le petit acte de moi que l'on va donner à l'Opéra-Comique..... Ce sera, monsieur, une obligation de plus ajoutée à celle que je vous ai déjà de vouloir bien prendre sous votre protection mon début de compositeur dans la carrière dramatique. Veuillez, etc.   Loïsa Puget.

» 1836. »

(Autographe.)

☙

Je note un mot curieux, qui s'offre également à la méditation des Journalistes et à celle de leurs lecteurs. Il a été dit ce soir au foyer de l'Opéra-Comique, par M. Chatelain, l'ex-rédacteur en chef du *Courrier français*. On parlait de cette masse avide de la pâture que lui jette tous les matins la Presse politique. M. Chatelain, prenant un air de componction tout à fait risible, et mettant ses mains croisées sur son gros ventre, sou-

pira tendrement ces mots : « *Ce bon Public ! N'en dites
» pas de mal. Je lui ai de grandes obligations ; il n'a
» jamais voulu s'apercevoir que je lui faisais toujours
» le même article.* » — Il serait difficile d'exprimer
d'une façon plus piquante une pensée si sérieuse.
Mais tout le monde ne l'entendrait pas en riant, car
cela réduit certain travail à un charlatanisme hébété,
dont le mérite consiste à le faire accueillir de gens
plus hébétés que soi. Cela n'existe pas. (2 janvier 1837).

« Bonne nouvelle, mon cher ami, demain, entre
trois et quatre heures, vous aurez la visite du nouvel
acquéreur ; vous l'aiderez de vos conseils et bons avis,
et vous annoncerez, quand vous aurez vu cette *personne,* que le théâtre des Variétés est dans de bonnes
mains. Je suis si heureuse que je voudrais vous embrasser pour vous remercier de l'intérêt que vous
m'avez témoigné. Toute à vous de cœur.

» Jenny Carmouche.
» 6 janvier 1837. »
(Autographe.)

Berlin. — « L'amitié que mon pauvre mari vous
portait et l'aimable intérêt que vous avez témoigné
à ma fille dans son enfance me font un devoir et
un plaisir de vous apprendre ses succès..... Nous
avions cet été *le Courrier des Théâtres,* mais ici on
ne reçoit rien. J'ai prié l'Ambassadeur de Russie de
me permettre de faire venir votre journal sous son
couvert ; je vous prie donc de l'envoyer à l'adresse de
S. E. Monsieur de Taticheff, cet ambassadeur. On ne

joue ici la comédie française que dans une petite salle consacrée à la noblesse et sous les auspices des ambassadeurs. Ve Fusil.

« 24 janvier 1837. »

(Autographe.)

❦

« Monsieur,

» J'apprends par votre journal que M. Bayard vient d'être nommé directeur des Variétés..... Je crois qu'il y aurait à ce théâtre place pour Mélanie et pour moi..... M. Bayard était absent de Paris lorsqu'on a monté à la Porte-Saint-Martin sa *Chambre ardente*.... Me permettez-vous, monsieur, d'avoir recours à votre obligeance, en vous priant d'être mon interprète auprès de lui ? etc. Serre.

« 12 février 1837. »

(Autographe.)

❦

« 18 février 1837.

» Monsieur,

» Je n'ai trouvé qu'un journaliste qui fît de la haute critique théâtrale ; et ce journaliste c'est vous. Vous seul, selon moi, comprenez la scène française ; vous seul en jugez les productions avec un sentiment littéraire et une perspicacité que l'on est forcé de reconnaître. — Ce n'est pas de la flatterie, monsieur, que je vous envoie sous ce pli. Prêt à lire un ouvrage au Théâtre-Français (*les Aristocraties*), je viens vous demander, non pas votre appui pour la réception, mais votre avis sur mes cinq actes comiques. — Je crois avoir fait un ouvrage présentable, et je m'adresse à vous pour savoir si je me suis trompé. Je désire être jugé par vous avant de me soumettre au jugement du Comité de la Comédie française. Que j'obtienne vos suffrages ou votre critique, je vous serai toujours reconnaissant. — J'attends, monsieur, votre réponse, et je vous prie d'agréer, etc.   ÉTIENNE ARAGO. »

(Autographe.)

❦

« MON CHER VOISIN,

» L'engagement nous arrive à l'instant même signé de MM. les Membres du Comité de la Comédie française, et est au choix d'Ida pour les débuts, et tout à fait indépendant de l'engagement que je compte souscrire de mon côté : la Comédie, comme vous le voyez, s'est mise en frais de délicatesse. — Ida ira vous voir demain, et vous expliquera tout cela. Mais elle a voulu que vous fussiez instruit de la chose à l'instant même où elle a été signée. — Tous mes remercîments de la bonne police que vous avez voulu faire pour nous, et mille compliments empressés.   AL. DUMAS.

» 5 heures du soir, 24 février 1837. »

(Autographe.)

❦

Major de cavalerie et officier de la Légion d'honneur, le fils de Gardel vient de mourir d'une affection de poitrine. Outre ses qualités, cet officier jouissait d'un noble privilége : il portait sur la figure *le plus beau coup de sabre de l'armée.....* d'une oreille à l'autre! Cela rappelle le maréchal Lannes disant à un officier aussi vaillamment décoré : « *Monsieur, vous* » *êtes bienheureux; il y a quinze ans que je me bats*

» *sans pouvoir en* OBTENIR *autant !* » Les géants sont couchés. (2 mars 1837.)

❦

« Mon cher Maurice,

» Apprenez donc à celui de vos rédacteurs qui rend compte du salon que mon frère ne fait pas de pastiches, mais des tableaux ; puis enfin, à la rigueur, si ce sont des pastiches, quel maître rappellent-ils ? Je suis sûr que cette écorniflure vous a échappé, à vous connaisseur et bienveillant pour moi et tout ce qui porte mon nom : il est donc bien entendu que je ne vous en veux pas le moins du monde, et que vous me pardonnerez ma susceptibilité à l'occasion d'un frère que j'aime beaucoup. Sur ce, je vous le recommande ainsi que moi, et suis votre dévoué,

» Nestor Roqueplan.

» Le 4 mars 1837. »

(Autographe.)

❦

« Monsieur,

» ..... Je viens de me lever il n'y a qu'un instant pour vous dire que demain à onze heures je vous apporterai un article plus long que le précédent, et qu'à partir de demain je serai en mesure de vous en donner un tous les deux ou trois jours. Recevez, etc.

» And de Lamothe Langon.

» 7 mars 1837. »

(Autographe.)

❦

Voici une anecdote qui, tout authentique qu'elle soit, pourrait bien, sans moi, n'être jamais écrite chez nous. Aussitôt en l'apprenant je la consigne dans mes *Notes*, pour qu'elle y figure un jour parmi les plus intéressantes exceptions. — Le sultan Mahmoud, qui règne à Constantinople, a pour héritier présomptif Abd-ul-Medjid, âgé d'environ quatorze ans, et qui a été dangereusement atteint de la maladie des enfants que nous appelons *le carreau*. La science des plus habiles médecins n'y avait rien pu faire. Le Grand Seigneur était désespéré, quand on lui parla d'une Arménienne à qui sa famille avait légué, comme il arrive souvent dans ces climats, de merveilleux remèdes agissant par l'unique emploi des simples. Immédiatement appelée, on lui fit examiner le malade. « *Eh bien! guériras-tu mon fils?* lui dit l'Empereur. — *Oui*, répondit-elle. — *Tu m'en réponds? — Oui.* » Trois jours après l'auguste rejeton était sauvé. Et voici quelle fut la récompense de l'Arménienne. Outre les nombreux et riches présents de toutes sortes, parmi lesquels on comptait de superbes maisons dans la Capitale, le Sultan lui donna le droit de *le regarder*, de *lui adresser la parole* partout où elle le rencontrerait, de jour et de nuit, au palais comme ailleurs. Il exempta sa descendance mâle de tout service dans l'armée, et l'Arménienne, ainsi que sa famille, de toute espèce d'impôts jusqu'à la treizième génération. — Dans ce trait d'une si splendide munificence, on ne sait lequel admirer le plus du père ou du monarque. (1837.)

❦

Tiercelin vient de mourir. En prenant sa retraite, il s'était promis de ne jamais passer devant le théâtre des Variétés, dont il a vainement ambitionné la codirection. Il a tenu parole. S'il rencontrait quelqu'un qui, tout en causant, le menât de ce côté, il s'arrêtait brusquement à distance, et s'éloignait sans s'expliquer. Perlet, son gendre, lui paye, dans mon numéro d'aujourd'hui, sa dette de reconnaissance et d'amitié. Mais sa lettre a le tort de dire que « Napoléon *n'osa pas* » décorer Talma, bien qu'il eût fait avec raison d'un » *palefrenier* un maréchal de France. » D'abord, on ne s'attendait pas à pareille excursion en dehors de l'affaire principale. Ensuite, quoi qu'on ait dit, et trop souvent imprimé, jamais il n'a été question d'*oser* ou de ne *pas oser* semblable chose à l'égard du célèbre tragédien, et l'opposition qu'on a prêtée à M. de Fontanes, n'a jamais eu lieu. Je le tiens de bonne source. Napoléon, d'ailleurs, n'était pas homme à revenir si légèrement sur une détermination telle que celle-là, et dont il aurait calculé toutes les conséquences. Quant au surplus, le cimeterre du..... *maréchal* a tranché bien d'autres difficultés. (11 mars 1837.)

« ..... Cet acteur, si plein d'observation, avait su rendre compréhensible, à la haute société même, un genre qui ne serait qu'insipide et plat, dépourvu de cette gaieté, de cette verve, de cette force comique dont Tiercelin animait et poétisait, pour ainsi dire, tous ses rôles..... Le théâtre n'a pas été pour lui ce qu'il est pour la plupart des acteurs, un pis-aller. Né avec de la fortune, ayant reçu une bonne éducation, il avait le choix d'un état ; et, malgré sa famille et ses amis qui lui montraient avec insistance la profession de comédien comme l'objet d'une réprobation presque générale, malgré la fameuse Lettre de Rousseau qu'on lui fit lire, ne prenant conseil que de sa raison, il n'hésita pas à suivre une carrière pour laquelle il se sentait du penchant et qui n'avait rien à ses yeux que d'honorable. PERLET.

» 11 mars 1837. »

(Autographe.)

La nouvelle de la mort de madame Bras arrive de Saint-Pétersbourg. Touchée des bontés dont l'honorait l'Empereur, cette actrice a fait de l'expression de sa gratitude une cause d'aggravation à sa maladie. Quelque froid qu'il fît, elle a toujours voulu attendre sur son balcon le passage du Souverain, revenant souvent la nuit de sa maison de plaisance. Vainement le Prince lui criait : « *Bonsoir, bonsoir, mère Bras, ne restez donc pas là si tard!* » Elle a persisté, non-seulement dans cette attente, mais encore dans la toilette légère et recherchée qu'elle avait adoptée pour paraître plus agréable au Czar, qui trouvait en elle une grande ressemblance avec sa mère, l'impératrice Marie, la veuve de Paul Ier. L'humeur rhumatismale qui en est résultée s'étant attaquée aux poumons, la malade a succombé en six semaines. —La familiarité de l'Empereur alla souvent jusqu'à lui faire descendre l'escalier qui, de sa loge, aboutit aux coulisses pour dire à l'actrice que *madame Nicolas* la demandait. Alors, par égard pour un embonpoint des plus prononcés, il la poussait devant lui sur les marches, sans aucun scrupule de la place où se posaient alors ses augustes mains. (Mars 1837.)

Le chanteur qui va débuter à l'Opéra, Duprez, arrivant d'Italie, a été entendu hier, chez M. Duponchel, par un assez bon nombre d'artistes capables d'en juger. Un seul n'a pas été de leur avis sur l'avenir de ce ténor d'espèce nouvelle. En sortant, Habeneck aîné a dit : « *C'est une voix* FACTICE, *et qui ne durera pas.* » (12 avril 1837.)

« Si je ne vous ai point envoyé plus tôt cette loge, c'est que je n'ai pu admettre un instant de votre part qu'elle ne fût point la vôtre, cette fois, comme toujours. C'est bien le moins, monsieur, que vous voyiez le spectacle dont vous voulez bien rendre compte, et j'attache d'ailleurs un trop grand prix à vous avoir au nombre de mes spectateurs, pour que vous ne m'accordiez pas cet honneur. MARIE TAGLIONI.

» 14 avril 1837. »

(Autographe.)

Après son premier début, qui s'est effectué hier, à l'Opéra, dans Arnold, de *Guillaume Tell,* voici comment je juge Duprez, chose difficile à une première audition, et surtout quand il y a eu fanatisme ! Nous verrons si l'avenir me donne raison.

« Ce qu'on peut regarder comme une réalité, comme un fait incontestable, c'est que Duprez a une très-belle voix de poitrine, sonore, accentuée, vibrante, et dont, à l'usé, nous jugerons *la vérité,* car je la crois plutôt le produit *d'un travail habile* que l'effet d'un don de

AUTOGRAPHE DE MADEMOISELLE TAGLIONI.

[Lettre manuscrite:]

Veuillez me permettre, Monsieur, de vous adresser votre loge pour ma représentation du 22, si je ne vous l'ai point envoyée plus tôt c'est que je n'ai pu admettre un instant de votre part le doute que cette loge ne fut point la vôtre, cette fois comme toujours.

C'est bien le moins, Monsieur, que vous voyez les spectacles dont vous voulez bien rendre compte, et j'attache d'ailleurs un trop grand prix à vous avoir au nombre de mes spectateurs, pour que vous ne m'accordiez pas cet honneur.

Vous avez eu il y a quelque temps

la bonté d'annoncer mon engagement à St Petersbourg, je vous en remercie beaucoup; depuis, j'ai changé quelque chose à mon itinéraire, aulieu de passer à Paris in septembre, j'y reviendrai en août, mon engagement pour la Russie commençant cette année au 1er septembre; j'ai d'ailleurs une manière plus exacte de vous donner ces dates, c'est de venir à mon retour de Londres vous faire une visite d'adieu avant de me mettre en route.

agréez, Monsieur mes compliments empressés

Moïse Paghini

14 avril

la nature. On en trouverait la preuve dans la fatigue qu'elle cause assez souvent à son maître, ce qui fait que le chanteur *ralentit* toujours beaucoup. Elle veut tellement se complaire dans une émission large et *Rubinique,* qu'elle m'a paru trop dédaigner les nuances et se refuser systématiquement à l'emploi d'une vocalisation *théâtrale,* des tons cadencés, des notes aiguës, si suaves dans un ténor, et à ces modulations d'où naît la variété, si nécessaire au dramatique. Mais peut-elle ce que je lui demande ici? En acquérant de la force, n'a-t-elle pas perdu de la souplesse? Cependant, par une piquante singularité, Duprez *chante* presque le récitatif, et il *dit* à sa manière le chant. Voilà ce qui excitera peut-être la curiosité des amateurs. On lui a redemandé le commencement de l'air rétabli au troisième acte. Ç'a été le point culminant de son succès, bien qu'il se soit trop agité vers la fin, où les moyens allaient lui manquer. Généralement, dans les morceaux, c'est la *coda* qu'il devra redouter, car il veut absolument que sa voix soit *plus forte que lui.* En somme, une voix de poitrine, et toujours une voix de poitrine, inflexible aux désirs des situations, aux mouvements divers de la scène, au goût national, quelque superbe qu'elle puisse être, n'offrirait pas à l'Opéra le sujet dont il a maintenant si grand besoin. Ainsi, laissons passer la justice du pays, qui a payé hier à Duprez le tribut qu'elle devait à un artiste renommé, et attendons l'arrêt que prononceront seuls, sans appel, *la musique de Meyerbeer* et *le temps.* Quant au talent d'acteur, Duprez en est totalement dépourvu ; mais il a une certaine adresse que donne l'habitude des planches, sans pouvoir cependant dissimuler les désavantages d'un extérieur ingrat. » — Rendez-vous dans dix ans. (17 avril 1837.)

« Respectable monsieur Charles Maurice,

» Je regrette de n'avoir eu jusqu'ici aucune occasion de profiter de votre protection, mais je ne désespère pas qu'un moment viendra où j'en pourrai jouir. Jusqu'à ce temps j'ose vous prier de ne pas parler de moi ; de mon côté, je prendrai la liberté de vous faire parvenir quelques nouvelles que peut-être vous pourrez insérer, si elles vous semblent dignes de l'être.

» J'ai l'honneur, etc.   Duport, le Danseur.

» 28 avril 1837. »
(Autographe.)

Une dame de beaucoup d'esprit, et qui a de bonnes raisons pour se connaître en chanteurs, a dit ce soir, en écoutant Duprez dans le trio de *Guillaume Tell* : « *C'est la première fois que j'entends ce morceau sans pleurer.* » (28 avril 1837.)

« Mon cher Maître,

» Qu'avez-vous contre moi ? Je vous demande un service, vous me le rendez *de fort bonne grâce,* et cependant vous m'écrivez comme un homme de mauvaise humeur. Retenu au lit par une horrible douleur de côté, et cependant obligé de faire un feuilleton, je m'adresse à vous comme *au mieux et au plus vite informé,* sans contredit, et tout en m'obligeant vous me répondez mal. Vous me causez un vif chagrin, et je cherche en vain pour quelles raisons? — Dites-moi donc franchement pourquoi, et cependant croyez-moi toujours tout à vous. J. JANIN.

» Avril 1837. »

(Autographe.)

❦

« J'ai l'honneur de me recommander à l'habituelle bienveillance de M. Charles Maurice, et de lui renouveler mes remercîments pour l'accueil qu'il a bien voulu me faire avant-hier. Je le prie d'agréer l'assurance, etc. GEORGE ONSLOW.

» 10 mai 1837. »

(Autographe.)

❦

« CHER AMI,

» Je vous envoie la petite lettre dont nous avons causé hier ensemble ; faites-moi le plaisir de la faire insérer pour demain dans votre *bon Courrier*. — J'entre définitivement en fonctions (directeur des Variétés) le 15 du courant ; c'est samedi. — Au revoir.

» DARTOIS.

» Ce 11 mai 1830. »

(Autographe.)

❦

« MONSIEUR,

» Je m'estime heureux d'avoir obtenu votre suffrage, et de ce que ma pensée se joint à la vôtre sur l'un des points, à mon avis, les plus graves de nos discussions budgétaires. Je serai très-empressé de vous aider dans le développement de votre *bonne action*, et lorsque viendra la discussion du Budget de l'Intérieur, article *Théâtre*, je me constituerai avec plaisir à la tribune le défenseur de notre idée commune. — Je vous prie de recevoir mes remercîments et d'agréer l'hommage, etc.

» CHAPUY-MONLAVILLE.

» 17 mai 1837. »

(Autographe.)

« Fontenay-sous-Bois, le 9 juin 1837.

» MON CHER MAURICE,

» Mon plus ancien ami, qui me le prouve en ce moment; je vous envoie mon domestique, qui est dans les chevaux depuis vingt ans. Vous pouvez lui confier votre joli cheval. Il le conduira chez M. Aron, qui lui prêtera ce qui pourrait lui manquer, pour me l'amener à Fontenay, et je vous attendrai, ainsi que madame Maurice, à ma maison pour vous remercier de votre aimable obligeance.

» Votre véritable ami,

» POTIER. »

(Autographe.)

« ..... Il faut que nous arrêtions par contrat, et avec dédit, l'époque de votre visite à Triel. Il ne sera pas dit que la belle saison de 1824 se passera, comme celle de 1823, en belles promesses qui n'ont point été réalisées.

» Tout à vous de cœur.

» SAINT-ROMAIN,

» *Directeur de la Porte-Saint-Martin.*

» 31 juillet 1824. »

(Autographe.)

MA VIE. — CHAPITRE XXXII.

NAPOLÉON Ier. — CARNOT.

Le 20 *mars* tonne. L'Empereur est aux Tuileries. Le Comte Carnot prend possession du Ministère de l'Intérieur.

On l'annonce. Je le reçois dans le cabinet du Secrétaire général. Puis, je lui demande s'il faut que je me retire.

« *Qui êtes-vous?* » me dit-il. Pendant que je m'en explique, il suit mes mouvements et semble vouloir m'apprendre par cœur en un clin d'œil. Ses interrogations sont brèves et précises. Mes réponses lui plaisent. « *Restez près de moi.* » Et je retourne à mon poste.

Je fis aussitôt prévenir les Chefs de division pour qu'ils eussent à venir se concerter avec le Ministre.

Carnot se ressentait des atteintes de l'âge, mais ses facultés étaient entières. A sa tenue, on reconnaissait l'officier de haut grade, comme s'il avait été écrit sur son front : « *Le défenseur d'Anvers.* » Avant qu'il eût parlé, il inspirait l'estime ; quand il parlait, on commençait à l'aimer. La première chose qu'il me demanda fut un conseil.

— *Qui prendrai-je pour Secrétaire général?* me dit-il.

— *Monseigneur*, répondis-je, *il arrive souvent qu'un Ministre donne cette place à son meilleur ami.*

— *C'est possible,* répliqua-t-il, *mais je n'ai plus le choix : mon meilleur ami sera mon Secrétaire intime.*

A ce dernier mot, qui ébréchait mon espérance, il remarqua sans doute de l'altération sur ma figure, car il ajouta promptement :

« *Il se tiendra dans mon cabinet, et vous resterez à votre place dans l'autre. Il y a les affaires de l'homme et celles du Ministre ; ce sont ces dernières qui vous regarderont.* »

Je lui demandai s'il n'avait pas d'autre visée, et, sur sa réponse négative, je lui nommai M. de Châteaubourg, ex-Sous-préfet de Corbeil et gendre de M. Thibon, le Sous-gouverneur de la Banque de France. C'était un ami de la famille Saint-Prix, dont la maison de campagne était située sur ladite commune. Le Ministre le prit, mais ce fut pour très-peu de temps.

Un matin, M. Carnot me manda près de lui. « *Je veux,* me dit-il, *donner la croix d'honneur à tous les élèves de l'École polytechnique qui ont défendu les buttes Saint-Chaumont ; faites-moi un rapport là-dessus.* »

Puis, me frappant sur le front : « *Cela vous convient, monsieur le poëte, il y a là de belles choses à dire, et en bon style.* »

Mais il était trop tard, les Bourbons rentraient pour la seconde fois. Adieu la gloire ! Vive l'invasion !

Le tout petit bruit que faisait mon nom parut avoir assez d'échos pour que l'on me donnât un logement dans les bâtiments de l'Institut. J'en acceptai l'honneur ; mais cette bouffée de fumée passée, je reconnus que je n'étais là ni dans le stimulant voisinage des travailleurs ni dans le quartier de mes affaires. Dénoncé par un vaudevilliste pour être de l'opinion qu'il aurait voulu voir coucher dans la rue, je n'opposai pas d'obstacle à la remise des clefs de mon appartement, et j'allai savourer de nouveau le bonheur de l'homme libre, qui paye son loyer.

L'air que je respire se traduit en molécules dramatiques. Je fais représenter, à cinquante jours de distance l'une de l'autre, deux comédies au théâtre de l'Odéon : *les Fausses apparences,* en trois actes en vers, jouée le 12 octobre 1816; et *la Lettre anonyme,* en un acte en prose, représentée le 2 décembre suivant.

Ces œuvres ne plaideront ni pour ni contre moi, attendu que, malgré leur réussite, je les ai livrées au feu, en compagnie de quelques autres dont je n'étais pas assez content pour en surcharger ma valise. Si tout le monde en faisait autant, la rivière ne serait pas aussi largement encadrée.

CHAPITRE XXXIII.

1817. — ENCORE FEUILLISTE.

Mon stage dans le Journalisme, sans avoir été brillant, s'était fait assez remarquer pour qu'on eût un peu confiance en moi, si je m'en occupais de nouveau. On me fit des propositions. J'acceptai d'abord celle du *Mercure de France,* hebdomadaire, et, successivement, celles de *la Gazette de France,* sous Tissot, le successeur de l'abbé Delille à la Chaire latine du Collége de France; du *Journal de Paris,* et enfin, des *Annales politiques et littéraires* de M. Villenave. Une dame de Barbé participait, avec infiniment de tact, à la rédaction souveraine de cette dernière feuille, qui devint *le Courrier Français*.

1818. — Recommandé au nouveau Secrétaire général, M. le comte de l'Escarenne, par M. Guizot, momentanément sans fonctions, je revins à cumuler encore les devoirs de l'Employé et ceux de Feuilliste. J'y trouvais de la facilité en ce que, Secrétaire intime de M. de l'Escarenne, grand travailleur, j'avais plus de temps à moi qu'à l'époque de mes premières attributions en ce genre. J'en profitai pour composer une comédie en un acte en vers, *le Misanthrope en opéra-comique*, que je dédiai à mon Supérieur, malgré le petit débat qui s'éleva entre mon dévouement et sa modestie.

« ..... De toute manière, m'écrivait-il, je n'en serai
» pas moins sensible à l'intention amicale que vous
» avez, et je garde votre lettre comme une des pièces
» les plus agréables et les plus honorables de mes
» archives. »

(Autographe.)

A ma demande d'un *laissez-passer* pour les personnes qui avaient à me parler, il répondit :

« Avec plaisir. Mille remercîments de votre jolie co-
» médie et d'une épître beaucoup trop flatteuse, qui
» prouve seulement que vous appréciez beaucoup trop
» les sentiments de justice qui vous étaient dus avant
» que j'eusse le plaisir de vous connaître. Aujour-
» d'hui, c'est tout autre chose, et si je puis jamais
» vous être agréable, ce sera par inclination et par une
» véritable amitié. »

(Autographe.)

La pièce fut jouée le 27 juin, à la salle Favart, par les acteurs de l'Odéon incendié, et réussit sans la moindre opposition.

Redevenu journaliste, je me trouvai engagé dans une vive polémique avec le fameux Martainville, le premier qui eût attaqué Geoffroy, et même avec une brutalité de Cosaque qui avait fait chanceler le paladin sur ses étriers. Étourdi de cette audace inattendue, de ces coups réitérés en pleine poitrine, le dieu du feuilleton ne s'était pas aussi bien défendu qu'on aurait dû le croire. Cette brèche ouverte au beau milieu de sa réputation ayant commencé à le faire douter de lui-même, il ne se sentit plus assez de forces contre les vengeances particulières, si l'invasion facilitait leur impunité. Aussi mourut-il d'un amour-propre rentré et de deux frayeurs chroniques.

Martainville passa droit et fier sur le pont d'or jeté devant lui par l'ennemi qui fuyait. Pour avoir blessé Achille au talon, il se crut un autre Pâris, et il ne fallut rien moins que la verdeur juvénile et l'indomptable ténacité de ma verve critique, pour lui apprendre qu'il avait trouvé son Philoctète. Dans sa retraite, il n'eut d'autre ressource que de me *tuer*.

En conséquence, il publia que je venais d'être frappé de mort subite sous la porte cochère de la rue de la Monnaie, où demeurait *le Journal de Paris*. L'escobarderie était passablement lugubre; mais elle eut le résultat qu'en attendait son auteur, le silence de part et d'autre.

Quelque temps après, je l'avais assez oublié pour protéger Martainville, impotent, rongé de goutte, contre les furieuses démonstrations de l'esprit de parti auxquelles il fut en butte à l'Odéon et au théâtre de la Porte-Saint-Martin. Dans ce dernier, près des jeunes gens qui l'accablaient, les uns d'invectives, les autres de gros sous, j'invoquai la pitié due à ce triste état de santé, et je fis changer leurs mauvaises dispositions en éloges sur l'appui que je prêtais au faible.

(*La suite au Chapitre prochain.*)

« 12 août 1837.

» MONSIEUR,

» Le *Courrier* traite bien durement ce malheureux *Janot,* de si faible constitution, et il se trouve que, dans cette circonstance, votre journal est le plus sévère de tous. Vous nous devez une revanche, dont je vous fournis ce soir l'occasion : de mon côté, je vous dois une visite, que mes occupations multipliées ont pu seules retarder. Recevez, etc.

» DUMANOIR, directeur. »

(Autographe.)

« *Savez-vous tirer le sabre?* » est venu me dire, il y a plus d'un mois, au Théâtre-Français, un habitué du foyer des Comédiens. « Oui, lui ai-je répondu ; à la salle » nous appelions cela *la contre-pointe* ou *l'espadon;* » mais ce n'est pas l'arme du civil. Pourquoi me faites- » vous cette question? » Il a prétendu que deux jeunes officiers de l'armée d'Afrique avaient demandé un congé au général Bugeaud, pour venir régler avec moi un

AUTOGRAPHE DE MADEMOISELLE JENNY VERTPRÉ.

Monsieur,

J'ai bien des remerciements à vous faire pour la manière obligeante avec laquelle vous m'avez traitée, à l'occasion de mes débuts. J'espère que vous voudrez bien me continuer votre bienveillance.

Je vous prie, de vouloir bien remettre au porteur la quittance de l'abonnement dont mon mari vous a parlé pour mademoiselle Colon. Mais comme son père seul s'est opposé, jusqu'à ce jour, à ce qu'elle s'abonnât à votre journal, je vous prie de ne pas le lui envoyer avant qu'elle ne soit venue à bout de faire entendre raison à cet homme entêté et ridicule.

Agréez les civilités empressées de votre très humble servante

Jenny Vertpré

compte dont les chiffres sortiront de nos fourreaux. J'ai soutenu que cela était faux, d'abord, parce que les militaires de mon pays ne se mettaient pas deux contre un seul homme, et qu'ensuite on devait savoir *qu'après l'affaire*, il me serait trop aisé de prouver que j'aurais eu trois fois raison. A ces derniers mots, j'ai si bien pris mon interlocuteur entre les deux yeux, que, depuis lors, il a sans doute fait agréer la prudence de ses conseils, car je le rencontre, et il ne me parle plus des menaces africaines. Petite pluie. (17 août 1837.)

❦

« MON CHER MONSIEUR MAURICE,

» Si vous ne trouvez pas mes *vers indignes* de votre journal, je vous les abandonne ; vous savez que j'aime madame Stoltz comme *une sœur,* voilà mon *excuse ;* mais pourtant je tiens au silence pour le nom *de l'auteur.* Votre affectionnée JENNY VERTPRÉ.

» 3 septembre 1837. »

(Autographe.)

La suppression des jeux, dans les maisons publiques autorisées, a été décidée à Paris le 21 décembre 1837, pour qu'elle eût lieu, ainsi que cela s'est fait, le 1er janvier suivant. Auparavant, les Ministres de l'Intérieur et de la Maison du Roi prélevaient sur ces établissements, et par douzièmes, un million cent soixante mille francs chaque année, pour les donner, par forme de *Subventions,* aux Théâtres royaux et à l'Administration des Quinze-Vingts.

❧

« Nous tenons à être cités par vous, qui êtes un homme d'esprit, et à avoir fourni un renseignement de théâtre à vous, qui *en fournissez à tout le monde.* Tout à vous,   ALPHONSE KARR.

» 23 octobre 1837. »

(Autographe.)

❧

Avant de venir à Paris, Lafon, Étudiant en médecine à Bordeaux, y avait fait jouer une tragédie d'*Hercule,* qui n'était pas tombée. Il m'en a déclamé, il n'y a qu'un instant, des tirades qui m'ont fait soupçonner le héros plutôt issu de la famille des *Cadédis* que né du grand Jupiter, par l'honnête erreur de madame Amphitryon. Pour ne pas, m'a-t-il dit, abuser de mes moments, Lafon m'a demandé mon opinion en trois mots, et je lui ai répondu par ces douze syllabes du maître :

Tout est humeur gasconne en un auteur gascon.

Lafon s'est gaiement sauvé pour éviter la paraphrase. (25 novembre 1837.)

❧

Didelot vient de mourir en Russie. Je dois rectifier ce qu'on a dit en attribuant à ce Chorégraphe l'invention des *vols* qu'il n'a fait que renouveler, d'abord, des Grecs, puis, d'un nommé Berrin, décorateur de théâtre sous Louis XIV, et qui, lui-même, les avait trouvés chez les Romains, sous Néron, où il arriva qu'un malheureux représentant d'Icare alla tomber tout à côté de l'Empereur, en inondant de sang les voisins. Les vols de Berrin parurent, pour la première fois, en 1684, dans *Amadis de Gaule*, de Quinault. Le mérite de Didelot, qui les plaça dans *Zéphyre et Flore*, à l'Opéra de Paris, est de nous avoir restitué l'exécution d'une idée qui produit de si agréables effets. (27 décembre 1837.)

❦

« Je ne puis sortir, j'ai quelque chose à vous demander, et je vous prie, mon ami, de venir me voir le plus tôt possible dans cette matinée.

» Mars.

» 22 janvier 1838. »   (Autographe.)

❦

« Monsieur,

» Les bienveillantes dispositions que vous m'avez manifestées à diverses reprises, quand il s'est agi de rendre compte dans votre journal de quelques vaudevilles dont j'étais complice, m'enhardissent à réclamer de nouveau votre indulgence pour une pièce que j'offre ce soir au Public du Palais-Royal.... Recevez, je vous prie, avec l'expression anticipée de mes remerciments, etc.   Léon Laya.

» Le 26 janvier 1838. »   (Autographe.)

❦

Le fils de Fleury, que j'ai vu obtenir ses premiers grades, vient de mourir Contre-amiral en retraite et officier de la Légion d'honneur. Il est évident qu'il a puissamment contribué à couler bas le préjugé qui s'attache à la descendance comédienne. (Janvier 1838.)

❦

« ..... Vous êtes depuis plusieurs années ma première lecture du matin, et qui sait ?.... peut-être même *ma première pensée!*.... Amen.

» CARAFA.

› Ce 5 février 1838. »

(Autographe.)

❦

Dupeuty nous ayant donné *Napoléon*,
Scribe, *l'Ambassadrice*, Adam, *le Postillon*,
Et *le Domino noir* terminant la série,
Crosnier sut diriger quatre fois en sa vie.

(17 février 1838.)

❦

« Voilà deux loges, mon ami, qui ne sont pas très-bonnes ; c'est tout ce que j'ai pu avoir. Choisissez l'une ou l'autre, et renvoyez-moi celle que vous ne prendrez pas ; car, tout mauvais que cela est, j'ai des amateurs. Bien des amitiés. MARS.

› 20 février 1838. »

(Autographe.)

❦

« MON CHER DIRECTEUR,

» C'est bien long pour si peu de chose ! Avec votre habile ciseau, coupez, rognez ; mais, de grâce, ne me donnez pas trop sur les doigts. Si vous ne me voyez pas, c'est que je ne peux pas venir. Excusez-moi donc, et ne m'en veuillez pas. Votre, etc.

» ALEX. DE LONGPRÉ.

› 20 février 1838. »

(Autographe.)

«..... Vous avez commis une erreur en annonçant que M. Soumet venait de finir une tragédie ayant pour titre : *les Gladiateurs*. Cette tragédie n'est pas de lui, mais de sa fille, madame Daltenheym, qui m'a écrit pour me prier de vous voir, afin de vous demander de rectifier cet article. Aurez-vous la complaisance de céder à son désir et au mien? Je vous en aurai mille obligations. Votre dévoué   LIGIER.

» 9 avril 1838. »

(Autographe.)

Ce qui suit vaut-il la peine d'être mis sur le papier? Je répondrais affirmativement, si je pouvais dire comme Charlemagne, l'auteur des *Voyageurs* :

> Que m'importent à moi les traits de la satire!
> Je n'écris que pour ceux qui ne savent pas lire.

Tel n'a jamais été mon cas; j'ai toujours désiré d'être lu, tout aussi bien que madame de Sévigné, quoiqu'elle se soit prétendue exempte de cette faiblesse. Mais encore faut-il qu'il y ait matière à narration, motif pour que l'on prenne la plume. Voyons. J'ai acheté hier une maison de campagne à Cormeilles-en-Parisis. Sept arpents, ma foi, clos de murs et très-fertiles! Cela m'a rappelé que la Comédie française a eu longtemps pour honorable Caissier M. Decormeille. Était-ce son nom? L'avait-il emprunté de ce village? On le disait. Quoi qu'il en soit, sa mort fut aussi triste qu'imprévue. — Le 2 octobre 1824, étant au spectacle de ce théâtre, assis dans une loge, derrière sa femme, il tomba mort au moment où *le Philosophe marié* commençait. On le regretta beaucoup. L'anecdote serait peut-être de mauvais augure pour qui voudrait imiter

> Ce certain paysan qu'on appelait Gros-Pierre,
> Qui, n'ayant pour tout bien qu'un seul quartier de terre,
> Y fit tout à l'entour faire un fossé bourbeux,
> Et de monsieur de l'Isle en prit le nom pompeux.

(7 mai 1838.)

✿

Mon journal était celui dont la lecture occupait le plus assidûment Potier ; il le lui fallait dès qu'il était arrivé, non pour son propre intérêt, car personne plus que lui ne s'est montré discret envers les écrivains périodiques, mais pour celui qu'il portait à toutes les choses du théâtre. « *C'est lui,* disait-il souvent de » moi, *qui me comprend le mieux.* » — Un jour qu'à table je le félicitais de se poser dans ses moindres rôles en habile observateur : « *Ma femme,* s'écria-t-il » avec une joie d'enfant, *entends-tu Charles qui dit* » *que je suis observateur ?* » Cet éloge lui avait singulièrement plu, et il désirait que tous les convives l'entendissent. — C'est encore de ma feuille qu'il s'est entretenu au suprême moment, et autant que son état mental l'a permis. On la lui avait apportée sous bande, comme il aimait à la recevoir, pour être le premier à l'ouvrir. « *Voilà,* lui dit-on, *votre journal.* » — *Je l'ai lu,* répondit-il. — *Comment cela ?* — *Je* » *l'ai lu hier.....* » Ce furent ses dernières paroles. (19 mai 1838.)

✿

Potier s'est éteint aujourd'hui, à une heure de l'après-midi, dans sa maison de campagne de Fonte-

AUTOGRAPHE DE POTIER.

Paris le 12 mars 1831

Mon bon Maurice

Les Douleurs affreuses où me tiennent depuis deux jours me forcent a rester au lit; je le garderai probablement encore demain et Serai privé du plaisir d'accepter votre aimable invitation, ma femme qui me Soigne n'est guères mieux portante que moi et vous prie de remettre la partie ou premier feuilleré a fontenay le plutot possible pour que les Cosaques ne Soient pas encore la pour boire notre vin

Mille regrets et tantant d'amitié et plus encore a Madame

Potier

nay-sous-Bois, près de Vincennes, à l'âge de 64 ans. Il fut un des plus habiles, des plus grands Comédiens de son époque. Dans un genre où devaient se rétrécir ses idées, il sut en élargir pour lui la sphère, et trouver dans de simples ébauches les éléments dont la bonne comédie se compose ; car il est remarquable qu'il n'ait jamais paru dans une œuvre proprement dite, et qu'à défaut de *pièces*, on ne lui ait offert que des *rôles*. Mais comme il suppléait à l'absence d'une conception raisonnable, par l'exacte vérité des personnages ! Le souvenir du *Ci-devant jeune homme*, de Bonardin, du *Bourgmestre de Saardam*, du *Solliciteur*, et de tant d'autres types, restera comme celui d'autant de merveilles qui ne se renouvelleront plus. Choses si rares, Potier sut allier l'esprit au naturel, le goût à la caricature, et passer tour à tour de la charge à la vérité, du comique au sentiment, avec une souplesse qui le disputait à la perfection. Il vivra dans les traditions théâtrales, qui attesteront la puissance de ce beau talent, dont les admirateurs étaient aussi nombreux que ses imitateurs seront rares. (19 mai 1838.)

On n'a pas su la cause du premier voyage d'Horace Vernet à Saint-Pétersbourg ; la voici. Chargé de peindre la prise de Valenciennes, le célèbre artiste, ayant consulté l'histoire, apprit qu'au moment de l'entrée dans la ville, Louis XIV s'en trouvait à une grande distance. Ce personnage ne pouvait donc pas figurer dans la composition, et cependant le Directeur du Musée insistait pour qu'il y fût. Sur la remarque persévérante de Vernet, M. Cailleux eut le malheur de lui répondre :

« *Quand le Roi commande un tableau, il n'y a pas
» de réflexions à faire. — Pardonnez-moi,* répliqua
» Horace, *et la mienne est que je ne ferai pas ce ta-*
» *bleau.* » Il quitta son interlocuteur, et partit sur-le-
champ pour la capitale de la Russie. (1838.)

&

LES AMIS.

Que bénis soient ceux-là de qui l'âme sincère
A si bien partagé mes doux entraînements,
Et goûté ce bonheur si rare sur la terre,
Qu'on donnerait ses jours pour un de ses moments!

Sur l'abîme où nageait mon inexpérience,
J'ai vu leur main tendue et tous les bras ouverts.
Leur cœur, des mauvais temps prévenant l'inclémence,
S'est réjoui des maux que je n'ai pas soufferts;
Et quand de l'avenir s'est éclairci le voile,
  Ils ont été pour mon destin
  Ce qu'est la scintillante étoile
Au jeune nautonier qui cherche son chemin.

A vous d'abord, Durand, magistrat intrépide
  Dont l'équitable austérité
   N'eut qu'un seul guide,
   La Vérité.
  Acceptez mon premier hommage,
  Puisque sur le premier écueil,
  A peine éloigné du rivage,
  Je reçus de vous cet accueil
Qui fut pour moi le phare au milieu de l'orage.
 . . . .
  . . . .
Dieu! pourquoi n'est-ce donc aujourd'hui qu'un cercueil!

Et toi, second ami de ma faible jeunesse,
Picard, qui m'as rendu facile le sentier
Où, privé des clartés de ta vive tendresse,
Mon instinct de la Scène eût péri tout entier,

Reçois aussi de ma reconnaissance
Ce souvenir que protége ton nom !
Est-ce ma faute, à moi, si l'impuissance
En l'invoquant se fait presque un renom ?

Vous, Saint-Prix, qu'au théâtre applaudissait naguère
Une foule charmée, et qui ne savait pas
Ce qu'avait de vertus ce modeste embarras,
 Et de grandeur ce touchant caractère,
Souffrez que je le dise. — Un jour, c'était chez moi.
 Le vent du nord soufflait sur ma fortune :
  Rutile accourut plein d'effroi,
Pour m'offrir, d'un effort d'amitié peu commune,
  Ce qu'à son cher Servilius
Promet avec amour l'éloquent Manlius.....
 . . . .
  . . . .

Un tel trait saisit l'âme, et de deux n'en fait qu'une.

D'autres encor, des Grands, m'ont aimé, m'ont servi.
Ils étaient le *Pouvoir*..... et leur sollicitude
Jusque dans les dangers m'a noblement suivi.

A toutes leurs bontés, toute ma gratitude !....

Sous de nouvelles lois maintenant asservi,
Des révolutions faisant la triste étude,
Chacun à la raison se rend, et ne veut plus
Que de ces bruits éteints un écho se souvienne
 Et sur le temps passé revienne
Attiser des soupirs désormais superflus.

Respect à leur malheur !.... Dévouement à la France !

 Et que la main du Tout-Puissant
Répande à flots pressés sur l'ère qui commence
De ses divins bienfaits le trésor incessant,
Des peuples et des rois l'orgueil et l'espérance (1) !

---

(1) *Par avancement de date*, ces vers étant de 1856.

« Cher ami,

» La *conversation* entre le censeur et l'auteur est d'une exactitude littérale parfaite. Il n'a été donné aucun ordre au Directeur du Théâtre-Français de suspendre les répétitions de la pièce *le Ménestrel*, « jus-
» qu'à ce que l'auteur ait amendé quelques situations
» et quelques détails où il est porté atteinte aux bonnes
» mœurs. » Le rapport de la censure portait interdit lancé contre l'ouvrage. Hier, l'auteur a eu audience de M. de Montalivet, qui l'a fort bien reçu et rassuré sur le vote fulminé dans l'usine censoriale. Puis il a vu le Chef de division des Beaux-Arts. Donc il ne pouvait pas y avoir ordre de suspendre les répétitions, puisque le Ministre n'avait pas prononcé.

» RENÉ PÉRIN.

» 25 juillet 1838. »

(Autographe.)

« Monsieur,

» Voulez-vous me permettre, en qualité d'indigne confrère, de recommander à votre bienveillance la petite bluette qui se donne ce soir au Palais-Royal, et dont je suis coupable, de complicité avec B. Antier? Je vous remercie d'avance de tout ce que vous voudrez bien faire. Agréez, etc.   COUAILHAC.

» 1er août 1838. »

(Autographe.)

« Permettez-moi de rappeler à votre souvenir qu'il y a vingt ans environ je fis représenter à la Gaîté une féerie en trois actes, intitulée *Peau d'Ane;* le théâtre de la Porte-Saint-Martin allant donner un ouvrage sous le même titre, il m'importe de réclamer mon droit d'ancienneté, afin de n'être pas accusé de plagiat dans le cas où ma pièce reparaîtrait sur la scène. Agréez, etc.

» Augustin Hapdé.

» 7 août 1838. »

(Autographe.)

❦

« Croyant, mon ancien et bon confrère, vous être agréable en vous rendant compte des hommages justement et largement rendus ce matin à la mémoire de notre confrère Brazier, je vous dirai que nous étions plus de deux cents assistants à son convoi, où j'ai remarqué Dumersan, Mélesville, Ferdinand-Langlé, Capelle, Coupart, Gabriel, Carmouche, Chauveau-Lagarde, Guichard, avocat de Cassation, Lepeintre aîné, et une foule de jeunes littérateurs et d'artistes. — Après la messe en musique, supérieurement chantée par des artistes de l'Opéra, trois discours ont été prononcés sur la tombe : Ferdinand-Langlé d'abord, Dumersan n'a pu lire le sien..... et par moi, etc.

» Dumolard.

» 24 août 1838. »

(Autographe.)

❦

« Vous me faites bien de la peine. Je n'ai rien à vous refuser ; et cependant quel mauvais mélodrame ! Enfin vous ne me demandez *qu'un peu d'indulgence.* Vous savez trop bien le métier, et votre goût est trop sûr pour en vouloir davantage. Qu'il en soit fait ainsi.

Dimanche je tiendrai ma critique à quatre mains pour vous. Mille bonjours.   J. JANIN.

» 7 septembre 1838. »

(Autographe.)

LES ENNEMIS.

Dans les bas-fonds de la littérature,
Et les plus méprisés de tous,
Les desservants de l'imposture
M'honorent à l'envi de leur petit courroux.

C'est à qui sera le plus bête
Et le plus anonyme en ses lâches frayeurs;
Tandis qu'un peu d'esprit honnête
Déguiserait si bien ces pauvres inventeurs!

L'estaminet est le Parnasse
Où la pipe et le grog se partageant entre eux
Des insectes de cette race
Échauffent l'épiderme et fécondent les œufs.

L'un nous raconte un fait *notoire*,
D'autant plus plat qu'il vient de lui.

L'autre se gratte, et me prête une histoire
Qui n'a, si l'on voulait y croire,
Que l'impossible pour appui.

Celui-ci fait un rêve et le rédige en notes,
Gros document *officiel*
Exhumé du fatras de vieilles anecdotes,
Qu'il pense rajeunir inondé de son fiel.

Enfin, pour celui-là, tout est bon qui le venge
Du bien qu'il a reçu de moi;
Car il m'en veut autant de ma louange
Qui n'a pas fait de lui le Sauveur de la foi,
Que des traits décochés à son orgueil étrange.

Moins la grâce et l'éclat, c'est le jeu des tournois.
La lice est grande ouverte, et l'on y voit descendre
Sur leurs étiques palefrois

L'amant de Dalila près de l'ex-Alexandre,
Visière sur les yeux et dagues aux fourreaux,
  Comme il convient à des héros
Que la prudence inspire, et nés pour se comprendre.

  De tous ces noms peu recherchés
   Un jour pourtant viendra la liste,
   Et par la main de l'annaliste
Sur la page historique ils vivront attachés.

  De la Justice arrêt suprême.

  Bien qu'il paraisse plus bénin,
  Le reste est d'une audace extrême ;
  Mais ne craignez pas son venin,
  Il n'est mortel que pour lui-même.

  Pour amasser autant de mal
  Et d'impudeur, quoi qu'ils en disent,
Quand de leur vie, à tous, on connaît le total,
  Comment font-ils ? — Ils se cotisent.

❦

Plus j'ai connu les hommes, plus j'ai aimé les animaux.

❦

Au *Théâtre de la Renaissance,* hier, dans *Olivier Basselin,* Adolphe Berton, jouant le rôle de Charles VII, portait un casque emprunté par amour de l'illusion au Musée d'Artillerie, où son long séjour lui avait fait peut-être contracter de la rouille, ou bien renfermant quelque secret mécanique. Quoi qu'il en soit, dans un moment dramatique, la visière s'est tout à coup baissée, et l'acteur, ne parvenant pas à la relever, a voulu continuer de parler comme si rien n'était. Mais alors il est sorti de ce globe de fer une voix si comiquement sépulcrale, que toute l'assistance s'est prise d'un fou rire. (16 novembre 1838.)

❦

Une galanterie toute nouvelle a été faite ce soir par le *Théâtre de la Renaissance*, qui, après vingt jours de vie, sent déjà le besoin d'ajouter à ses grâces. Pendant un entr'acte de *Ruy Blas*, on a distribué des *albums* dans toutes les loges. C'est aimable, sans doute; mais, de part et d'autre, il y aurait des inconvénients si l'on en contractait l'habitude. (29 novembre 1838.)

❦

« Je crois que c'est aujourd'hui que nous dînons ensemble, mon cher Maurice; si vous vouliez, j'apporterais un bon pâté que j'ai reçu hier. J'espère que cela vous conviendra. A quelle heure dînerez-vous? Tout à vous de cœur.   GAVAUDAN.

» 6 décembre »

(Autographe.)

❦

Le Chant de Rubini est acteur. Que ces mots restent gravés dans la mémoire de tous ceux qui ont entendu ce virtuose. Écoutez-le, quand sa voix *joue* le bel air du *Pirate* ou celui de *la Somnambule*, ou encore sa partie du duo d'*Otello*, et dites si, ayant à rendre ces morceaux dans le même langage, Talma eût jamais pu les mieux exprimer. C'est qu'il y a là un cœur, une puissance communicative que le talent tout seul ne donne pas, et qui unissent si intimement le *dramatique* avec la *méthode*, qu'on oublie cette dernière pour être uniquement ému par l'autre. (1838.)

Un journal vient de publier qu'un de nos premiers hommes d'État, dont on croyait la nomination certaine au Ministère, se trouve momentanément embarrassé pour une somme de cent mille francs. Ce que je dois de reconnaissance à cet honorable personnage m'enhardit à lui offrir mon large concours dans cette affaire. — Il y avait erreur.

« Monsieur,

» Je vous remercie du sentiment qui vous a inspiré la lettre que j'ai reçue hier. Ce qu'on a écrit est complétement faux, et je vous prie de n'en rien croire.

» Recevez mes compliments empressés.

» A. Thiers.

» 28 mars 1839. »

(Autographe.)

Tout désolé, ce bon Gontier sort de mon cabinet. Il venait m'apprendre que décidément il quitte le Gymnase, ne pouvant résister aux ennuis qu'il y éprouve. Il voulait arrondir sa fortune jusqu'à la somme de cent mille francs ; il n'en a que quatre-vingt-dix-neuf mille, et ne se sent pas la patience d'attendre le billet complémentaire. « Ce serait cependant, m'a-t-il dit, » ce qu'il me faudrait pour faire placer des *persiennes* » à ma maison. » (Il se retire à Orléans.) « Eh bien, » a-t-il ajouté, je les ferai moi-même. » En effet, il a déjà acheté les matériaux, et va se mettre à l'ouvrage, en sa qualité de menuisier amateur. (4 avril 1839.)

J'ai entendu se renouveler aujourd'hui le mot du duc de Marlborough à quelqu'un qui venait d'acheter sa protection, et terminait le marché en lui disant : « *Votre Grâce peut être assurée que je n'en parlerai* » *à personne.* — *Mon ami*, reprit le Duc en le rete- » nant, *donne-moi le double, et dis-le à tout le monde.* » La nouvelle édition du mot n'est pas augmentée; mais on y voit que l'imitateur est loin d'être corrigé. (16 décembre 1835.)

M. le comte de Rostopchin publie ses MÉMOIRES *écrits en dix minutes*, charmante boutade en quelques chapitres de peu de lignes chacun.

L'*Épître dédicatoire* est de la philosophie la plus amère :

« Chien de Public ! Organe discordant des passions,
» toi qui élèves au ciel et qui plonges dans la boue,
» qui prônes et calomnies sans savoir pourquoi, image
» du tocsin, écho de toi-même, tyran absurde, échappé
» des Petites-Maisons, extrait des venins les plus sub-
» tils et des aromates les plus suaves, représentant du
» Diable auprès de l'espèce humaine, Furie masquée
» en charité chrétienne. Public, que j'ai craint dans
» ma jeunesse, respecté dans l'âge mûr, et méprisé
» dans ma vieillesse, c'est à toi que je dédie mes
» *Mémoires*. Gentil Public ! Enfin je suis hors de ton
» atteinte; car je suis mort, et par conséquent sourd,
» aveugle et muet. Puisses-tu jouir de ces avantages
» pour ton repos et celui du genre humain ! »

Il y a dans ces paroles des charbons encore fumants de l'incendie de Moscou. (Avril 1839.)

❦

M. Duponchel a la croix d'honneur. C'est bien fait ! (11 mai 1839.)

❦

La musique de la romance qui eut tant de succès sous le titre de *Bouton de rose* était de Pradher, dont la réputation, en qualité de pianiste, fut des plus méritées. Tout jeune lorsqu'il composa ce léger ouvrage, il se doutait si peu de sa destinée, qu'il le vendit pour *trente sous*, avec lesquels il alla sur-le-champ acheter une grosse portion de galette dans le passage Feydeau. Il me l'a dit encore aujourd'hui, sans témoigner le moindre regret de ce marché. Le produit de *Bouton de rose* fut une fortune pour l'éditeur, et se joignit historiquement à la vente de la traduction des *Géorgiques*, dont l'abbé Delille retira *cinquante louis*, tandis que presque trois générations de libraires se sont enrichies avec ce qu'elle leur a rapporté. — L'abeille fait la cire, et ne brûle pas de bougie. (24 juin 1839.)

❦

Je viens de recevoir la visite du Compositeur de *la Vendetta*, dont l'Opéra doit donner après-demain la première représentation. Sa manière de se présenter, le ton simple et digne de son langage, ne peuvent que faire désirer le succès de son œuvre. Les motifs sur lesquels il appuie son envie de réussir sont intéressants. M. de Ruolz fera certainement quelque chose. (9 septembre 1839.)

Menjaud n'est pas le Don Juan de Molière. Son extérieur, dans ses sortes de personnages, ressemble à son talent; il manque d'aisance, de cette belle tenue, la première condition du Comédien, et qui est indépendante de la richesse des costumes. Le visage de Menjaud ne se prête pas à l'expression d'un caractère sérieux au fond, et qui affecte l'apparence de la frivolité. Il y a dans Don Juan, dans cet athée qui se fait gloire de l'être, et dont l'incrédulité redoute les explications, il y a du satanique, quelque chose de l'esprit du Démon. Cependant la grâce qu'il déploie pour séduire les femmes veut être vraie et d'un goût recherché. Ce n'est qu'avec Elvire, avec Don Louis, et en présence de la Statue, que cette teinte de Méphistophélès se montre. Mauvais époux, mauvais fils, mauvais chrétien, Don Juan s'abandonne à ses pensées criminelles quand on provoque chez lui l'explosion de ces vils sentiments. Mais, avec les autres, c'est ce qu'on appelle un homme du monde, un aimable roué, un trompeur charmant. Il lui faut de l'élégance dans les formes, plus encore que dans les habits, de la légèreté et de l'aplomb tout ensemble, le grand art de bien dire, pour cacher son penchant à mal faire, un vernis qui trompe, une écorce qui séduise; en un mot, le Comédien chargé d'un pareil rôle doit avoir les qualités que demandent presque tous les autres. Menjaud en possède quelques-unes; il est privé des plus essentielles. Son habitude de la scène, son intelligence y suppléent, et il finit par être acteur passable; mais il ne faut pas avoir vu Fleury. (12 octobre 1839.)

❦

L'esprit de madame Dorval, l'excellente actrice de drame, se manifeste par des expressions, des images souvent originales et frappantes de vérité. Tout à l'heure, dans la visite qu'elle me faisait, elle vient de dépeindre un peu plus que plaisamment le jeu nerveux, fébrile, agité de Firmin, du Théâtre-Français, ce jeu qui se crispe, grince, tressaille, et n'aurait besoin que de se calmer pour être agréable. « Firmin, » m'a-t-elle dit, me fait l'effet d'un homme qu'on *cha-* » *touille* debout. » (25 octobre 1839.)

❦

Agacé par la Critique, Samson demande pourquoi les journaux s'occupent plus d'un acteur du Théâtre-Français que d'un *épicier*. Tout en trouvant le rapprochement modeste, je lui réponds que l'épicier ne reçoit point de *Subvention,* ne pèse pas sur le Budget, et tient de son indépendance ses droits à son inviolabilité, tandis que l'autre figure au chapitre des dépenses et se trouve ainsi l'obligé de tous, par conséquent un être dont le principal moyen d'existence peut et doit être soumis à la discussion. Que cet acteur renonce à la qualité de *partie prenante,* qu'il se fasse épicier, et les journaux, n'ayant rien à contrôler dans sa boutique, lui épargneront le poivre, pour ne lui fournir que le miel. (Octobre 1839.)

❦

« Merci, mon cher Maurice ! Votre bénédiction m'a sauvée. J'étais froide comme la mort en entrant en scène. Merci de ce que vous avez dit ce matin; c'est un mot qui vaut tout un long article. Je vous en suis reconnaissante, et je vous aime.

» MARIE DORVAL.

» 8 novembre 1839. »

(Autographe.)

« MON CHER MAÎTRE,

» Voici une petite note faite pour une pauvre veuve; en l'insérant dans votre journal, vous ferez une bonne action. J'ai pensé que c'était vous procurer un plaisir. Tout à vous. PAUL DE KOCK.

» 27 novembre 1839. »

(Autographe.)

En sa qualité de vrai bibliophile, Guilbert de Pixérécourt ne prête jamais ses livres. Il les refuse impitoyablement à ses meilleurs amis. Pour s'excuser, il leur récite ce distique de sa composition :

> Tel est le triste sort de tout livre prêté,
> Que, s'il n'est pas perdu, toujours il est gâté.

Je suis pleinement de son avis. Il y a deux choses que je ne peux voir sans douleur et même sans colère : abîmer un livre et maltraiter un arbre. (1840.)

L'essai de rentrée qu'a fait hier mademoiselle Falcon dans *la Juive* a été des plus malheureux. L'émotion ajoutant au mal, la chanteuse est tombée en faiblesse. A son retour sur la scène, elle a voulu inutilement donner le *medium*. Elle s'est enfin retirée, sans doute pour ne plus reparaître. Ce qu'il y a de singulier, c'est que dans les entr'actes la chanteuse jouissait de la plénitude de sa voix, et dès qu'elle revenait sur le théâtre elle la perdait totalement. (15 mars 1840.)

❦

Sur la fin de sa carrière théâtrale, Elleviou éprouvait au moment d'entrer en scène une si forte émotion, que le soin qu'il prenait de *dîner légèrement* devenait tout à fait inutile. — Rien ne put le rendre maître de la crainte sans motifs de voir sa réputation s'affaiblir, ou d'une soirée à l'autre, ou même tout d'un coup. Telle a été la seule raison d'une retraite aussi prématurée. Je le tiens d'Elleviou, qui me l'a encore répété ce soir. (18 mars 1840.)

❦

« ..... Me voilà encore pour vous tourmenter. Vous avez déjà fait tant pour moi, que j'espère encore cette complaisance de votre bonne et rare amitié. Combien de fois, dans ma retraite, je prononcerai votre nom ! Charles Maurice m'a obligé pendant trente ans, et n'a jamais voulu accepter un sou de moi. Reconnaissance, dévouement et amitié à tout jamais.

» FAURE, *Doyen de la Comédie française.*

» 12 avril 1840. »

(Autographe.)

❦

« Je sors de chez *la Fameuse,* » m'a dit tout à l'heure madame Dorval. « Et, comme j'admirais un beau bracelet qu'elle me faisait voir, elle m'a répondu, en repoussant le bijou d'un air de dédain : « *C'est bon pour des femmes!* » (18 avril 1840.)

☙

Aux répétitions de *Cosima*, qui est tombée il y a deux jours au Théâtre-Français, on avait remarqué que madame George Sand et madame Dorval se tutoyaient. — Madame Dorval m'a confirmé le fait ce matin. (20 avril 1840.)

☙

Avec tout son grand talent, Spontini n'est pas ce qu'on appelle en termes de collége bien *ferré* sur la composition. Dans ses doutes, il allait autrefois trouver Berton, qui lui « arrangeait tout cela » de la meilleure grâce du monde. Et quand hier l'auteur de *Montano et Stéphanie* me le disait, c'était plutôt pour reconnaître le don inné de son confrère que pour en tirer la moindre conséquence critique. (9 mai 1840.)

☙

A ses qualités privées, Berton joint une bonhomie d'amour-propre, qui s'est hier manifestée plaisamment. Un inconnu l'aborde sur le boulevard Montmartre. « *N'ai-je pas,* lui dit-il, *l'honneur de parler au* » célèbre *Berton? — Oui, monsieur.* » — Et pour que rien n'y manque, c'est lui-même qui vient de nous conter cela, sans faire attention au double contre-seing qu'il délivre à sa propre *célébrité.* (16 mai 1840.)

A la répétition de *Jarvis l'honnête homme*, ce matin, Bocage n'en finissait pas de parler *à l'anglaise*, c'est-à-dire en tournant le dos à la salle, ce plagiat dont les Comédiens de l'*actualité* usent et abusent étrangement. Delestre-Poirson ayant invité son pensionnaire à jouer *à la française*, celui-ci lui a répondu : « *C'est mon* » *système. — Cela se peut*, lui a répliqué le Directeur » du Gymnase, *mais j'ai engagé votre talent, et non* » *pas votre système.* » La cause était gagnée. (25 mai 1840.)

« Mon cher Maurice,

» Je vous enverrai demain ou après-demain des pièces positives, c'est-à-dire comme vous les aimez. Ne mettez rien, je vous prie, avant de les avoir sous les yeux. — Puis, à compter de demain, *adressez-nous votre journal à Florence*. — Adieu. Mille compliments de départ. J'espère qu'Ida aura le temps d'aller vous faire demain sa visite. — A vous.

» Al. Dumas.

› 1ᵉʳ juin 1840. ›

(Autographe.)

Il veut toujours que son Ida vienne me voir !

« Mon cher maître,

» Votre journal, toujours si précieux pour nous par les renseignements utiles qu'il nous fournit, me donne aujourd'hui l'éveil sur une concurrence assez désagréable. Cependant, comme j'ai vu M. de Balzac annoncer vingt ouvrages qui sont encore à naître, je

13.

pense que je pourrai arriver à temps. Il ne sera pas inutile néanmoins de prendre date; c'est pourquoi je viens demander à votre aimable obligeance l'insertion de la petite lettre ci-incluse. Recevez, etc.

» T. SAUVAGE.

» 8 juin 1840. »
(Autographe.)

« MONSIEUR,

» J'ai vu hier M. Berton, qui m'a dit que vous aviez eu l'extrême bonté de vous occuper de moi. Je vous en remercie de tout mon cœur; une cause juste, plaidée par vous, ne peut que triompher, et je me trouve très-heureux que vous vouliez bien vous intéresser à la mienne, etc. SUDRE.

» Le 17 juillet 1840. »
(Autographe.)

On ne peut mieux apprécier l'excellent emplacement du théâtre du Palais-Royal que ne l'a fait ce soir Harel en disant : « *Je défie Dormeuil de ne pas faire* » *mille francs par jour.* » (31 juillet 1840.)

La semaine dernière, un ami du jeune duc d'Orléans lui ayant témoigné des craintes sur la transmission entre ses mains d'un pouvoir dont Louis-Philippe lui-même ne paraît pas certain, en reçut cette réponse : « *Bah! ce sera tout au plus une affaire de* » *gendarmerie!* » (2 août 1840.)

MA VIE. — CHAPITRE XXXIV.

LE CAMP-VOLANT.

C'était l'ère des petits journaux. Leurs rédacteurs, d'accord avec l'esprit public, tendaient à effacer la ligne de démarcation qui les séparait des grands. La subite croissance de ces enfants terribles me fit réfléchir sur ma position de garçon journaliste, travaillant à façon et taillant dans un drap dont tout me disait que je ne gâtais pas la qualité.

Je cherchai ce qu'il y avait de convenable à faire pour en sortir par un de ces exemples où l'on voit l'homme intelligent et laborieux passer des fatigues de l'atelier aux aises qui l'attendent dans l'appartement du patron. Je m'arrêtai à un projet excellent pour donner de la besogne à cette persévérance qui s'allie en moi, par un singulier contraste, aux effets de la plus pétulante vivacité. Quarante-huit heures après, et le 2 novembre 1818, *jour des Morts* (grande imprudence!), je publiai le prospectus, bien tourné, en vérité, d'une feuille ayant pour titre :

LE CAMP-VOLANT,

Journal de tous les pays.

Il allait paraître deux fois par semaine, à jours indéterminés.

Mon premier abonné fut un vieillard de haute sta-

ture, à l'air vénérable et bon, aux façons nobles et aisées. Il recevait *les Annales politiques et littéraires*, dans lesquelles je venais de faire des adieux qui l'avaient intéressé. « Je vous suivais, me dit-il, dans ce journal,
» et, puisque vous le quittez, je viens chercher le vôtre.
» Je suis, ajouta-t-il, l'Intendant du Prince de Béthune,
» gouverneur du Château de Saint-Germain en Laye, où
» vous voudrez bien adresser votre feuille. »

A chacune de ses visites, ma respectueuse déférence lui plaisait beaucoup. Un jour qu'il me le témoignait avec effusion : « Cela me décide, me dit-il, à faire ces-
» ser l'erreur où j'ai voulu que vous fussiez jusqu'à
» présent. Je ne suis point l'Intendant du Prince de
» Béthune, *je suis le Prince lui-même.* »

De ce moment nos relations devinrent plus fréquentes, et même intimes, jusque-là que j'allai dîner au Château de Saint-Germain, pour qu'il me présentât à ses fils. Ces derniers voulurent hériter des bontés de leur père à mon égard. — A sa mort, leur ayant demandé la préférence pour l'achat de la collection de mon journal, qu'il avait faite avec un soin extrême, et beaucoup plus exactement que moi, ces jeunes gens me répondirent qu'ils me priaient de l'accepter en mémoire de mes bons rapports avec le Prince. — C'était centupler le prix de leur cadeau.

Je ne touche qu'en passant le fait des nombreuses colères soulevées par ce commencement de journal, dont les changements de titres indiqueront assez les pénibles évolutions.

D'espiégleries en malices, et de malices en fureurs, les rivaux arrivèrent aux dernières extrémités de l'agression. Les conséquences devinrent inévitables. Ne les ayant jamais provoquées, j'ai dû les subir toujours. Par bonheur, je n'ai eu qu'une seule fois le regret d'une victoire irréparable. — Je n'en dirai pas davantage.

On jugera de l'ardeur et des difficultés de la lutte, quand on saura que *Vingt-sept* journaux, la plupart fondés en vue de détruire le mien, ont uni contre moi les efforts de *Soixante-seize* rédacteurs, plus ou moins gens de lettres, mais tous animés par l'espoir du partage des dépouilles. Je ne nommerai ni les uns ni les autres, ce serait fouiller trop avant dans les tombeaux de l'oubli. Ceux qui portent encore leurs noms sont déjà bien assez punis de ne pouvoir s'en défaire.

Le 1er décembre 1820, *le Camp-Volant* répondit à ces agressions en devenant *quotidien*, grand avantage qu'à la suite de plusieurs changements de titres il ne perdit, par l'effet d'une lutte désespérée, que plus de vingt-sept ans après. — (Soit dit par abréviation.)

A son retour de Gand, M. Guizot, reparaissant en qualité de Sous-Secrétaire d'État au Ministère de l'Intérieur, me confia de nouveau les fonctions que j'avais remplies près de lui. Son intérêt pour moi était toujours le même. Sans doute il pensait me le prouver en cherchant à commencer, comme je vais le dire, mon éducation de diplomate. Idée généreuse, à laquelle il faut avouer que j'ai fort mal répondu. — L'anecdote n'est certainement pas à mon avantage, mais ce n'est point une raison pour la taire.

Soit le motif que je lui attribue, soit qu'en ce moment il n'eût personne sous la main, toujours est-il que M. Guizot me chargea d'une mission près de M. de Serre, Garde des Sceaux, Ministre de la Justice, et fonctionnaire grave jusqu'à l'austérité. Mes instructions étaient de nature à devoir parfaitement assurer la réussite de mon ambassade.

Je pars. On m'annonce à M. de Serre. Au lieu d'entrer dans son cabinet du pas mesuré qui convient à tout envoyé d'une Puissance, je frôle l'huissier, je franchis la porte, et, d'un bond, me voilà côte à côte avec le Ministre, abasourdi d'une irruption si contraire aux formes de l'étiquette. J'expose l'objet de ma mission, j'écoute la réponse, je salue, et, d'un second saut de tremplin, je gagne le dehors comme un homme qu'on aurait poursuivi.

Ce début dans le chemin mystérieux des choses gouvernementales devait suffire pour décourager le plus indulgent professeur. Aussi, fut-ce la première et la dernière fois que l'on mit un secret d'État aux mains de ce Lélie, encore plus *étourdi* que celui de Molière.

Un jeune homme qu'on avait recommandé à M. Guizot, et dont il voulait faire quelque chose, fut un instant adjoint à mon travail. Il passa ensuite à l'activité de la haute administration, et, après avoir occupé pendant nombre d'années deux des premières Préfectures de France, il fut nommé Sénateur à l'avénement de Napoléon III. — C'est M. Bret.

CHAPITRE XXXV.

1820. — LES HARAS.

Louvel assassine le duc de Berry. Le Ministère Decazes tombe. M. Guizot se retire. Le baron Capelle arrive, et je me trouve trop heureux (faute de l'option à laquelle je devais m'attendre) de me réfugier, avec mon simple grade de *Rédacteur*, dans le bureau des... HARAS !

Je demandai si c'était ceux *de l'Andalousie*, où j'apprendrais à *tourmenter de pauvres animaux qui n'en peuvent mais*. Le sens de la réponse fut que c'était à prendre ou à laisser. Je pris. J'avais cependant été assez agréable aux divers Chefs de bureaux, pendant la durée de mon double règne par ricochets, pour espérer des attributions plus en rapport avec mes aptitudes, et surtout avec mes précédents. Mais l'Envie aux doigts crochus !.... Me voilà donc dépoétisant quelque peu mes idées, tenant registre des amours à tous crins, des temps de galop de la pudeur chevaline, des faits d'accouplements, de gestations, d'escapades poulinières, avec la date exacte des naissances, maladies et décès de la race enclavée dans mon département !

Je menai patiemment le double travail du genre *Equus* et de la Littérature périodique. Pendant que, sous ma plume, le haras florissait, par l'effort du même engin, ma feuille grandissait.

Après quelques débats de Propriétaire à Associés, *le Camp-Volant* devint *Journal des Théâtres*; puis ce dernier, *Courrier des Spectacles*. — Je vis s'y intéresser tour à tour MM. de la Bouillerie, Intendant Général de la Maison du Roi ; le Duc d'Aumont, protecteur de l'Opéra-Comique ; le Baron de la Ferté, Intendant des Menus-Plaisirs ; Sosthènes de la Rochefoucauld, ayant l'Opéra sous ses ordres, la Bibliothèque du Roi ; et, comme Directeurs des spectacles, les mieux avisés de la capitale.

Les soins que réclamaient ces travaux divers ne me permettant plus cette dualité d'occupations, je demandai ma retraite du Ministère. Mais pour l'obtenir, n'ayant pas trente ans de services, il fallait, aux termes de la loi, qu'on *supprimât* la place, parce qu'alors il y avait force majeure pour l'Employé. — Cette faveur est la seule que j'aie reçue pendant quatorze années de services dans deux Ministères. J'étais entré à *douze cents francs* dans l'un ; je sortais de l'autre à *dix-neuf cents francs*, et le dernier m'avait vu chargé de la répartition de tous les fonds relatifs à l'avancement des Employés. En vertu de cela, ma pension fut réglée à la somme de QUATRE CENT HUIT FRANCS. — Fortune, je te tiens!

(*La suite au Chapitre prochain.*)

Entre les mains de mademoiselle Rachel, Camille d'*Horace* n'est plus un personnage, c'est tout simplement *un rôle*, une chose écrite, qui se récite, mais sans passion, sans chaleur, comme à la classe de M. Samson. Ce rôle même n'a plus d'affinité avec la pièce; il ne se lie à aucune de ses parties, à titre de *caractère*. — *Dite* de la sorte, Camille n'est plus une Romaine, c'est mademoiselle Rachel débitant des vers avec correction, avec goût, avec une certaine élégance, un goût français, une élégance parisienne, mais aussi avec un laisser-aller antitragique et assez souvent bourgeois. En la décousant ainsi de l'ouvrage, il n'en reste réellement qu'une scène, celle de l'*imprécation* ;

AUTOGRAPHE DE MADEMOISELLE RACHEL.

Monsieur,

Ma famille qui a le plaisir de lire tous les jours votre journal m'a dit l'intérêt que vous voulez bien prendre à ma pauvre santé; permettez-moi de vous écrire toute la reconnaissance que j'en éprouve; ne pouvant encore aller à Paris vous remercier moi-même, je profite du retour de ma mère à Paris pour vous faire parvenir ma lettre et prier de vouloir bien me mettre au nombre de vos nombreux abonnés et agréer l'assurance de ma considération.

Rachel

28. Marly-le-roi

tandis qu'avant mademoiselle Rachel, Camille avait toujours passé pour une des chevilles ouvrières du monument élevé par Corneille. Du reste, les moyens de mademoiselle Rachel sont fatigués ; son débit laisse voir qu'elle vient de la *province :* il vise à l'*effet,* et n'a déjà plus le ton classique qui en était le plus grand charme. (1840.)

Le mot m'arrive de Rouen, où Duprez a donné avant-hier sa dernière représentation. Un artiste, interrogé sur la manière dont l'homme en congé comprend l'exécution musicale, a répondu : « *C'est de l'Opéra chanté sur la clef du mélodrame.* » (7 août 1840.)

Dans l'intérêt de l'instruction primaire, je relèverai demain les deux fautes de français commises ce soir par Samson dans *les Fausses Confidences,* savoir : « *C'est* » A VOUS, *madame,* A QUI…. » Et : « *Je ne* M'EN *rappelle* » *pas.* » — Pour un Professeur-Auteur, c'est trop de tout. (16 octobre 1840.)

En y réfléchissant, je reviens sur l'idée que réalise le Théâtre-Français jouant *le Festin de Pierre* avec les habits du temps de Louis XIII. — C'est un anachronisme, puisque la pièce fut représentée pour la première fois sous Louis XIV, et plus de vingt-cinq ans après la mort du premier de ces Monarques. — A présent, c'est autre chose. Dans *le Mariage de Figaro,* Geffroy habille le Comte Almaviva en Pair de France

du règne de Louis XV. Hier, à côté de lui, mademoiselle Plessy conduisait Suzanne à la cérémonie de l'hymen en déshabillé d'une petite-maîtresse de la Chaussée d'Antin. La Comtesse Alexandrine Noblet portait une toilette entièrement de nos jours; et Samson, lui seul avait le costume de son rôle, mais il en compensait beaucoup trop l'exactitude par l'archi-vieillerie de toute cette défroque. Le plus applaudi de la soirée a été le spectateur qui, en entrant à l'orchestre, a dit tout haut : « Tiens ! est-ce que nous som-
» mes dans un *théâtre de société ?* » (20 octobre 1840.)

※

« Permettez-moi, monsieur, de vous prier instamment de garder le souvenir de *la Favorite*. — Sous peu de jours, nous verrons si le Public la trouvera assez belle pour la recevoir dans ses bonnes grâces. Je l'ai parée à cet effet le mieux que j'ai pu. Seriez-vous assez bon pour la lui présenter et la lui recommander ? Agréez, monsieur, l'expression de ma considération la plus distinguée.   DONIZETTI.

» Paris, 27 novembre 1840. »

(Autographe.)

※

Gardel, second du nom, est mort le 9 de ce mois, après avoir été plus de cinquante ans Maître de ballets à l'Opéra. — Il avait 82 ans (une année de moins que Vestris). — Il laisse à Albert son *Bâton de répétitions*, dont Beaulieu lui fit un jour cadeau pour sa fête. Ce qu'entre ses mains on a appelé le *Bâton de Maréchal* ne ressemble ni au bouclier d'Achille, ni à la canne de M. de Balzac. Il est de simple épine, surmonté d'une pomme en ébène, au haut de laquelle est gravé le chiffre de Gardel sur un écusson en nacre. Ainsi, velours ni symboles monarchiques ne le recouvrent, et ce n'est pas un Condé qui l'a porté ; mais si son maître l'avait aussi lancé dans des redoutes de difficile accès, toute l'armée..... d'*Aladin* se serait également précipitée pour le ressaisir. — A chacun sa part de gloire ! (Novembre 1840.)

« MONSIEUR ET AMI,

» Je suis venu pour avoir le plaisir de vous voir, et vous apporter une nouvelle théâtrale de bien peu d'importance. Je me retire définitivement le premier avril prochain, après une carrière de quarante-cinq ans (j'ai débuté au Théâtre-Français de la République en 1796) dont les vingt-deux derniers ont été passés à Paris, savoir : six à l'Odéon et seize aux Français. Ce dernier théâtre est en veine de déménagements : Dupont partie, mademoiselle Mars voulant en finir, Monrose fou, Firmin congédié, et moi, le moindre de tous, pliant bagage pour cause de santé. JOANNY.

» Ce 11 décembre 1840. »

(Autographe.)

Pour la première fois, mademoiselle Rachel a paru hier au Théâtre-Français *dans l'ouvrage d'un auteur vivant*. Elle a joué la *Marie Stuart* de M. Lebrun. Aux deux premiers actes, elle a eu quelque grâce, mais point de *noblesse*, ce qui est bien différent. Son âge, ses formes, son agréable désinvolture, sa pose intelligente et le costume ont suffi pour la première de ces qualités ; mais l'autorité de l'extérieur, les habitudes de la royale démarche, la sincérité des gestes, le diapason de la voix et la puissance de l'ensemble ont manqué essentiellement à la représentation du personnage. Dans la scène avec Élisabeth, mademoiselle Rachel a été *petite fille*, rien autre chose. Seulement la petite fille était soumise d'abord, puis elle s'est mutinée, elle a presque injurié sa gouvernante. Mais la Reine d'Écosse n'était pas là ; on n'y a tout au plus aperçu que mademoiselle Rachel en colère à l'aspect d'une décision du *Comité*. — La tragédie veut être taillée dans une autre étoffe ; celle-ci est infiniment trop étroite. — Au dernier acte, l'intérêt de la situation faisant son office, et l'actrice, beaucoup mieux placée dans la simplicité de bon goût que dans les élans de la passion, a sans doute manqué de sensibilité réelle et de ce don des larmes qui mouille la voix en frappant le Public droit au cœur ; mais du moins elle a eu, avec un ton de débit plutôt solennel que touchant, le maintien convenable, une certaine grandeur d'elle à Melvil, de la bonté sans faste avec ses femmes, une sage réserve d'ironie dans son mot à Leicester, et le sentiment dramatique à sa sortie. Mais tout cela a été pâle, empreint d'une lente monotonie, sans mobilité de visage, sans chaleur d'expression, privé d'âme, et toujours sur un ton beaucoup trop bas. — Duchesnois, pourquoi es-tu morte en 1835 ?.... (23 décembre 1840.)

Quand je rencontre un homme qui s'ennuie parce qu'il est riche, je pense à Napoléon malade à Sainte-

Hélène, et disant : « *Je serais guéri si je voyais un nuage.* »

Au dernier acte de *Marie Stuart*, au moment où la Reine distribue ce qui lui reste à ses femmes, mademoiselle Rachel ajoute *des diamants*, que cette Princesse n'a jamais eus à sa disposition pendant sa captivité. Élisabeth se serait bien gardée de lui laisser un tel moyen de séduction. — Sur la remarque que j'en ai faite à l'actrice, elle a risqué ces étranges paroles : « *Je le sais, et j'y renoncerais si on ne me l'avait pas dit.* » — Cette réponse à la manière des enfants gâtés prouve que mademoiselle Rachel ne mérite pas son succès, et que, moins occupée de laisser le souvenir de son talent que celui de sa fortune, elle fera bien de vider la scène le plus tôt possible. Le Public se lassera de ces contre-sens, de ce mépris des personnages, des faits, du costume, des traditions, de la vérité qu'elle affecte dans tous ses rôles ; et, si elle ne revient promptement à ses devoirs, ce Public la désertera quand il ne sera plus temps qu'elle y pense. (Décembre 1840.)

Le Directeur du Conservatoire a le système nerveux très-irritable. L'habitude de la supériorité le trouve rebelle à toute espèce de domination, celle du journalisme comprise. Ma manière d'imprimer son nom comme on l'italianise en le prononçant, l'impatiente. Ce *Kéroubini*, que j'écris aussi quelquefois *Chérubin-i*, le picote, et m'attirent de petits reproches à l'eau de rose. On est venu, sans dire positivement que c'était de sa part, mais en me le laissant voir, solliciter le rétablissement de l'orthographe française. A quoi j'ai riposté en invoquant le simple sens commun, et en alléguant le tort que je causerais à un artiste *unique* si je faisais supposer qu'ils sont deux de même autorité musicale. Le biais n'a point déplu au Maëstro, dont l'amour-propre permet à présent ce que l'opposition à sa volonté le porterait toujours à défendre. (1840.)

❦

Les *exagérateurs* (je fais le mot) ont répandu que Talma avait donné un soufflet à Geoffroy. Cela n'est pas. — On jouait ce jour-là le *Philinte de Molière* et *la Revanche*. La loge de l'écrivain était au rez-de-chaussée, près de l'orchestre, donnant sur le parterre, à gauche de l'acteur. Talma se la fit ouvrir, et, sans s'apercevoir qu'une dame s'y trouvait, il serra convulsivement le poignet de Geoffroy. Le bruit qui en résulta fut assez grand pour que les acteurs cessassent un instant de parler; puis le spectacle reprit son cours sans autre incident. — Au prochain feuilleton, le Critique raconta son *poignet secoué*, et tira de ce petit scandale un parti très-favorable à la liberté de discussion en matière d'art et de littérature. — Un acte de violence plus réfléchi n'aurait été ni dans la pensée ni dans les habitudes de Talma, sensible aux reproches, mais bien élevé.

❦

Par principe, Provost du Théâtre-Français se targue d'une fierté louable, celle qui consiste à ne point rechercher les journalistes, à n'aller pas *chez eux* pour leur faire sa cour! C'est très-beau! Mais pourquoi le damné hasard fait-il qu'aux pièces nouvelles, tous ces messieurs se trouvant dans le Foyer public, le rigoriste Provost ait le chagrin de voir son *principe* violenté par ricochets d'un journaliste à l'autre, comme une balle d'écolier rebondissant sur toutes ces épaules privilégiées? — C'est du guignon. (1840.)

☙

Encore tout fumant de sa froide colère, Horace-Geffroy s'est encore mis, hier, comme un vrai Sigisbé, au service de mademoiselle Camille-Rachel, aussi pénétrés l'un que l'autre des beautés du grand Corneille. Après avoir tué sa sœur en Romain des premiers âges, devenu tout à coup galant chevalier de notre époque, il l'a ramenée en la tenant par la main tout aussi gaillardement que s'ils sortaient d'un bal!... Ne dites donc pas que vous êtes des *artistes!* Vous êtes *des Joueurs de comédies*. — (13 janvier 1841.)

☙

« Paris, 17 janvier 1841.

« MONSIEUR LE RÉDACTEUR,

» La position actuelle de madame *Lafarge* devrait, ce me semble, désarmer la malveillance qui l'a tant persécutée avant sa condamnation. Cependant, chaque jour, les bruits les plus mensongers sont semés contre elle dans le public. Hier, par exemple, *le Courrier des Théâtres* a, de très-bonne foi sans doute, accueilli une nouvelle de ce genre. Permettez-moi donc, monsieur, de vous affirmer qu'il n'y a pas un mot de vrai soit dans *la maladie dangereuse* de Clémentine Servat, soit dans les aveux qu'elle aurait faits; et que par conséquent, *il ne résulte rien d'effrayant* de ces révélations imaginaires. Il n'est pas même vrai que *Clémentine Servat ait été séparée de la prisonnière depuis la condamnation.* La santé de madame Lafarge est dans un état tellement déplorable, que cette jeune fille a obtenu jusqu'à ce jour la permission de lui continuer ses soins affectueux. C'est une tolérance que l'humanité commande, et personne, je pense, n'aurait le droit de la blâmer.

» Veuillez bien agréer, monsieur, toutes mes civilités.

» PAILLET, avocat. »

(Autographe.)

« MON CHER ARISTARQUE,

» Je voulais aller vous voir aujourd'hui, mais la journée s'est passée sans que j'en aie trouvé le temps. Je recommande à toute votre bienveillance le *Guitarero*. J'irai, j'espère, vous voir demain. Ayez pour le *Guitarero* la bonne amitié que vous avez déjà montrée pour lui avant sa naissance. Tout à vous. HALÉVY.

» 21..... »

(Autographe.)

« MONSIEUR,

» Vous avez dit hier, dans votre *Courrier*, que ma candidature à l'Académie serait peut-être pour vous une occasion de parler de moi comme écrivain. Permettez-moi de vous envoyer mon dernier ouvrage, le *Souvenir historique du palais de Fontainebleau*. Vous y rencontrerez diverses circonstances qui rentrent dans le cadre même de votre journal, comme la représentation du *Ballet des Saisons*, sous Louis XIV, et du *Devin du Village*, sous Louis XV... Votre goût et votre impartialité feront le reste. Agréez, etc. WATOUT.

» 15 février 1841. »

(Autographe.)

❧

Pour que cela ne m'empêche pas de dormir, je constate, au bénéfice de mon Coffre, que ce soir, dans le rôle de Camille, mademoiselle Rachel a dit : « *Enfin notre bonheur est-il bien* ASSURÉ ? » Ce qui a fait hurler le second vers, inquiet de savoir si Curiace a été vu « *comme gendre ou bien comme* ENNEMI. » — Ce n'est pas en mettant de si beaux vers en prose que le succès de l'actrice sera *bien* AFFERMI. (17 février 1841.)

❧

Le Commissaire royal du Théâtre-Français, M. Taylor, vient de partir pour Londres. Un de ses amis s'alarme de cette absence, au moment où l'on va disposer de la place que rend vacante le décès de M. de Forbin, Directeur général des Musées royaux. — Cette amitié-là n'est pas forte sur la stratégie en matière de siége ; elle ignore que, dans certains cas, le succès est d'autant plus assuré que le rayon de circonvallation est plus étendu. — (2 mars 1841.)

❧

Une jeune fille, de parents recommandables et amis de la mère de Laporte, l'Arlequin du Vaudeville, allait souvent travailler, de son état de lingère, chez cette dame. Elle y voyait le fils, qui se faisait un plaisir de donner à toutes deux des places de son théâtre. Une passion muette et profonde s'ensuivit. Après une lutte inutile, la pauvre Annette D....., laissant croire au dépérissement accidentel de sa santé, succomba, à l'âge de 22 ans, comme une fleur qu'un rayon de soleil aurait sauvée ! — Ce fait, qui remonte très-loin, n'est aujourd'hui connu de personne, et j'ai lieu de croire que Laporte lui-même, qui vient de mourir, l'a toujours ignoré. (1841.)

Une dame s'est montrée ce soir, en loge découverte (Premières entre les colonnes à gauche), à l'Opéra, avec de la poudre dans ses cheveux. Soit fantaisie, soit crainte de trop brusquer l'innovation, c'était en si petite quantité que ses jolis cheveux blonds paraissaient gris. — Il y a eu un quart d'émeute au Parterre pour regarder cette charmante moitié de l'Ambassadeur du roi notre plus proche voisin. — Sous l'Empire, on n'usait que de la poudre noire. Avec la paix dont nous jouissons, la blanche sera un véritable symbole. (5 mars 1841.)

« MON CHER MAURICE,

» C'est ce soir au Vaudeville la représentation de notre pièce. Soyez assez gracieux pour être du camp des amis, Mallefille et moi nous vous en prions. Je vous recommande mes acteurs encore plus que moi. Je sais combien un mot de vous affermit leur talent et leur courage. J'espère vous remercier bientôt et vous serrer la main fraternellement. Tout à vous *adesso è semprè*.

» ROGER DE BEAUVOIR.

» Ce 6 mars 1841. »

(Autographe.)

« *Vous vendez l'aspect de votre personne. J'ai le droit* » *de dire : tel acteur est mal fait, telle actrice n'est pas* » *jolie.* » On me le conteste. J'ouvre un feuilleton de

Geoffroy, et je lis : « L'extérieur des artistes drama-
» tiques est une *partie considérable* de l'art; *la figure,*
» *la taille, l'âge et la voix* ne sont point des qualités
» indifférentes. Leurs *défauts naturels* sont soumis à la
» critique, puisqu'ils contractent l'obligation de plaire,
» et *font acheter la vue de leurs personnes.* On crie à
» l'injustice, à la méchanceté, à la barbarie même,
» lorsqu'on prend la liberté de faire observer que *le*
» *physique* d'un acteur ou d'une actrice n'est point
» d'accord avec son rôle. *Ce n'est pas sa faute,* dit-on;
» mais c'est toujours sa faute de se charger d'un
» personnage qui ne lui convient pas, et de n'avoir
» pas les qualités essentielles à sa profession. Ce n'est
» pas aussi la faute d'un auteur d'être ennuyeux et
» froid, et de faire de mauvais vers : il ne dépend pas
» de lui d'en faire de meilleurs, mais il dépend de lui
» de ne pas écrire quand il n'en a pas le talent. » —
Cette définition parfaite rend, ce me semble, mon ar-
gument péremptoire. D'ailleurs jamais le journaliste
bien informé des devoirs de sa profession n'a d'intérêt
à se prendre aux *personnes,* puisqu'il en résulterait un
blâme général. Il sait que toujours il doit avoir affaire
avec l'individualité *théâtrale,* pour la contraindre à
remplir les obligations que la scène lui impose, et rien
de plus. Il n'y a que la mauvaise foi qui puisse feindre
de s'y méprendre et chercher à faire dégénérer la justice en passion, le devoir en acte inhumain, l'indulgence en vénalité. (1841.)

Tout à l'heure, en un coin de l'orchestre, j'ai pris
la *Note* que voici sur l'habillement de Duprez-de-l'Air

dans le rôle de Robert le Diable : « Cotte de mailles rose lamée en jaune; courroies d'éperons bleu de ciel; tunique blanche brodaillée d'or; brassards et cuissards roses; un capuchonnet; tunique *ouverte par devant;* sabre coquet; gants de Paris fatigués du service; cheveux oubliés par le démêloir, et barbe de marchand de lorgnettes. » — Maintenant, à vous, dessinateurs pour la postérité ! (8 mars 1841.)

Voltaire écrivait, le 2 avril 1755, que Lekain ne retirait *pas plus de deux mille livres* par an de la Comédie française. Ainsi, dans la supposition que le sort de ce théâtre ne se fût pas amélioré, mademoiselle Rachel (toujours en débats d'argent avec lui) refuse à présent, *pour douze mois,* ce que le plus grand tragédien de toutes les époques aurait mis *cinquante ans à acquérir.* — Que de réflexions ! — (15 mars 1841.)

Loi fondamentale, universelle et indestructible.

ARTICLE UNIQUE.

RIEN NE VIVRA QUE LA VÉRITÉ.

Signé : Dieu.

Et plus bas :

La Création. (1841.)

De par un *Prospectus* tombant de son donjon, M. d'Arlincourt s'engage aujourd'hui à nous donner « *les plus*

AUTOGRAPHE DE MÉLINGUE.

Comment vous êtes venu !... je m'étais pourtant bien gardé de vous prévenir quel tour de force s'est passé.... quel poids de moins...

J'espère qu'après les deux prochaines représentations que je regarde comme devoir être des répétitions... j'jouerai le rôle avec aplomb et sans balancier ne me jugez pas avant ça.

Votre reconnaissant
Serviteur
Mélingue

» SINGULIÈRES *explications des* MYSTÈRES DE LA DESTINÉE
» HUMAINE. » — Je crois en effet que, sous son inversive plume, en ce genre, le fait fort *singulier* sera.
(18 mars 1841.)

« MON CHER MONSIEUR MAURICE,

» Nous avons joué pour la première fois au grand théâtre de Rouen, samedi 20, avec un grand succès. Redemandés après *Lazare*, nous sommes reparus au milieu des bravos. — Nous venons de signer pour Bordeaux ; c'est là que *maître Mélingue* reçut le jour. Vous voyez que j'use de la permission que vous m'avez donnée de vous tenir au courant de ce que nous faisons. A vous d'amitié.   MÉLINGUE.

› Rouen, **22 mars 1841.** ›

(Autographe.)

Si je ne venais de le voir, je ne croirais pas que, pour représenter le prince Alphonse, dans la *Muette de Portici,* Alexis Dupont osât se montrer coiffé à la Titus, avec *la raie de chair* et *le coup de vent,* comme pour imiter un garçon limonadier. — Je le dirai.
(24 mars 1841.)

Passe, si c'est simplement de la reconnaissance qui accueille les restes de la voix de Ponchard, si empressés de se produire jusque dans les plus obscurs concerts. Mais cela ne dispense personne des remarques dont l'art doit faire son profit. Faute de pouvoir louer *l'instrument* absent, on est dans l'usage d'exalter *la méthode.* Mais il me semble que cette qualité n'est que secondaire, tandis que l'autre est d'une nécessité des plus absolues. Le dogme du lièvre indispensable pour faire un civet est, dans ce cas, d'une application rigoureuse : pour être chanteur, il faut d'abord *une voix*. Si cela manque, qu'est-ce que le surplus? Sans doute une bonne *méthode* est chose exquise; on ne la trouve pas toujours, même chez des artistes bien doués; mais si elle n'a rien à diriger, si elle s'exerce sur une supposition, que devient-elle elle même, et que signifient les louanges qu'on lui adresse? Pour finir par une comparaison qui me semble exacte, j'admettrai quelqu'un sachant parfaitement les règles de la versification, et hors d'état de composer un vers. Dira-t-on qu'il est *poëte?* (1841.)

❦

Le Directeur des Beaux-Arts se refusait depuis quinze jours à la visite d'un auteur de mélodrames, qui voulait lui demander la Direction de l'Ambigu-Comique. Celui-ci vint chez moi, avec sa femme, m'engager à m'intéresser à eux, supposant que je pourrais demander un service au susdit fonctionnaire. Quoique je n'eusse pas une grande opinion des moyens administratifs du solliciteur, je consentis à l'accompagner au Ministère. — Nous arrivons. J'entre seul chez Cavé et lui apprends l'objet de ma venue. Il se récrie, témoigne des mêmes idées que les miennes sur la difficulté de voir un théâtre prospérer entre les mains d'un Directeur sans précédents de ce genre et à l'âge d'un homme d'un caractère aussi indéterminé. Je combats. J'insiste. J'obtiens. On fait entrer le couple; il remercie, et nous sortons. La roue de notre voiture n'avait pas fait trente tours, que le monsieur, humant une prise de tabac, me dit en propres termes : « Je savais bien que Cavé n'avait *rien à me refuser.* » Et je ne l'ai jamais revu. (Mars 1841.)

❦

Le ménage de Berton, le célèbre compositeur, a été le modèle de ces tribulations qui assiègent souvent les hommes de génie. Pendant que ce grand artiste travaillait à la belle partition de *Montano et Stéphanie,* et que sa femme, obligée de le laisser seul, allait vaquer au colportage de quelques objets d'habillement, lui, assis près de sa cheminée, se partageait entre cet ouvrage et *l'écume du pot,* uniquement confiée à ses soins. — Il a gardé quinze jours durant, dans sa mémoire, l'ouverture de cette pièce, faute d'argent pour acheter du papier de musique. — « *Écrivez cela quelque jour,* me » disait-il hier, *les jeunes gens y trouveront de quoi se* » *fortifier contre certains découragements.* » — J'acquitte le mandat. (1ᵉʳ mai 1841.)

❦

« Mon maître,

» Merci mille fois. — Je ne sais pas pourquoi la presse s'est avisée de raconter mes honneurs. Mais puisque cela éclate comme un coup de canon, je suis bien sensible à cette preuve d'amitié qui ne m'étonne pas, venant de vous. — Vous savez que je vous appartiens de tout cœur.

» J'irais bien vous voir, mais nous autres rameurs, nous sommes attelés tout le jour.   J. JANIN.

» 16 mai 1841. »

(Autographe.)

Dans une effroyable diatribe que vient de répandre le citoyen Félix Pyat contre Jules Janin, et pour laquelle il aura sans doute un procès de haute signification, cet écrivain de la moderne École me lâche une ruade qui ne s'accorde guère avec ce que m'a dit il n'y a pas longtemps cette carte de visite :

« M. Félix Pyat est venu pour avoir L'HONNEUR de » SALUER M. Charles Maurice et pour le REMERCIER des » *bienveillantes* annonces que *le Courrier des Théâtres* » a faites des *Deux Serruriers*. » (23 mai 1841.)

(Autographe.)

Où diable ma *bienveillance* avait-elle été se nicher?

Lafon m'a dit aujourd'hui qu'un jour, étant allé rendre visite à madame de Genlis, il la trouva portant un tablier blanc et mettant avec précaution des carottes dans le pot-au-feu, qui bouillait doucement au coin de la cheminée de sa chambre. — Cela étonna si fort le tragédien, qu'en me le racontant il se demandait encore si les petits soins du ménage pouvaient s'allier aux préoccupations qu'exigent certains talents. Et, comme il sait un peu de latin, je lui ai répondu : *Cur non?* (23 mai 1841.)

« Paris, ce 23 mai 1841.

» MON CHER MONSIEUR CHARLES MAURICE,

» Seriez-vous assez bon pour annoncer dans votre journal que mon A B C musical vient d'être adopté à l'instruction publique, pour les écoles primaires supérieures et les écoles normales primaires, et qu'il en sera déposé un exemplaire dans toutes les bibliothèques?

» Vous obligerez beaucoup votre dévoué serviteur

» A. Panseron. »

(Autographe.)

Vers 1817, Valmore jouant Jupiter dans *Amphitryon*, tomba des nuages qui paraissent au dénoûment, et n'eut d'autre mal que la peur. — Hier, dans la même pièce, Marius a couru le même danger; mais le char ayant repris son aplomb, le *Deus ex machina* a regagné tranquillement son Olympe. — Mademoiselle Aubry n'eut pas autant de bonheur lorsqu'elle tomba d'une *gloire* à l'Opéra, en présence de l'Impératrice Joséphine; elle se cassa un bras. La Princesse, qui en avait été fort émue, lui fit une pension. — Même quand on n'est pas *Sociétaire*, il y a plus de plaisir à gagner la sienne en faisant son temps. (12 juin 1841.)

✿

« ..... *Contrariis contraria curantur*, a dit Hippocrate; c'est toujours cette hygiène qui doit être votre guide. *Ex animo totus.*   Le Docteur Guillié.

» 18 juin 1841. »

(Autographe.)

✿

Au grand dégoût des spectateurs, les théâtres font servir dans les pièces où il y a des repas de véritables comestibles, et surtout du *vrai* vin, dont l'odeur est très-fâcheuse pour les gens qui sortent de table. Le champagne jouit en ce cas d'une grande préférence, parce qu'il indique mieux qu'un autre l'idée de l'orgie qu'on essaye vainement de ressusciter. On va même jusqu'à l'anachronisme ; tant on est enivré de cette invention, car le champagne, soi-disant récolté sous Louis XV, se présente avec la coiffe d'étain qui est d'imagination moderne. — Par extension du privilége, Lepeintre jeune a si bien pris la nature sur le fait, qu'il a consommé, dans *Une Nuit au Sérail,* pour 500 francs de tasses de chocolat, dont le tribunal vient de mettre la dépense à la charge du Directeur Trubert. — Encore le chocolat n'a-t-il pas le désagrément d'affecter les nerfs olfactifs des spectateurs. (Juin 1841.)

❦

« Attendez, mon maître, que le nuage qui pèse sur nous ait jeté toute son eau. Quel déluge! Et qu'on est heureux quand on voit toute cette poussière mouillée de beaux arbres, de carreaux de vitres, de fleurs et de maçonnerie, de n'avoir qu'un tout petit jardin sur sa fenêtre, au cinquième étage! — J'irai visiter le vôtre comme il faut le voir, par un beau soleil ; c'est bon pour les envieux de choisir un jour de pluie, moi j'aime mes amis et le bonheur de mes amis. Tout à vous de cœur. J. JANIN.

› 23 janvier 1831. ›

(Autographe.)

❦

« MON CHER MAURICE,

» Maudit soit l'homme affreux qui vous arrache à moi pour aujourd'hui! Je voudrais le poignarder. Deuxième défection entraînée par la vôtre, Trubert ne peut venir! Cependant je lui écris que si vous ne venez pas ce soir après votre dîner, ne fût-ce que pour prendre le café chez moi, je ne m'en consolerai pas. On entendra un coup de pistolet rue de la Paix, 12, et tout sera dit.

» ROGER DE BEAUVOIR.

» 1ᵉʳ août 1841. »

(Autographe.)

❦

« Êtes-vous libre demain, mon cher monsieur, et voulez-vous profiter du retour de quelques beaux jours pour accepter un dîner sans façon à Courbevoie ? Si cela vous va, présentez-vous demain vers cinq heures, rue de Paris, n° 8, et vous y trouverez deux personnes qui seront enchantées de vous recevoir. Mes compliments.

» LÉON PILLET.

» 1ᵉʳ septembre 1841. »

(Autographe.)

❦

Le charmant acteur Gontier est mort, il y a deux jours, à Fontainebleau, à l'âge de cinquante-six ans. Il s'était retiré d'abord à Orléans, dans un *domaine* de soixante perches de long sur vingt-cinq de large ; c'est lui qui m'en avait dit la contenance. Juste l'espace que peut occuper tout un sage. — Le vide que Gontier a laissé s'élargira encore. (17 septembre 1841.)

❦

Mon Correspondant de Londres m'envoie une chose à conserver. C'est le costume du ténor Mario dans *I Puritani*. — Manteau d'un rouge remarquable, veste de satin jaune, boutons d'or et pantalon de velours acajou-clair. Jamais reproduction du perroquet ne fut plus exacte, même chez Oudry, le célèbre peintre d'animaux sous Louis XIV. (Septembre 1841.)

❦

Le Ténorino que l'Opéra a découvert dans la boutique d'un Tonnelier a débuté, hier, par Arnold de *Guillaume Tell.* — Après la représentation, Habeneck, à qui Léon Pillet demandait son avis, lui a répondu, en faisant allusion aux faibles moyens de ce chanteur : « *C'est une voix venue par la bonde, et qui s'en ira par* » *le fausset.* » (5 octobre 1841.)

❦

« ..... Ne soyez pas autre que vous l'avez été jusqu'à présent pour moi. Faites pour votre part que mon entrée dans le monde directorial ne soit pas plus malheureuse que les circonstances si difficiles où j'arrive la font déjà. Votre anciennement dévoué.

» D'ÉPAGNY.

› 24 octobre 1841. ›

(Autographe.)

❦

L'inventeur des *Cadet-Roussel*, Aude, qui avait été un homme de beaucoup d'esprit, a fini par imiter Baculard. — « *Prête-moi quarante sous* » était la tranquille sommation qu'avant même de dire bonjour il vous glissait dans l'oreille. Et tout de suite, sans attendre les quelques mots qui devaient accompagner le plaisir d'y satisfaire, il entrait au cabaret le plus prochain, comme s'il eût voulu vous persuader que vous veniez de guérir un hydrophobe. (Mort à l'*asile de la Providence* en octobre 1841.)

AUTOGRAPHE DE M. MEYERBEER.

Monsieur !

Mon départ de Paris a été précipité que je n'ai pas eu le temps de vous faire mes adieux & en même temps de renouveller mon abonnement à votre feuille qui expire je crois ces jours ci. Veuillez en envoyer d'orenavant le Journal à Francfort sur le Mein poste restante, ou je suis obligé de séjourner quelque temps à cause de la maladie de ma femme. Agréez monsieur les expressions de mes sentiments les plus distingués   Meyerbeer.

Carlsruhe ce 4 Novembre 1832.

Reçu le 8 9bre 1832.

La fatigue de la voix de Duprez ajoute à l'habitude contractée par ce chanteur de *ralentir* le mouvement de tous ses morceaux. Cela désole Habeneck, dont l'orchestre est si exact. — Ce soir, pendant *les Huguenots*, il est allé dire à Duprez : « *Mais préviens-moi donc,* » *quand tu veux te pavaner ainsi! J'ai là quatre-vingts* » *musiciens que tu désorientes abominablement; sans* » *compter que, si ça dure, ils s'endormiront.* » (8 novembre 1841.)

« Mon cher Maurice,

» Je garde soigneusement dans un petit portefeuille *ad hoc* mes titres de noblesse, c'est-à-dire les lettres de mon illustre maître *Sacchini*, celles de notre immortel Grétry et mon brevet de la Légion d'honneur. Celui dont votre obligeante amitié a bien voulu me gratifier dans la feuille du 20 de ce mois m'est au moins aussi précieux, et je veux le mettre en compagnie de mes autres brevets; mais ce qui ajouterait encore à la valeur de ce titre serait de le posséder écrit de la main de son bon et spirituel auteur. — Merci ! Bien obligé ! ! ! — Tout à vous.

» H. Berton.

» 21 janvier 1842. »

(Autographe.)

» Harel ira vous voir demain matin à onze heures, et faire une bonne longue causerie avec vous. Ses affaires personnelles avec le Théâtre-Français étant en voie de négociation, il vous prie de n'en pas parler du tout.

» Mille bonnes amitiés.   GEORGE.

» 2 février 1842. »

(Autographe.)

※

« C'est parfait, excellent ! Mille et mille remercîments de votre obligeance. Mes meilleures amitiés à madame Maurice. — Entièrement à vous.

» GEORGE.

» 11 février 1842. »

(Autographe.)

※

« Combien nous sommes chagrins, mon bon Maurice, du malheur qui vient de vous accabler ! Cher ami, du courage et le temps, voilà les seules consolations que l'on puisse vous donner. L'amitié et l'intérêt que toutes les personnes qui vous connaissent doivent vous témoigner sont un grand adoucissement à votre douleur.....   » GONTIER.

(Autographe arriéré.)

« MON BON MONSIEUR CHARLES,

» Le premier vous avez donné le signal pour annoncer ma représentation, et cela m'a porté bonheur. Je vais vivre en tout petit rentier, et je conserverai toujours le souvenir agréable de votre obligeance envers un vieux comédien qui regrette de n'avoir pas plus tôt cultivé votre connaissance. Salut et santé. Votre, etc.   CAZOT.

» 9 avril 1842. »

(Autographe.)

MA VIE. — CHAPITRE XXXVI.

1823. — LE COURRIER DES THÉATRES.

Ne plus *aller au bureau* est si douce chose pour l'homme rendu à l'activité de l'existence, qu'en une heure j'en festoyai l'événement par une pochade destinée à la récréation des marmots : *les Grands Fantoccinis, ou les Enfants du Carnaval,* représentés le 6 février. — Le théâtre de la Porte-Saint-Martin la joua six fois, longue carrière pour semblable embryon. Mais c'en fut assez pour que de savants confrères cherchassent, dans une parade, *la protase, l'épitase* et *la racine grecque* du poëme dramatique. — Comme madame Gigogne aurait été fort embarrassée de répondre, je me chargeai de ce soin, et j'ai l'orgueil de croire que les lecteurs du journal n'eurent pas à s'en plaindre.

Regnard a laissé non terminée une petite comédie en vers intitulée *le Bailly d'Asnières*. Pensant qu'un esprit de cette trempe ne touche à rien sans qu'on y aperçoive un peu de son empreinte, j'ai osé la finir. C'était rappeler l'image du Rhône unissant à Lyon ses eaux à celles de la Saône, et cheminant sans se mêler, tant le fleuve a de vigueur et la rivière d'impuissance.

On ne pouvait offrir cet ouvrage au Public d'un théâtre qu'à titre de *fragment*. Pour cela, je le fis présenter à la Comédie française, qui ne se soucia pas de rendre cet hommage au second de nos auteurs Comiques. Alors je le donnai à la Porte-Saint-Martin, qui le joua le 15 mars suivant avec succès, en instruisant ses spectateurs par un *Prologue* en vers. Potier y remplit le rôle du Bailly en artiste que n'effrayaient pas les plus grandes difficultés de l'ancien répertoire.

Cette pièce est la dernière œuvre dramatique à laquelle j'aie mis la main. D'où il suit que (sans la compter) j'ai composé dix-huit comédies, dont une seule, *le Parleur éternel,* me promet, de temps à autre, et vu la difficulté vaincue, une pensée de l'avenir.

Plus de cinq années s'étaient passées depuis la fondation de mon journal, dont le titre ne me satisfaisait pas encore complétement, lorsque l'occasion se présenta d'y changer un mot, celui de *théâtres*, à la place de *spectacles,* d'une spécialité moins claire. Ce fut alors

Le Courrier des Théatres,

ainsi baptisé le 12 avril, et qui, sous cette appellation, a causé à lui seul plus de rumeurs, bonnes et mauvaises, dans la République théâtrale, que toutes les feuilles de ce genre, anciennes et modernes, réunies. S'il fallait en déduire les motifs, un volume entier ne suffirait pas. — Dans un temps où il est si difficile d'écrire sur certaines matières, mieux vaut laisser derrière soi plusieurs choses que d'entraîner ses lecteurs dans des souvenirs d'une rétroactivité brûlante.

CHAPITRE XXXVII.

1830. — Journées de Juillet.

Me voici arrivé au moment le plus sérieux de ma vie, et qui en est devenu le plus critique par des circonstances aussi imprévues qu'extraordinaires pour un homme de ma classe. — Ce moment a été le point de départ de tribulations auxquelles, sans lui, je n'aurais jamais pu me trouver exposé. — Jusque-là j'ai été un écrivain ; je vais devenir, tout à coup et passagèrement, soldat, quelque chose même comme un homme politique, ou approchant. — Toutefois j'écarterai, en attendant plus de détails, ce qui est généralement connu, pour me renfermer dans le cercle de ma propre histoire.

Journaliste dans toute la capacité de mon épiderme, ayant renoncé sans retour aux pièces de théâtre afin de me livrer exclusivement à des travaux pour lesquels la vie consciencieuse est trop courte, je décrivais régulièrement ma parabole sous le feu des difficultés prévues.

Soudain un bruit courut, se répandit, et vint me parler d'*Ordonnances*, de Liberté de la Presse confisquée, d'impossibilité de publier une feuille sans permission spéciale. Ce fut le regrettable Lesourd qui m'apprit ces nouvelles, dont il était fort alarmé.

Il fallait s'adresser au Ministre de l'Intérieur, M. le Comte de Peyronnet, pour obtenir ce Privilége subitement ressuscité. Je me rendis près de lui. Il m'accueillit avec une grande affabilité, et dans un costume d'où j'augurai qu'il sortait du Conseil : culotte et bas de soie blancs, boucles en or, etc., tenue de signification politique. — Il me donna de sa main mon autorisation.

Mais il était trop tard pour en user le jour même (c'était le 27 juillet). J'en informai mes souscripteurs par une note-circulaire. En quelques instants je bourrai de choses insignifiantes mon Numéro du lendemain, pour aller me mettre sans retard au service des événements, qui déjà grondaient d'une voix formidable.

Je fus LE PREMIER, *dans tout Paris,* qui se montra publiquement revêtu de l'uniforme de Garde-national.

Ce que j'ai eu le bonheur d'accomplir pendant cette lutte de mémoire historique, je n'ai point à le reproduire ici; les occasions s'en présenteront plus tard, avec tout le cortége de leurs éclatants témoignages.

Cinq jours se passèrent sans que *le Courrier des Théâtres* eût repris sa quotidienne circulation. — Le 2 août il était de retour à son poste, trouvant de bon goût de ne parler ni positivement ni d'une façon détournée de l'excursion militaire que venait d'effectuer son Directeur. C'était aux faits eux-mêmes à s'en expliquer.

J'eus la force de m'imposer cette abstention pendant deux années, afin de n'avoir aucun reproche à me faire, et de bien connaître à qui l'opinion publique adresserait les siens. — On verra que ce silence de ma part convenait, sans que je m'en doutasse, à deux espèces de gens : ceux qui voulaient *ne pas se souvenir de mes services,* et ceux qui les interprétaient de manière à pouvoir *essayer de les rendre contestables.* — Mais, quand je l'aurais su, je ne me serais pas mis davantage en garde contre ces manœuvres. La vérité aveuglait les auteurs, et je croyais devoir m'en rapporter à elle.

Le premier coup d'épingle que reçut ma tranquillité mérite quelques mots; il est inédit. — Deux jours après la commotion, j'étais en famille dans le jardin du Palais-Royal. Louis-Philippe se présenta sur la terrasse de la galerie d'Orléans, et fit chorus avec un groupe qui chantait *la Marseillaise.* Ce spectacle, cette voix ambitieuse, à plusieurs reprises, des honneurs du *solo,* me semblèrent, à moi qui venais de sauver la maison, et maintenant perdu dans la foule, quelque chose d'indéfinissable, une hallucination, le rêve d'un fou. Je me tâtai pour savoir si je n'avais point le malheur d'être Lieutenant général du royaume, le Baryton de ce concert. Je ne me sentais pourtant pas l'envie de chanter.

(*La suite au Chapitre prochain.*)

En cinq mois, cinq hommes de positions différentes, mais tenant au théâtre par quelque lien, viennent de disparaître : Alexandre Duval, âgé de 76 ans; Chérubini, à 82 ans; Bouilly, à 80 ans; Elleviou, à 71 ans, et Boursault, que j'y associe, à cause de sa tragédie inédite intitulée *Douglas,* et qui a été en outre acteur-directeur de spectacles. Il se disait âgé de 87 ou 88 ans. — Ce sont près de quatre siècles humains qui passent! — Saluons et rangeons-nous! (Mai 1842.)

« Demain mercredi, entre une heure et deux, je serai chez Monsieur Charles Maurice : s'il ne peut s'y trouver, je l'attendrai chez moi après-demain jeudi à pareille heure.   LÉON COGNIET.

» 6 septembre 1842. »

(Autographe.)

Il s'est passé quelque chose d'étrange aujourd'hui chez moi. — Un Directeur de spectacle et son gendre m'ayant pris pour *Arbitre* entre eux et une autre partie intéressée, j'ai refusé la production d'un acte sans date, qui m'a paru récemment écrit pour le besoin de la cause. Alors ces messieurs se sont rendus dans mon antichambre, où le frottement de ce papier sur le carreau allait lui donner l'apparence rétrospective qu'ils désiraient, lorsque je leur ai signifié ma démission, en les invitant à vider la place, ce qu'ils ont fait sans mot dire. On étonnerait bien l'estime publique, si on lui additionnait tous les cas où elle se trompe ! (26 octobre 1842.)

☞

Un de nos Puissants est mort il y a trois jours. J'ai rencontré tout à l'heure son convoi, dont la ténébreuse magnificence m'a fait demander ce qu'il en coûtait aux héritiers du défunt. On m'a répondu qu'il y avait là pour 20,000 francs de vanité posthume. Cela m'a paru bien cher, surtout en me rappelant qu'à l'enterrement de Corneille, mort le même jour qu'un Vinaigrier de son quartier, dont la famille avait dépensé 150 livres tournois pour la triste cérémonie, celle du grand poëte n'avait pu mettre à la sienne que *Cinquante et quelques sols parisis*. — Il est vrai que le nom est resté, tandis qu'en écrivant tout de suite cette note j'ai déjà oublié celui du monsieur dont les restes n'ont peut-être pas encore atteint le cimetière du Père-Lachaise. — Semblable différence doit bien compter aussi pour quelques petits sous parisis. (29 octobre 1842.)

☞

Un homme de bonne réputation militaire, et de toutes parts aimé pour son obligeance, le Général Claparède, vient de mourir. — Parmi tous les sujets qu'on a de le regretter, il en est un des plus sérieux, et que je me ferai quelque jour un devoir de publier. — Le Maréchal Maison, on le sait, avait été notre Ambassadeur près de la Cour de Vienne. — Il s'y trouvait en cette qualité lorsque Napoléon II mourut. Son initiation aux événements, aux causes, aux péripéties de cette catastrophe, lui en avait appris là-dessus beaucoup plus qu'il n'en disait aux personnes en position de le questionner. J'ai été de ce nombre ; mais on pense bien qu'avec la mesure que j'ai dû garder, je n'ai rien obtenu de satisfaisant, quoique les circonstances auraient peut-être un peu favorisé mon indiscrétion. — Cette période de sa vie, dont on comprend que le Maréchal ait été profondément frappé, le préoccupait souvent ; mais habitué à toute la réserve diplomatique, il ne s'en est jamais ouvert entièrement, même avec ses meilleurs amis. — Ce brave, sur le point de rendre son âme à Dieu, a voulu se tenir debout, « *comme il convient,* » disait-il, *à un soldat de mourir.* » — Auparavant, le 12 février 1840, il a fait appeler le Général Claparède, et s'est entretenu longtemps avec lui. — En sortant de cette pénible entrevue, ce dernier est venu chez moi. Il était touché du calme héroïque qu'avait montré le Maréchal, et surtout singulièrement imprégné des confidences qu'il venait de recevoir. « *Il m'a dit des* » *choses !...* » s'écriait-il en levant les yeux au ciel.... » *Mais j'ai juré de les taire. C'est au petit nombre de* » *grands personnages qui les connaissent à s'en servir* » *comme ils l'entendront.* » — Et lui-même, ce bon Général Claparède, a payé sa dette à la nature, comme il avait payé l'autre à son pays. Mais l'histoire n'est-elle pas un peu sa créancière ? (Octobre 1842.)

❦

Une petite danseuse, qui a été presque grande Princesse, a pour mère une *Custos ad limina* (comme Virgile les appelle), et qui en cette qualité a des rapports de tous les instants avec les locataires. — Un certain jour il arriva qu'une de ces dernières ayant perdu un serin, que la Gardienne avait trouvé, le réclama avec tant de vivacité que celle-ci passa dans son arrière-loge et revint pour lui dire, en tirant la pauvre bête de dessous son aisselle : « *Eh ben! oui, le v'là, vot'zoizeau, je l'ai técrasé.* » La Principauté l'avait échappée belle ! (1842.)

❦

« ..... Ma politesse et ma reconnaissance se trouvent en défaut. J'irai bientôt m'en excuser auprès de vous, et je vous prie, en attendant, de recevoir l'expression de ma gratitude pour la bienveillante indulgence avec laquelle vous avez accueilli mon *Jeune homme*. Le père et l'enfant vous remercient ; et je vous prie, en outre, pour ma part, d'agréer, monsieur, l'assurance de mes sentiments les plus distingués.

» Camille Doucet.

» 2 novembre 1842. »

(Autographe.)

❦

« Mon cher confrère,

» J'ai vu avec bien du plaisir la résurrection du *Courrier* sous la figure du *Coureur des Spectacles*..... J'espère, grâce à nos anciennes relations, obtenir de votre bonne amitié l'échange des *Abus de Paris* avec *le Coureur*..... D'Épagny.

» 13 novembre 1842. »

(Autographe.)

« Mon bien cher maître,

» Vains efforts!.... Je répète demain. On retire *Lorenzino* du théâtre pour donner à mademoiselle Plessy une répétition complète et générale de *la Jeune Femme colère,* qu'elle jouera mardi ou jeudi. Plaignez-moi donc de ne pouvoir fêter votre Périgourdin, et surtout d'être privé de quelques bons moments que je comptais passer avec vous. Votre dévoué

» Régnier.

, 1842. ,

(Autographe.)

Il a été curieux d'assister ce soir à la dernière représentation de Monrose, qu'une affection mentale n'a pas tout à fait empêché de jouer le Figaro du *Barbier de Séville.* — Ce singulier résultat a été obtenu par les soins du docteur Blanche, qui n'a pas quitté les coulisses et s'est entretenu comme la situation l'exigeait avec ce Doyen des Sociétaires. — L'air *Je suis Lindor* a été chanté par Duprez, dont le dédain pour cette petite musique s'est manifesté par de prétendus ornements qui l'ont rendue presque méconnaissable. — Demandez donc aux grands hommes de se faire petits! Les petits ont déjà tant de peine..... (7 janvier 1843.)

« La Critique est inséparable des lettres. N'en fait-
» elle pas une partie essentielle?.... Elle a une vie qui
» lui est propre. Elle n'est pas seulement un travail,
» elle est un sentiment. » De Barante. (Janvier 1843.)

Le Théâtre-Français a représenté hier *les Burgraves,* qui, déjà, ne me paraissent pas devoir faire grand bien à la réputation de M. Victor Hugo, impuissant à vaincre dans sa lutte avec la forme dramatique. On y a retrouvé les éléments favoris de cet auteur, quand il écrit pour la scène : sortiléges, fiole qui tue, fiole qui ressuscite, caveaux, portes secrètes, masques, cercueils, etc., méchants outils dérobés à l'atelier du Boulevard primitif. — Épopée par la pensée, mélodrame par la forme, tragédie par foucades, épître par le style et curiosité par l'ensemble, *les Burgraves* ne sont, en définitive, qu'une *légende en action.* — Cela posé, il est permis d'en approuver plusieurs chapitres tout près d'intéresser, des personnages hardis, et, de temps à autre, des vers qui saisissent. — La conformation d'un pareil ouvrage ne lui promet pas une longue suite de représentations, et ce qu'il y a de plus inquiétant pour ses meilleures tirades, c'est que, n'étant au fond d'aucune école, n'intéressant pas même les gens qui ne vont point au théâtre pour juger, jamais, selon moi, circonstance ne se présentera qui en permette raisonnablement la reprise. — Coup nul. (8 mars 1843.)

Chez messieurs les Romantiques, les fautes de français se disputent l'honneur de braver toutes les règles; c'est ce qu'ils appellent des *innovations.* Dans *les Burgraves,* qui devaient nous apprendre tant de choses, M. Victor Hugo fait dire à Barberousse :

Les électeurs épars, creusant *chacun* LEUR plaie,
Chacun de LEUR côté, couronnant qui les paye.

(8 mars 1843.)

❧

« MON CHER MAURICE,

» Voulez-vous être bien bon comme vous l'êtes *toujours*, bien aimable comme vous l'êtes *souvent?*.... Venez dîner avec nous sans façons. Le pot-au-feu et le gigot. Voulez-vous? Oui !   MARIE DORVAL.

» 12 mars 1843. »
(Autographe.)

❧

A la représentation que le Vaudeville a donnée ce soir pour l'acteur Rosambeau, Samson, jouant Pasquin du *Jeu d'amour et du hasard*, a voulu faire la plaisanterie du chapeau ramassé par Dorante. Rey, chargé de ce personnage, a si vigoureusement appuyé sur la tradition du coup de pied quelque part, qu'en disant : « *Il ne m'a pas manqué!* » Samson a fait une figure dont la salle s'est bruyamment amusée. — Nouvelle preuve qu'au théâtre, aussi vraiment que dans le monde, il ne faut pas se voir de trop près. (13 mars 1843.)

❧

M. Alexandre Dumas a écrit aujourd'hui : « *Geai ou paon, je ne prends la plume de personne.* » Ce peu de mots prouve que le romancier n'est pas plus fort en ornithologie qu'en logique, car ces deux oiseaux sont très-dissemblables, et si M. Dumas s'assimile de lui-même au geai, il avoue donc qu'il lui arrive de *prendre la plume de quelqu'un*. Voilà où mène le goût du bel esprit. (6 avril 1843.)

La *Lucrèce* de M. Ponsard, jouée hier à l'Odéon, a fait trop de bruit avant sa représentation, pour ne pas causer quelque surprise après. Voici mon opinion sur elle. — Le goût de la simplesse antique respire avec un bonheur qui n'est ni sans vérité ni sans affectation dans le plan de la pièce, ainsi que dans les vers. — Ce projet épargnant à l'auteur la conception d'une fable bien serrée, d'une intrigue puissante, il lui devenait facile d'associer son inexpérience à l'exactitude historique, et d'être faible d'invention sans paraître mériter ce reproche. — Son tissu dramatique est donc léger et tel que les événements le fabriquaient à Rome 509 ans avant l'ère chrétienne. — Cependant le premier acte, tout de suite bien établi, met à leur place les personnages qui, comme l'action et le dénoûment, sont donnés par le sujet; il est même assez plein pour en attendre une suite heureuse. Elle vient, mais trop tard, au quatrième acte, où *le fait* qu'accomplira Sextus occupe plus l'imagination du Public que l'intérêt soulevé par la pièce. — Il y a donc deux actes vides; mais, de temps à autre, soutenus par de belles tirades et des vers d'une naïveté qui n'en exclut pas la splendeur. — A la fin, le mouvement populaire excité par Brutus, en présence du corps inanimé de Lucrèce, est un spectacle que rehaussent de nobles et patriotiques discours. — Le style, en général, a de grands mérites et de nombreux défauts : il est vrai, touchant et d'une simplicité qu'on appellerait presque solennelle; puis il a tour à tour de la recherche, de la mignardise, de la crudité et de l'abandon sans poésie. On y sent le tâtonnement d'un écolier, mais d'un écolier de haute espérance. — Reste la licence que M. Ponsard s'est permise en faisant d'une des deux filles de Servius Tullius la femme de Junius Brutus, quand il est avéré qu'elles épousèrent les Tarquins. Si la vérité historique n'était pas une des prétentions les plus légitimes, les mieux justifiées de son ouvrage, on excuserait volontiers M. Ponsard d'y avoir failli dans l'intérêt du drame, à condition toutefois que celui-ci y aurait beaucoup gagné. Mais cette violation de l'histoire ne sert en rien ni le fond ni les détails de la tragédie; elle amène seulement deux vers que Junius pourrait dire tout aussi bien et avec autant de raison, en apprenant la mort de Tullie qu'il rapproche de celle de Lucrèce : l'une expirant pour sa passion, l'autre pour son devoir. — Je persiste à croire que cette supposition d'hymen entre deux personnes étrangères aux liens qu'on leur prête est un tort, relativement à l'exactitude du reste de la pièce. (23 avril 1843.)

« CHER DIRECTEUR,

» Toujours aimable et obligeant, j'aurais mauvaise grâce à vous refuser. Je n'avais pas voulu vous aller voir, je craignais vraiment d'abuser; mais votre *Coureur* est un sorcier, il a compris que rien ne me serait plus agréable que sa visite au milieu de notre solitude, et je vous avertis que je le reçois à bras ouverts..... par la Ferté-Milon..... Les deux battants lui seront ouverts. Grâce à lui, loin du monde, je serai à Paris..... Mon père est bien sensible à votre bon souvenir.

» ARMAND DURANTIN.

» 23 avril 1843. »

(Autographe.)

A propos de la comédie d'Harel que le Théâtre-Français a jouée hier, je note, pour moi seul, que ce titre de *Grands et Petits* n'est pas nouveau. — Guillemain, le faible auteur de beaucoup de faibles pièces, en donna une, en prose aussi, à la salle des Tuileries, où était le *Théâtre de Monsieur,* dans le courant de l'année 1789 (époque de la clôture). — L'énoncé de cet ouvrage fut ce qu'on y trouva de plus piquant : « Co-
» médie double en un acte double, représentée sur un
» théâtre double. » — Niaiserie triple, et qui ferait beaucoup moins fortune aujourd'hui qu'autrefois. Quand l'esprit marche, la bêtise recule. (24 mai 1843.)

« MON CHER MONSIEUR CHARLES MAURICE,

» Je suis en toute occasion et partout l'apôtre ardent des admirables qualités que vous avez comme Critique et connaisseur, et pourtant je vous trouve toujours hostile à mes productions. Vous me répondrez que ce n'est pas votre faute si elles ne sont pas mieux accueillies du Public. Soit! Mais, sans renouveler les stupides récriminations d'amour-propre des auteurs, qui aiment mieux accuser de partialité ou d'absurdité neuf cents spectateurs que de convenir de leurs fautes, n'arrive-t-il pas, comme hier à la Gaîté pour *la Perle de Morlaix,* que deux ou trois sifflets malveillants ne doivent pas être regardés comme la souveraine expression d'un blâme général? Cependant il résulterait des deux mots qui concluent votre compte rendu que le sifflet a été la conclusion unanime de notre malheureuse pièce. Si vous êtes inflexible comme l'histoire, soyez du moins exact comme elle; ou si la vivacité du Journaliste n'exclut pas l'indulgence en faveur de quelques amis, laissez-moi croire que je suis un peu plus des vôtres. HOSTEIN.

» 27 mai 1843. »

(Autographe.)

❦

Je n'ai pas le temps de lire un paquet de lettres lithographiées que m'envoie Alexandre Dumas, dont l'intention est de ne pas se mesurer avec M. Jules Lecomte, qui l'a deux fois frappé au visage en pleine promenade de Florence. — J'ai autre chose à faire que de peser le courage des gens, et de chercher à connaître l'état de santé de ceux qui se portent bien. (31 mai 1843.)

❦

« MONSIEUR,

» Par une méprise du Secrétaire du Conservatoire, la réponse que vous attendiez a été retardée. Le Conservatoire autorise le prêt des livres que vous avez demandés, et ces livres sont de ce moment à votre disposition. Agréez, etc. NAUDET.

» *Bibliothèque Royale.* Le 21 juin 1843. »

(Autographe.)

❦

Du rapprochement très-remarquable par la lucidité du parallèle, unie à sa complète exactitude, que fait en ce moment *le Constitutionnel,* il résulte que la pensée, le plan, les caractères, et presque toute la marche de *Notre-Dame de Paris* sont *plus qu'empruntés* par M. Victor Hugo au *Moine* de Lewis (pseudonyme de M. Lamothe-Langon). Le doute n'est pas permis, car il est impossible de détruire, d'essayer même de combattre des arguments fortifiés de preuves aussi palpables. — Et, malheureusement, après ce vol il n'y a point eu assassinat. — (Septembre 1843.)

❦

Un fait qu'on ignore et qui n'est pas à l'avantage de tous ceux qui y ont pris part, c'est que, vers la fin de sa carrière, Boïeldieu, sans fortune, a sollicité une place de Conservateur à la Bibliothèque de la rue de Richelieu. Elle lui a été refusée. — Si la différence était grande entre les travaux qui l'avaient précédemment occupé et ceux que réclamaient ces nouvelles fonctions, ne l'est-elle pas à l'égard de Dupaty, qui obtient aujourd'hui, sans difficulté, cette place qu'il remplissait déjà à l'Arsenal? A science bibliographique pareille, un Compositeur vaut bien, ce me semble, un Vaudevilliste. Sans doute, ce qu'on a allégué pour l'un, on a raison de ne pas y persister pour l'autre, mieux vaut une seule sévérité que deux; mais, outre qu'il a été question d'hommes également honorables, on aurait peut-être pu voter à l'auteur de la partition de *la Dame blanche* ce qu'a reçu l'auteur de *la Leçon de botanique*. Un Géomètre dirait: « Il y a des degrés. » (6 septembre 1843.)

❦

La famille des Bertinazzi vient de s'éteindre dans la personne de la fille aînée de Carlin, morte à l'âge de quatre-vingt-deux ans. Cela nous empêchera-t-il d'avoir encore des Arlequins? (Octobre 1843.)

« Mon cher médiateur,

» Vous êtes cause que je me remettrai à travailler. Il faut donc que je sois au courant quotidien des *merveilles* du siècle.....

» Je redeviens l'abonné du *Courreur* (sic) *des Spectacles*..... Je ne puis vous dire combien j'étais privé de ne pas vous lire, vous qui seul à peu près aujourd'hui savez pourquoi et comment on réussit, vous qui seul êtes capable d'une critique fondée sur les principes de la nature et du sens commun (vrais principes de l'art dramatique). Je ne vous réitère pas tous mes remercîments..... Mon mal vient de la suite de mes tribulations, et *c'est vous qui avez avancé la main favorable qui les a terminées.* D'ÉPAGNY.

» 17 octobre 1843. »

(Autographe.)

« Mon cher Maurice,

» Voulez-vous me permettre de répondre à quelques-unes de vos assertions. Les critiques que vous faites ont trop de poids pour être prises à la légère par ceux qui en sont l'objet, et c'est le prix que j'attache à votre opinion qui me fait vous adresser mes observations. Je ne crois pas avoir fait un travail indifférent en rendant accessibles au Public de 1843 (à l'occasion du *Déserteur* de Monsigny) les beautés d'ouvrages qu'il n'aurait pas appréciées si on les lui avait offertes dans la langue que l'on chantait en 1769. Il fallait, pour les faire comprendre, les traduire dans le style auquel le Public s'est habitué. L'œuvre textuelle du maître n'est pas perdue pour le savant et le curieux : elle restera dans sa bibliothèque. Pour le *vulgum pecus*, elle se révèle avec les seules conditions possibles d'existence, des formes moins surannées que celles qui auraient déguisé à des oreilles inexpérimentées la pensée du créateur de l'œuvre. Un fait viendra à l'appui de ma remarque. Presque toutes les villes de province ont voulu, à l'instar de Paris, remonter *Richard* (Cœur de lion). Dans les principales, on n'a pas reculé devant la dépense, et l'on s'est procuré mon orchestration. Là, la pièce a grandement réussi. Dans pas une des villes où *Richard* a été donné avec le texte de Grétry, la pièce n'a pu se maintenir. Maintenant, mon cher Maurice, vous craignez (et cette crainte est tout aimable et toute bienveillante) que mes travaux d'*arrangements* ne nuisent à ceux du compositeur, et, comme vous le dites spirituellement, que « le grattoir ne » fasse tort à la plume. » Hélas ! les compositeurs n'ont que trop de temps à eux..... Vous savez les efforts que j'ai faits depuis sept ans pour arriver à l'Opéra, sans arriver à autre chose qu'à y donner des ballets, travail ingrat dont on ne recueille ni gloire ni profit..... Merci, au total, de vos critiques, ou plutôt de vos conseils, etc.

» Ad. Adam.

« 1er novembre 1843. »

(Autographe.)

Ce soir, au Vaudeville, la marquise de la Pailleterie a laissé tomber un bracelet, dont elle a recommandé la recherche à l'ouvreuse. M. le marquis n'a vu dans cet accident qu'une contre-partie de la pièce représentée la veille : *Petite misère de la vie* PRINCIÈRE. (18 novembre 1843.)

※

Comédie française. — « ..... Si vous pouviez insérer demain dans votre journal la petite note ci-jointe, vous m'obligeriez personnellement, car j'ai pour ainsi dire garanti à ces messieurs que vous nous rendriez ce bon office. Votre bien dévoué   DESNOYER.

› 4 décembre 1843. ›

(Autographe.)

※

Plus de trente-deux ans passés depuis la mort de Chénier, arrivée le 10 janvier 1811, le Théâtre-Français a donné aujourd'hui le *Tibère,* que cet écrivain n'a pas eu le bonheur de voir représenter. — Ne pouvant placer ici ce que m'a inspiré le succès de cet ouvrage, sur lequel je tâcherai de revenir, je me borne à rappeler la fameuse anecdote qu'on a toujours inexactement et mal à propos rapportée. — Disons d'abord que sous l'Empire, quand on annonça que *Tibère* allait paraître sur la scène, les journaux recoururent aux souvenirs historiques, selon la bonne habitude qu'ils en ont encore. Parmi eux, un feuilleton commit la grave erreur d'attribuer à la représentation de cette pièce, qui n'avait jamais été jouée, le scandale d'une scène révolutionnaire cependant bien connue. — Ces mots : «*Du sang et non des lois!* » auxquels, pendant la Terreur, le Parterre répondit par : «*Des lois et non du sang!* » furent proférés par une voix qui resta inconnue. — Le Député Albite les approuva avec énergie; seulement il en modifia le sens général en criant, du haut des secondes loges : «*Le sang des criminels!* » — Mais ce n'était pas *Tibère* que l'on donnait, ainsi que l'a écrit le susdit journaliste, c'était le *Timoléon* de Chénier. —Talma y remplissait le rôle de ce personnage principal, et Baptiste aîné était chargé de celui de Timophante, dont le couronnement fut un des prétextes à la persécution qui poursuivit l'auteur. On accusa celui-ci, qui voulait la République autrement que sanguinaire, *d'aimer les rois*, d'être un *contre-révolutionnaire*, et peu s'en fallut qu'à la suite de sa tragédie il ne fût mis en état d'arrestation. — Voilà, de vrai, ce qui s'est passé dans cette mémorable soirée. Chénier lui-même me l'a conté, un soir que, passant d'une conversation littéraire à quelques souvenirs politiques, nous quittâmes l'orchestre public du *Théâtre-Louvois*, pour aller nous en entretenir au foyer. (15 décembre 1843.)

❦

« Mon cher ami,

» Le triste événement n'a eu lieu que ce matin à huit heures. Notre bon Charles (Nodier) s'est éteint sans souffrance, ayant toute sa connaissance jusqu'au dernier moment, etc.   A. Soulié.

» 27 janvier 1844. »

(Autographe.)

❦

Les bizarreries d'auteurs en mal d'enfant sont choses connues. Il y faut ajouter celle de M. Spontini, le musicien de *la Vestale*, qui ne peut composer que placé dans une complète obscurité. Si pendant le jour il se sent en veine, il fait tout fermer chez lui, de manière que la plus petite clarté n'y pénètre pas, et, dès qu'il en est persuadé, le démon familier se présente.

Je conçois les mœurs faciles et tout ce que leur entraînement a de possible ; mais il me semble qu'il y faut admettre des différences quand il s'agit de se prononcer entre l'indulgence et le blâme. — Or, c'est tout autrement que procède aujourd'hui le monde des lettres et du théâtre. Aveugle, sourd et muet pour tout ce qu'il y a de condamnable dans l'excès de la mauvaise conduite, il se montre doué de toutes les perceptibilités pour découvrir et préconiser les prétendues *élégances,* le *confort,* le *savoir* de l'homme qui *entend la vie.* Alors les individus, les caractères changent de noms au gré des inventeurs, et, comme chez Molière,

> Le Nègre est aux jasmins en blancheur comparable ;
> Le sot à faire peur un esprit adorable ;
> L'envieux a du goût et de l'habileté ;
> Le plagiaire est grand dans sa fécondité ;
> L'âme du vil escroc, de peu d'attraits chargée,
> Est mise sous le nom de beauté négligée ;
> Le spadassin poltron est un géant aux yeux ;
> Le corrupteur travaille à mériter les cieux ;
> L'impudent a le cœur digne d'une couronne ;
> Le traître est amusant, sa plume est toute bonne ;
> L'insouciant prodigue est d'agréable humeur,
> Et le cynique garde une honnête pudeur.
> C'est ainsi que l'*École* érige en vertu même
> Les odieux défauts des personnes qu'elle aime.

Le temps me manque pour mettre comme il le faudrait les noms sur les visages. Appel à la sagacité des lecteurs.

Je lis dans les *Nouvelles à la main* que « George » Sand CULOTTE *des pipes avec des menuisiers.* » Et je note, sinon le fait, du moins l'article qui le dit.

❦

« ..... Je n'ai pas oublié votre indulgente critique pour mon premier essai au Théâtre de la Renaissance, et depuis longtemps je sollicitais de mon ami de Saint-Georges la faveur de vous être présenté.

» F. DE FLOTOW.

» 1844. »

(Autographe.)

❦

En toute occasion, Berton rappelle avec fierté qu'il est l'élève de Sacchini. Les éloges qu'il ajoute à ce nom sont toujours assaisonnés d'anecdotes bonnes à recueillir. Ce soir il nous contait encore la préoccupation perpétuelle du grand maître, et le plaisir qu'il éprouvait à travailler sur son clavecin, ayant *le petit Berton* à ses côtés. Dès qu'il sentait venir la fatigue, il prenait son bras et allait avec lui se promener au Luxembourg. Là souvent, en conversant des grandeurs de l'art musical, l'inspiration revenait, et l'on accourait ensemble au logis jeter sur le papier ce que la Postérité guettait comme l'aigle attend sa proie. (10 février 1844.)

❦

Ce que le mépris du théâtre a de plus grossier et l'imagination en délire de plus indécent a été essayé ce soir à l'Odéon, sous le titre de *la Famille Cochois*. Trubert, qui s'était monté la tête pour cette honteuse rapsodie, a été obligé d'y renoncer pour ne pas déshonorer son administration. — M. Longpré, le coupable, n'a pas eu cette fois Carmontelle pour le secourir comme dans *les Trois Chapeaux* (autre inconvenance), dont il n'a cependant encore tiré qu'un assommant imbroglio. Aussi, faut-il espérer que les acteurs, qui ne voulaient pas prostituer leurs personnes et leur réputation, dans cette affaire, pourront maintenant donner gain de cause à l'honnêteté de leur refus. (18 février 1844.)

Dans ses excentricités de langage avec les auteurs, Nestor Roqueplan a quelquefois des choses d'une drôlerie qui a besoin de toute l'indulgence de ces écrivains. — La semaine dernière, deux vaudevillistes présentaient à ce Directeur une pièce, en le prévenant que les couplets n'y étaient pas encore. « *C'est bon !* » *c'est bon !* répondit-il d'un grand sang-froid, *ne vous » en occupez pas, mon portier les fera.* » (16 mars 1844.)

« Monsieur,

» Une statue vient d'être votée à Casimir Delavigne par le Havre, sa ville natale..... Le Roi a souscrit pour 600 francs, la Reine 200 francs, S. A. Madame 200 francs. La Commission 1,000 francs, etc. J'ai l'honneur, etc.

» Watout, *Député Président de la Commission.*
» 10 avril 1844. »

(Autographe.)

Avant d'être la reine du Drame moderne, madame Dorval a longtemps couru la Province et partagé les comiques tribulations attachées au sort des Comédiens ambulants. En dînant avant-hier, chez Merle, elle nous a conté qu'une fois, le théâtre étant trop petit pour contenir les choristes, dont elle faisait momentanément partie, on les avait juchés par derrière, sur des échelles, pour qu'ils pussent atteindre une ouverture qui les montrait en buste aux spectateurs. Et comme il pleuvait à torrents pendant le premier chœur, c'est sous des parapluies qu'ils ont chanté :

> Ah! quel beau jour! ah! quel plaisir!
> Ah! pour nous quelle fête!

« Eh bien, nous disait hier philosophiquement ma-
» dame Dorval, nous étions plus heureux qu'à présent.
» Elle gagne 18,000 francs par an. » (4 mai 1844.)

Harel, le directeur du théâtre de la Porte-Saint-Martin, excelle à se rapprocher de ce qu'on a lu dans *le Roman comique*. Ayant à faire recouvrir une partie de ses banquettes, il y a employé des lambeaux de décorations. Mais l'économie produit de singuliers effets : il arrive que la peinture restée sur ces morceaux de toile déteint à la place du pantalon ou de la robe que les spectateurs sont obligés d'y apposer. De sorte que les uns emportent l'empreinte d'une corbeille ou d'un visage, les autres d'une espagnolette ou d'un chandelier, et tous de grosses taches à l'endroit qui n'a pas besoin de pareilles enseignes. — Ce serait le cas de revenir à cette recommandation qu'il faut « laver ses *décorations* sales aussi bien que son linge en famille. »

« Voilà, mon cher ami, le petit rouleau de deux cents dont nous avons parlé hier. Ayez la bonté de remettre au porteur les fameux *Titans* qui ornent votre cabinet, et qui vont maintenant guerroyer dans celui de votre bien dévoué   BARROILHET.

» 28 juin 1844. »
(Autographe.)

« MON CHER AMI,

» J'ai trouvé hier, en arrivant de la campagne, votre obligeant billet de vendredi dernier : je suis allé le mettre, ce matin même, sous les yeux du malade pour lequel vous témoignez tant d'intérêt. Montalivet me charge de vous en remercier bien sincèrement; et je vous en remercie pour mon compte, en vous renouvelant mes plus dévoués et affectueux compliments.

» A. LESOURD.

» 2 juillet 1844. »
(Autographe.)

Pour sa rentrée, Roger a fait ce soir un épouvantable *Couac* dans l'air du premier acte de *la Part du Diable*. Si c'est au bruit de semblables cahots qu'il prétend aller à l'Opéra, sa voix, déjà si dévastée, n'aura seulement pas le temps de traverser le boulevard. (5 septembre 1844.)

«..... Personne plus que moi n'a de sympathie pour la classe ouvrière; personne plus que moi ne professe d'estime pour le caractère et les rares facultés de M. Reboul : dans la lettre que vous attaquez, je rends pleine justice à son talent. Si j'ajoute qu'en outre de cette supériorité naturelle, M. Reboul a de plus sur moi *l'immense avantage d'être boulanger,* l'interprétation que vous donnez à mes paroles est tout à fait loin de ma pensée. Je n'ai voulu dire qu'une chose, c'est qu'à l'époque où nous sommes une position exceptionnelle est quelquefois, même pour le talent le plus élevé, le plus utile et le plus puissant des auxiliaires. LÉON HALÉVY.

» 5 septembre 1844. »

(Autographe.)

Une agréable actrice de l'ancien Odéon, mademoiselle Falcoz, devenue madame de Simancourt par son mariage avec un militaire qui, bien que peu âgé, appartient aux Invalides, se trouve veuve par l'événement de ces jours derniers. — Pendant un exercice à feu au Champ de Mars, une balle, restée par mégarde dans un fusil, a été frapper ce malheureux spectateur. — Le fait est à consigner dans les annales de la fatalité. (Octobre 1844.)

Le rôle de *Mascarille* dans L'ÉTOURDI.

Sa plus grande difficulté, c'est de graduer les mouvements d'impatience d'abord, et de courroux ensuite que soulèvent chez son valet les traits de légèreté de Lélie. Si le comédien n'est pas imbu de cette vérité, il ne comprend rien à sa tâche; et s'il voit l'obstacle ailleurs que là, il ne sait ce que c'est que le personnage. En effet, la pièce est un tissu d'intrigues qui se succèdent avec une rapidité extrême, habiles sans doute, pleines d'inventions, mais qui tendraient vers l'uniformité, vers la monotonie si le pivot principal de ces ruses tournait sans y apporter de relâche, sans en presser ou en ralentir les mouvements divers. Pour qu'il n'en résulte pas une certaine fatigue d'esprit, pour que l'intention comique qui domine la pièce soit bien sentie du spectateur, il faut que Mascarille n'attache que peu d'importance aux premières étourderies de son maître, car s'il s'y attendait, la pièce finirait là. Mais au fur et à mesure que ces étourderies se multiplient et viennent briser tous les ressorts de sa fourberie ingénieuse, sa tête doit s'exalter, sa colère doit grandir, bouillonner, prendre des formes de plus en plus menaçantes, et enfin éclater comme la foudre et répandre sur ces incidents de la fable un intérêt presque égal à celui du drame, car c'est dans cet élément que réside toute la pensée de l'auteur. — Il résulte de cette combinaison que le Public ne voit pas avec indifférence les fautes que commet successivement Lélie, qu'il y prend, au contraire, une très-grande part, qu'il s'y associe par la crainte de voir les emportements du valet aller jusqu'à l'abandon du maître, et conséquemment toutes les peines prises pour mener l'intrigue à bien s'exhaler en pure perte. Il importe, en un mot, qu'à chaque rupture du nœud imaginé, tissu, serré par ce Dave de l'ancienne Comédie, le spectateur, presque effrayé, s'adresse cette question : « *Que va dire Mascarille ?* » — Si ce but est atteint, l'acteur a bien joué, il a compris et rendu le caractère du rôle, le reste étant de mise ordinaire et consacré par les exigences de l'emploi. — Après Dugazon, Thénard seul l'a bien rendu. — Samson n'y est qu'un grand metteur de points sur les *i*.

L'Opéra a exécuté hier *la Création du Monde*, l'œuvre d'Haydn, composée après deux années de réflexions.

C'est la première fois qu'on la reprend depuis le fameux 3 nivôse an ix (24 décembre 1800), où l'explosion de la Machine infernale lui servit d'ouverture. — Le Premier Consul l'écouta fort tranquillement, après avoir dit avec le même calme : « *Voyez Fouché! Cela ne me regarde pas. Voyez Fouché!* » — La partie que Roger avait à chanter hier dans cet *Oratorio* a été comiquement défigurée par la manière dont l'interprète a voulu imiter Duprez. — Il y avait là des *Claqueurs habillés* qui ont bien fait rire au nez de leur enthousiasme. (2 novembre 1844.)

« J'aime le renseignement naïf sollicité par un membre de la seconde Chambre qui, au sein d'une Commission, s'écriait hier : « *J'entends dire tous les jours de tel ou tel de nos collègues : Il est vendu! il est vendu!.... Mais enfin, messieurs, où se vend-on?* » (19 novembre 1844.)

C'est moi qui ai donné à Jouslin de la Salle l'idée de remettre Molière avec les costumes et les décorations du temps. — Je ne crois pas qu'il soit à présent possible d'y renoncer. Le succès et les recettes ont été trop de mon avis pour cela. Sans elles, j'aurais peut-être tort. (1844.)

Le classique *Empire des Morts* est en révolution. La Processomanie vient d'y pénétrer avec tous ses agréments perfectionnés. M. Despréaux a deux assignations en Police correctionnelle. L'une d'un Procureur, pour avoir dit que *Rolet* est UN FRIPON, et l'autre du cuisinier Mignot qu'il a traité d'*empoisonneur*. — Dans le même quartier, M. de Voltaire, ayant appelé M. Fréron *canaille, cuistre, polisson, pédéraste, Cerbère que les gâteaux de miel assoupissent,* est cité par le susdit à comparoir. — Reconventionnellement, le sieur Arouet attaque en diffamation ce même adversaire, doublé de M. l'abbé Desfontaines, pour l'avoir supposé capable de SATIRES AMÈRES *contre les auteurs les plus distingués*, et de *composer lui-même ses propres panégyriques*. — Tous invoquent le respect dû à la *question commerciale* qui réside au fond de toute espèce *d'industrie,* et à la *considération professionnelle,* une des plus belles découvertes de notre époque. — On doit nécessairement s'attendre à ce que cela fasse un bruit d'*Enfer*. (1844.)

« MON BON MONSIEUR MAURICE,

» Vous m'avez souvent dit : Lorsque vous aurez un rôle dans vos moyens, j'irai vous voir; je n'ai pas oublié cela. Eh bien! il paraît que celui que je joue dans *Rebecca* me convient..... Je n'ai pas d'étude en ce moment, et je ne sais pourquoi j'ai idée que si vous êtes satisfait après m'avoir vu, cela me portera bonheur et remuera un peu l'indifférence à mon égard. — Si je suis importun, monsieur, n'en accusez que l'intérêt que vous m'avez témoigné jusqu'à présent, c'est lui seul qui me fait agir. Agréez les civilités, etc.

» GEOFFROY.

» 9 janvier 1845. »

(Autographe.)

« MON CHER AMI,

» Avec plus de temps et un peu de réflexion j'ai compris l'extrême délicatesse de votre lettre, et j'y reconnais le bon goût et le bon cœur qui dirigent toutes vos actions. — Je m'acquitte de la dette de mon amitié en vous en envoyant la nouvelle expression bien vive et bien sentie. Quant au concours si bienveillant que vous prêtez sans cesse à mes travaux, je suis heureux de vous répéter combien j'en suis reconnaissant et tout le prix que j'y attache.

» H. DE SAINT-GEORGES.

» 15 janvier 1845. »

(Autographe.)

« Voudriez-vous avoir la bonté de répondre à la petite note ci-incluse, qui se rapporte à une notice que prépare M. Labitte sur M. Saint-Marc Girardin. En résumé, est-il vrai que celui-ci ait fait ses premières armes dans un journal des théâtres?.... Mieux que personne, vous pouvez nous dire si le nouvel Académicien a écrit sous votre Direction.

» VERTEUIL, *Secrétaire du Théâtre-Français.*

» 21 janvier 1845. »

(Autographe.)

Réponse transmise immédiatement : *Oui, monsieur.*

« ..... Ne doutez pas de moi ; et si je puis vous être bon à quelque chose, faites-le-moi dire. J'ai toujours fait état d'être à mes amis et aux personnes dont j'ai éprouvé la bienveillance ; à ce double titre, vous devez être sûr de moi.   Th^{re} ANNE.

» 15 février 1845. »

(Autographe.)

MA VIE. — CHAPITRE XXXVIII.

STATU QUO.

Rien de relatif à ma position personnelle ne se passa dans le périmètre du *Courrier des Théâtres* pendant ces deux dernières années. — Un faux calme plat, né de ce que je renonçais à toute espèce d'explications, donnait une certaine sécurité à mes adversaires. En haut lieu, on se félicitait de ma conduite, que l'on attribuait à la crainte de m'exposer à n'être pas le plus fort, si je prenais à partie les plus grands personnages du royaume. En bas lieu, on exploitait mon silence par la supposition que je ne le garderais certainement pas, *si j'avais fait tout ce que je disais.* — Déjà, dans l'espoir de m'alarmer, des affidés étaient venus me confier qu'un autre sauveur du *Palais-Royal* (ils ne disaient pas du *Château*) se préparait à me disputer le bonheur d'y avoir réussi, et qu'il allait présenter, en ce sens, une pétition à la Chambre des Députés. — Je répondis que je l'y engageais de toutes mes forces, et que j'allais prendre les devants, afin que la honte dont je serais accablé par sa réclamation fût aussi grande que solennelle. Le libérateur postiche se garda bien de paraître.

La boule de neige, grossissant de tout ce que lui apportait la flagornerie, secondée par la peur de me voir obtenir quelque chose, j'allais devenir un fanfaron, et, qui pis est, un *imposteur*. — Il n'était plus possible d'y tenir. Je sentais cette dernière injure gagner de jour en jour plus de terrain, non-seulement sans que personne s'y opposât, mais encore avec de secrets assentiments qui ne tarderaient pas à lui donner toutes les apparences de la vérité. — Ainsi poussé dans mes retranchements, je me vis donc contraint par ce qu'un homme a de plus cher de préparer ma défense, après m'être si longtemps refusé à l'attaque. Je pris la plume.

CHAPITRE XXXIX.

1831. — LA CHAMBRE DES DÉPUTÉS. — LES PRISONNIERS. — LES BLESSÉS.

Le silence, cette grande réponse des gens qui, pour se justifier, auraient beaucoup à dire, s'épaississait autour de la bonne action que j'avais faite. Pour le dissiper, je m'adressai, le 27 juillet, à la Chambre des Députés, et lui demandai une *Mention honorable*. — Mais déjà les précautions étaient prises, toutes les issues m'étaient fermées. Cependant celle-là n'avait pu l'être entièrement, toute pétition mérite réponse. — L'accusé de réception que voici m'assurait que la mienne était parvenue.

« Paris, le 5 août 1831.

» Le Procureur Général à la Cour de Cassation,

» M. Dupin aîné a l'honneur de prévenir M. Charles Maurice qu'il a reçu sa pétition adressée à la Chambre des Députés, et qu'il s'est empressé de la déposer sur le bureau. »

N'y voyant d'autre suite que ce qu'on va lire, après trois mois et demi d'attente, je fus obligé de m'adresser à l'Autorité directe et responsable, Casimir Périer.

« *A Monsieur le Ministre, Président du Conseil.*

» Monsieur le Ministre,

» Sous la date du 27 juillet dernier, j'ai adressé à la Chambre des Députés une pétition qu'elle a renvoyée à votre examen. Par un fâcheux hasard, cette pétition a été *égarée* dans le trajet de la Chambre à votre Ministère, et *il n'a pas été possible d'en trouver trace dans vos bureaux.* On m'en demande le duplicata.

» Le voici. J'en attends l'effet.

» Je suis, etc.

» Charles Maurice.

» 25 novembre 1834. »

Il est inutile de chercher à savoir comment une pièce, renvoyée par la Chambre, avait pu *s'égarer* en chemin. En apprenant ma démarche, nombre de personnes me proposèrent de l'appuyer, soit par écrit, soit par leur témoignage ; je refusai et m'en tins à celui-ci :

Le lendemain des Trois jours, j'allai avec ma famille visiter les prisonniers et quelques-uns des blessés que j'avais fait placer dans le bâtiment de la Bourse. Ils étaient encore couchés dans l'enceinte du Parquet, sur la paille dont j'avais ordonné la réquisition. Quoique je fusse en habit bourgeois, presque tous me reconnurent et me rappelèrent plusieurs circonstances de la veille. Alors les autres se levèrent pour venir me serrer les mains et me remercier, chacun dans son langage, ceux-ci de leur avoir sauvé la vie, ceux-là de l'humanité de mes traitements, etc. L'empressement, les éloges des témoins de cette scène, qui tournait à l'ovation, me forcèrent de m'y dérober, pour ne pas donner l'apparence d'un spectacle à des faits que réclamait déjà la gravité de l'histoire.

Quant à ma Pétition, elle arriva enfin clopin-clopant, à la Chambre. M. Daunou en fut nommé le Rapporteur, et s'exprima en ces termes, que j'abrége pour cause :

« Messieurs, il n'est point dans vos usages, ni même
» dans vos attributions, de décerner des *Mentions hono-*
» *rables*, même lorsqu'elles vous sembleraient parfaite-
» ment méritées. *Telle serait, selon toute apparence,*
» *celle que vous accorderiez à M. Charles Maurice*, qui
» vous raconte ce qu'il a fait les 28 et 29 juillet 1830.
» IL A EU LE BONHEUR D'ARRÊTER L'EFFUSION DU SANG, DE SAUVER
» LA VIE A PLUSIEURS CITOYENS, DE PRÉSERVER DE TOUT DOM-
» MAGE DES MONUMENTS PUBLICS, DES ÉDIFICES CONSIDÉRABLES,
» PAR EXEMPLE LE PALAIS-ROYAL, ET DE CONTRIBUER A LA VIC-
» TOIRE *que le Peuple a remportée*. Nous n'avons *aucun*
» *doute à élever* sur les détails du récit de M. Charles
» Maurice ; il vous en offre d'ailleurs LES PREUVES, etc. »

(*Moniteur* du 5 septembre 1831.)

Le renvoi au Ministre fut suivi d'une lettre que m'adressa M. Casimir Périer. Il m'y témoigne son *regret de ce que je n'aie* rien demandé à la Commission spéciale, qui *se fût empressée de reconnaître mes titres,* » et l'autre *regret* « *du Gouvernement de voir de tels faits*
» *privés de la seule récompense à laquelle* j'aie *borné*
» *mon ambition.* » (18 novembre 1831.)

Le reste est expliqué dans ma Lettre à Louis-Philippe dont une édition fera partie de mes œuvres.

Malgré toute ma répugnance à occuper de moi le Public, je sentais venir le moment où j'y serais contraint, puisque ce seul moyen m'allait rester pour prendre une place dans l'opinion et prouver que je ne réclamais rien que ce qui m'était dû.

(*La suite au Chapitre prochain.*)

❦

« Je n'ignorais pas que vous êtes bon ami; je vous dois déjà bien des remercîments pour toutes vos gracieusetés, mais permettez-moi de vous offrir aujourd'hui l'expression de ma vive reconnaissance pour l'aimable surprise que vous m'avez faite ce matin. Je ne saurais trop vous dire combien je suis sensible à cette marque d'intérêt. Recevez l'assurance, etc.

» EL. DOBRÉ.

» 11 avril 1845. »

(Autographe.)

❦

« *Rouen*..... Je suis bien faible, mon bon Maurice; cependant j'espère trouver aujourd'hui assez de force pour vous exprimer combien le petit billet que vous m'avez envoyé m'a été agréable. Il existe donc des personnes qui n'oublient pas. C'est rare, mais bien doux. Il n'y a pas de jour que je ne pense à vous : on aime tant ceux que l'on comprend ! Mes souffrances sont grandes; mais je suis toute résignée..... Depuis trois jours surtout, je suis mal, très-mal.....

» E. Verneuil.

» 24 avril et 4 mai 1845. »

(Autographe.)

❦

« ..... Mon Dieu, que votre journal m'a fait rire! Vous avez un esprit que personne ne peut contesté. Là, vous allez dire mademoiselle Flore a besoin de moi; pas du tout. Je vous le dit tel que je le pense. j'aime mieux vos sotise lorsqu'il vous arive de m'en dire que les compliment *des autres*. Chacun a son goût..... Flore, *des Variétés*.

» 1845. »

(Autographe.)

❦

M. Victor Hugo est nommé Pair de France. — *Le Roi s'amuse.* (Avril 1845.)

❦

« Mon cher monsieur,

» Je veux que vous soyez bien convaincu d'une chose, c'est qu'il m'en coûtera toujours beaucoup de ne pas faire ce qui peut vous être agréable...... Croyez, je vous prie, à mes sentiments les plus distingués et les plus cordialement dévoués. Ch. Liadières.

» 15 mai 1845. »

(Autographe.)

❦

La Contemporaine, ainsi nommée par Malitourne, son obligeant secrétaire, vient de mourir, à 78 ans, dans l'hospice des Ursulines à Bruxelles; son nom était Ida Saint-Edme. Elle avait débuté à la Comédie française, sous le Ministère de Chaptal, par le rôle de Didon, qu'un évanouissement l'empêcha d'achever. Ce fut à Paris son unique tentative. Elle courut ensuite l'Italie, où elle s'essaya avec aussi peu de succès dans la Comédie, quoiqu'elle parlât, dans les deux genres, assez bien la langue du pays. J'ai vu mademoiselle Ida Saint-Edme. Sans être jolie, elle avait de la physionomie et de la grâce. Ces avantages et son entregent la firent rechercher dans plus d'une bonne compagnie. (Mai 1845.)

« Mon cher monsieur Maurice,

« Si je viens vous parler de moi, c'est votre faute. Si vous ne m'aviez pas toujours parfaitement accueilli et encouragé, vous n'y seriez pas exposé..... Votre bien dévoué et bien reconnaissant.

» Masset, de l'Opéra-Comique

» Lyon, 2 juin 1845. »

(Autographe.)

« Mon bon Maurice,

» Les clous, les planches et la terrasse me retiennent sur le *turf* de l'Hippodrome; je ne puis pas te voir aujourd'hui comme je le désirais. *Ton* Hippodrome, car tu as été son premier propagateur, ouvre demain, et je te prie de lui continuer ta première bienveillance. Les Directeurs te demandent ta vieille amitié.

» Ferdinand Laloue.

» Le 2 juillet 1845. »

(Autographe.)

« ..... J'ai joué avant-hier, dans une représentation des plus brillantes. La reine Victoria, le prince Albert, le roi et la reine des Belges y assistaient, ainsi que la plus haute noblesse de Londres. De ma vie je n'avais vu une salle de spectacle aussi belle. La reine d'Angleterre avait demandé *Passé minuit*. Quand elle vint faire une visite au roi Louis-Philippe au château d'Eu, le roi voulant un spectacle amusant, avait demandé *Passé minuit* et *l'Humoriste*..... Il paraît que la reine s'est souvenu de ce jour-là. Mon caleçon ne l'a nullement effrayée, et elle a ri comme une simple bourgeoise. Le public riait autant de la voir rire que de la pièce. ARNAL.

» Londres, 4 juillet 1845. »

(Autographe.)

« MON CHER CONFRÈRE,

» Voici la pièce dont je vous ai parlé. Faites pour le mieux. — Le maestro Donizetti, déjà souffrant lorsque l'Opéra s'est adressé à lui, a eu raison de ne pas s'engager dans un grand travail. Son docteur lui a prescrit le repos pour trois mois. — Tout à vous.

» H. LUCAS.

» 6 août 1845. »

(Autographe.)

Les partisans quand même se rabattent avec raison sur *l'adresse* de Dupré-de-l'Air, qui n'a jamais si *bien* chanté que depuis qu'il ne chante *plus*. — Ainsi se réalise le mot de Choron, son professeur : « *Quand celui-là*

» *ne chantera plus avec sa voix, il chantera avec son*
» *genou.* » (1845.)

« ..... Je crois avoir réussi à justifier la bonne opinion que le public a de moi, car les bravos n'ont pas manqué, et nous avons été obligés de recommencer un de nos pas..... Je vous remercie d'avance de ce que vous pourrez dire, car je connais votre extrême bonté pour votre toute dévouée A. DUMILATRE.

» Londres, 29 septembre 1845. »

(Autographe.)

« MON CHER ENNEMI,

» Sans vouloir aucunement vous faire revenir sur cette déclaration d'indépendance, dont l'hostilité m'a surpris autant qu'affligé, je veux au moins, en souvenir d'un bon passé, plutôt qu'en crainte d'un mauvais avenir, appeler de vous à vous-même, et de votre susceptibilité à votre justice; j'aurais dit hier : A votre amitié. — Remontons, s'il vous plaît, au déluge..... Je ne trouve dans mon cœur ni dans ma conscience aucune faute à expier; sans cela, je m'honorerais de vous en demander le pardon. Abandonnez ma barque, que vous guidiez avec tant de bienveillance, et qui aurait eu besoin encore d'être protégée par vous; mais n'exigez pas que je renonce à vous conserver une reconnaissance qui est trop sincère pour n'être pas durable..... Recevez en tout cas, je vous prie, mille assurances de mes sentiments très-distingués et de mon *loyal* dévouement. CAMILLE DOUCET.

» 30 octobre 1845. »

(Autographe.)

Le lendemain du jour où M. Villemain venait de rentrer dans la vie privée, un de ses amis étant allé le voir lui témoigna sa surprise de le trouver seul. « *Tempora si fuerint nubila*, répondit M. Villemain, *solus eris*. » Traduction libre en n'y conservant que le sens de la pensée de Virgile : « *Dès que vous cessez d'être Ministre, vous ne recevez plus de visites.* » Bon à graver sur le maroquin des portefeuilles. (1845.)

Il s'est passé hier au Théâtre-Français une chose qui, sans m'étonner, m'a fait de nouveau réfléchir sur la valeur des applaudissements au théâtre. Maubant, remplaçant avec complaisance Ligier indisposé, a joué *les deux derniers actes* d'Oreste dans *Andromaque* (*fureurs comprises*). — Non-seulement il n'est pas tombé, non-seulement on l'a souffert, mais il a été reçu, *redemandé,* forcé de reparaître, et s'est très-sérieusement incliné sous les avalanches de l'ovation. — Or, Maubant n'étant, en toute réalité, qu'un brave et honnête *Troisième rôle,* que vont penser les artistes en première ligne de la somme d'estime dont le Public a l'air d'honorer leurs talents ? (28 décembre 1845.)

Auprès du luxe typographique que déploient nos journaux, il est curieux de recourir à la forme matérielle de celui qui fut si puissant sous le premier Empire, et de se rappeler le succès des Écrits de Geoffroy. C'était assurément l'âge d'or des propriétaires de ce genre d'entreprises. —Le Journal entier mesurait trente-six centimètres de hauteur, cinq de plus que *le Courrier des Théâtres* actuel, dont il avait la même largeur. Mal imprimé dans sa totalité, il semblait réserver pour son rez-de-chaussée ce que produisait de plus défectueux sa composition.— Qu'on se figure un feuilletonicule de huit centimètres de haut, sur un développement de soixante offrant l'aspect d'un picotage de clous d'épingle usés, signe d'empâtement des lettres, et faisant souvent contraste avec ce qu'on appelle des *Moines,* c'est-à-dire des endroits où l'encre n'a qu'à peine effleuré la surface. Le tout étalé sur un papier dans lequel on envelopperait aujourd'hui des massepains. Un feuilleton de nos jours en ferait vingt de ceux-là, ce qui ne permet pas de supposer avec malice que, par compensation, il nous donne moins de choses. Mais ce qu'il y a de certain, c'est que le feuilleton moderne est pour les yeux des lecteurs un condiment balsamique comparé aux attaques de cécité dont l'autre paraissait menacer ses contemporains.— Il résulte de ces observations que le trône de Geoffroy n'était pas large, et que le Prince de la Critique le rendait encore plus étroit en l'occupant de manière qu'il ne pût être partagé.

Un Toast vient d'avoir lieu en l'honneur du nouveau *Privilége* du Théâtre de la Gaîté, renouvelé pour six années.—Avant de vider les verres, on aurait dû penser au mot de Napoléon au roi de Prusse, disant dans un festin : « *Au vainqueur qui me rend mes États !* » Ce dernier, lui arrêtant doucement le bras, repartit : « *Mon Cousin, ne buvez pas tout.* » (Décembre 1845).

« Mon cher Duchâtel, je viens vous demander mes
» étrennes.

» — Volontiers, Monseigneur. Qu'est-ce?

» — C'est le Privilége d'un nouveau théâtre pour
» Dumas.

» — Tout disposé que je suis à contenter le désir
» de Votre Altesse, j'aurai l'honneur de lui faire observer
» que nous avons déjà beaucoup de Théâtres, trop même,
» et que de nombreux inconvénients résulteraient d'une
» fondation nouvelle.

» — Ah! vous croyez..... »

Et cela n'a pas été plus loin. Mais on a agi. — Louis-Philippe s'en mêle. — Le Privilége est accordé, et avec lui le patronage du jeune solliciteur, dont on désire que le théâtre porte le nom. Bonne idée financière.

J'ai su tout cela ce matin au Ministère, chez Cavé, qui m'a dit : « M. de Montpensier est un petit Prince » qui fait bien SON MÉTIER de Prince..... » Et il m'a raconté l'entrevue que je viens d'écrire. (29 décembre 1845.)

A la représentation de jeudi dernier au Théâtre-Français, on se demandait dans une loge : « Comment donc joue Brindeau? — Comme un fricandeau, » répondit madame Dorval. — Le mot courait encore quand je l'ai rencontré. L'actrice ne se doutait pas qu'il ferait penser à ce que dit Rivarol de la jeune maîtresse qu'il avait été prendre dans la classe la plus ordinaire :

Elle a du goût comme un bon fruit,
Et de l'esprit comme une rose.   (12 janvier 1846.)

« Je ne comprends rien à votre lettre, et je défie personne d'y rien comprendre. Pour comble d'ennui, je suis indisposé, et je ne puis aller chercher le mot de l'énigme. Que voulez-vous donc dire?

» CAVÉ.

» 16 janvier 1846. »

(Autographe.)

RÉPONSE. — « Un homme voulait vous *outrager en face*..... Comme il ne le disait qu'à son intimité, j'ai cherché, j'ai trouvé pour vous écrire une occasion-prétexte, qui avait le double avantage de vous prévenir et de faire savoir à l'insulteur qu'il était annoncé près de vous. — On a répondu à cela par de plats mensonges et des suppositions qui mériteraient plus qu'un démenti!... Mais ne me plaignez pas, car mon amitié est toute prête à recommencer. CH. MAURICE.

» 16 janvier 1846. »

(Autographe.)

« ..... Je vous aurais écrit plus tôt si je n'avais pas été très-souffrante..... Le Directeur s'est décidé à avoir une autre danseuse pour jouer *le Diable à quatre* à ma place, car le public faisait un tapage horrible tous les soirs, demandant l'autre ballet..... J'ai appris que c'était mademoiselle Andrianoff qui venait ici tenir ma place..... Je vous prie de me conserver votre bienveillant appui et d'agréer, etc. A. DUMILATRE.

» Milan, 20 janvier 1846. »

(Autographe.)

« Paris, 26 mai 1846.

» MONSIEUR ET CHER CONFRÈRE,

» Je prends la liberté de vous prier d'insérer dans votre journal la petite note ci-jointe. La personne qui en est l'objet a besoin d'aide pour parvenir, et elle se souviendra, une fois arrivée au but, que vous l'avez aidée. Votre bien dévoué,   P. LACROIX, *Bibliophile Jacob.*

« Je n'ai pas besoin de vous dire que vous m'obligerez et que je vous aurai beaucoup de gratitude, si la chose se peut faire comme je l'espère. »

(Autographe.)

UNE DIXIÈME MUSE.

Ils les ont égorgées toutes, les malheureux, sans pitié pour leur sexe, pour leur âge, sans considération pour leurs services ! — Ces terribles Romantiques ne se sont pas contentés de proscrire les *neuf vierges du Pinde,* ils les ont rayées de la liste des immortels, et avec elles toute la Mythologie ! — Pendant qu'ils y étaient, le massacre des quatre-vingts fils de Rois, dont se plaint si justement Athalie, ne les aurait pas arrêtés. Une boucherie souriait à la *suavité* de leur ambition, car chez eux tout est *suave,* jusqu'aux engelures de leurs cuisinières. — C'est donc chose convenue, les *chastes sœurs* ont *passé le Styx...,* du moins à ce que ces messieurs prétendent. Mais j'en appelle, et tant qu'ils ne mettront personne à la place, je prierai le classique *Nocher* de retourner au *noir rivage* et de nous les ramener par la barque prochaine. — Ce n'est pas tout ; il s'agit ici d'en augmenter le nombre. — Raisonnons.

Il est incontestable qu'une Muse nous manque, celle dont s'inspire LE MÉLODRAME, aussi vivant aujourd'hui qu'il l'était au temps dont se moquent ses imitateurs. Le simple nom de *Drame,* sous lequel on croit le déguiser, ne trahit-il pas la ruse quand on voit les mêmes ressorts mis en œuvre dans les mêmes procédés de sa confection, car on confectionne la marchandise?

Pour ne parler que d'un seul fait, cette *musique* qui vient, sans qu'on s'y attende, accompagner en *sourdine* les situations pathétiques, c'est-à-dire se mêler de ce qu'elle n'a que faire et importuner l'auditeur, qu'est-ce autre chose que le vieux mélodrame? La différence est que ce dernier s'était tout d'abord identifié avec ces *mélodies,* dont il recevait son caractère, qui en faisaient un type et auxquelles il donnait franchement la moitié de son nom. Tandis que *le Drame,* cet ingrat plagiaire, s'imagine ne rien tenir que de lui seul, alors même qu'il dérobe encore au *Roman* ses moyens et ses prérogatives. Dans l'ancien Théâtre, lorsque le Roman offrait son sujet et quelques-uns de ses personnages, l'auteur dramatique ne se croyait pas dispensé d'inventer, d'ajouter quelque chose à la fable, de châtier même la version primitive, et de l'abréger surtout. Il n'en acceptait que la quintessence, le nécessaire, afin que l'ensemble se rapprochât le plus possible de la Comédie, et il se gardait comme d'un crime envers l'art, de faire représenter le Roman, chapitre par chapitre, de six heures du soir à minuit de relevée.

Puisque c'est ainsi que le Mélodrame est redevenu *un genre* et que chaque Muse préside au sien, il est juste que celui dont Chénier a dit qu'il *détrônerait la tragédie* ait sa Divinité protectrice après avoir réalisé la prédiction. Personne n'ayant songé à combler cette lacune, je m'en suis occupé, et comme il fallait une origine fabuleuse à cette nouvelle création, je l'ai trouvée dans une scène d'ivresse entre Apollon et Silène.

Apollon, échauffé par le vin, récitait des fragments de l'*Iliade* et de Sophocle. — Silène, traitant cela de *vieilleries*, se mit à débiter une composition lyrique d'un *nouveau genre*, dans laquelle le cerveau troublé de l'auditeur crut d'abord découvrir des beautés singulières. Mais au réveil, désolé d'avoir approuvé des absurdités, il pensa que le moyen d'empêcher qu'on les jugeât tout à fait ainsi, était de les naturaliser en leur accordant le droit de Cité, puisqu'il faut que toute chose ait un nom, sa place et son égide. Alors il institua une dixième Muse et l'appela :

TRÉTOMOUZA.

Ce nom, de racine grecque, ne veut pas dire : Muse des tréteaux, comme on pourrait le croire ; il signifie : *Muse au cerveau creux et percé d'outre en outre.* Apollon ne voulut pas qu'elle fût vierge comme ses sœurs :

« Va, lui dit-il, tu épouseras Silène. A vous deux,
» vous inspirerez les auteurs de race commune, les
» métis du troupeau, ceux qu'en un jour de libation j'ai
» ramenés de chez Admète, ignorants, privés d'imagi-
» tion sage et de style élevé, attachés comme Ixion à la
» roue sans repos de leurs pâles devanciers. Vous habi-
» terez les confins des marais du Parnasse. Les Bouffons
» sérieux seront vos interprètes, et la Plèbe qui vous
» ira voir battra des mains pendant qu'une autre ap-
» plaudira de la plume ; mais les œuvres qu'on vous

» aura demandées n'en mourront pas moins sans pos-
» térité. Et vous, vivez, mais pour demeurer stériles. »

Depuis ce temps, toute honteuse d'elle-même, Trétomouza cherche à se faire passer tantôt pour Thalie, tantôt pour Melpomène, souvent pour les deux à la fois, et croit se bien cacher en se travestissant sous le pourpoint du *Drame actuel.* — Elle se trompe. — Mais elle a un nom, une raison d'être, une patrie, et désormais les gens de goût, ennemis des succès dangereux, sauront enfin à qui se prendre. Tout est sauvé quand les rangs sont connus.

« Amsterdam, 3 juin 1846.

» C'est hier mardi qu'on a joué *les Horaces.* Le prince d'Orange, accompagné des princesses et de tout l'état-major, sont venus le soir à cette représentation par un convoi spécial du chemin de fer..... Lorsque la famille royale assiste à un spectacle quelconque, l'étiquette défend les démonstrations, partant les applaudissements sont défendus..... mais en voyant l'agonie de cette pauvre Camille, la salle entière a retenti..... Les poitrines étaient encore trop oppressées sous l'émotion que la terrible Camille venait de leur faire éprouver..... Agréez, mon cher monsieur Maurice, avec mes hommages, etc.   RAPHAEL FÉLIX. »

(Autographe.)

« MONSIEUR,

» Mes appointements sont si minimes au Théâtre-Français qu'il m'est impossible de continuer en ce moment mon abonnement à votre journal. Veuillez recevoir mes remercîments bien sincères pour l'indulgence que vous m'avez montrée jusqu'à ce jour et croire à mes profonds regrets.

» ADOLPHE DUPUIS.

» 8 juin 1846. »

(Autographe.)

« MON CHER MONSIEUR,

» L'intérêt que vous m'avez témoigné plusieurs fois m'est un gage que vous prendrez quelque part à l'heureux événement qui m'arrive. *Daniel,* tragédie en cinq actes, a été reçue ce matin par treize boules blanches sur treize votants. Vous savez que Ligier avait aussi donné une boule blanche à la première lecture. Puissent votre suffrage et celui du Public confirmer celui du comité ! Votre, etc. CH. LAFONT.

» 23 juillet 1846. »

(Autographe.)

« ..... L'air de *la Fièvre brûlante* n'est pas de Grétry seul, le motif en appartient à Richard, et fut communiqué à Grétry par le savant Villoteau, de la commission d'Égypte. On s'en est servi avec bonheur, comme cinquante ans plus tard fit Boïeldieu pour l'air des chevaliers d'Avenel, qui est un rhythme écossais et forme le chant national d'un clan. Amitiés.

» FERDINAND LANGLÉ.

» 19 août 1846. »

(Autographe.)

« MON BON MERLE,

» Je n'ai appris qu'avant-hier, la veille de mon départ pour la campagne, et par ton fils, le degré de l'indisposition qui nous prive tous du plaisir de te voir. Mais ce mal au genou, cette faiblesse des jambes ne sont-ils pas le résultat du défaut d'exercice? On s'accorde à dire que c'est principalement par la marche que tu devrais les combattre. Plus il t'en coûtera, plus l'effet en sera certain. — Force-toi donc et rends-nous la présence d'un homme si généralement aimé, d'un écrivain, d'un Critique si bien apprécié, et surtout d'un ami comme nous n'avons plus le temps d'en faire. — Me permettras-tu d'aller un peu plus loin?... Alors je te dirai qu'il ne faut pas fatiguer ton imagination de souvenirs inutiles, d'alarmes sans motifs : le Passé est presque toujours un sot, et tu as trop d'esprit pour t'en occuper. Quant à l'avenir, crois-tu que jamais personne oublie tant de charmants ouvrages qui ont amusé notre époque; ni leur auteur, que la reconnaissance recommande aux Pouvoirs de tous les temps? Tu as toujours eu si peu d'ambition pour toi-même, qu'il sera bien aisé de contenter celle que pourraient te suggérer les événements. Ne pense donc qu'à ta santé; soigne-la pour nous, qui avons besoin de toi, de ton instruction, de tes conseils, et, par-dessus tout, de ta main pour la presser, comme je fais par la pensée, bien fort, longtemps, et avec la plus fraternelle émotion, sur le cœur de ton véritable ami.

» CHARLES MAURICE.

» 12 octobre 1846. »

(Autographe.)

« Je te remercie, mon cher ami, de la bonne lettre que tu m'as écrite. J'y ai reconnu toute la bonté de ton cœur et toute la chaleur de ta vieille amitié; tu ne saurais croire combien elle m'a touché et combien j'en suis reconnaissant. — Ce que tu me dis sur la nécessité de sortir est vrai, mais l'exécution en est difficile, car les jambes sont bien mauvaises et bien endolories par la goutte; cependant je prendrai un de ces jours mon courage à quatre et je sortirai coûte que coûte. — On t'a, je crois, un peu exagéré ma position morale : je ne suis pas découragé, je suis au contraire résigné à tout ce qui peut m'arriver. Le passé ne me préoccupe pas, je t'assure; je n'ai rien à y reprendre; j'accepte le présent si dur qu'il soit, et quant à l'avenir, je l'attends pour le recevoir comme il le méritera. Tu me ferais grand plaisir si tu voulais venir me voir, et si un dîner de malade ne t'effraye pas, viens *demain* sans autre façon partager le mien, tu me rendras bien heureux. Je compte sur toi et te serre la main de tout cœur. MERLE.

» 13 octobre 1846. »

(Autographe.)

« MON CHER MONSIEUR CHARLES MAURICE,

» J'ai peur de vous pour ce soir, car je donne aux Variétés une toute petite pièce, et vous n'aimez pas ce théâtre. Mais moi, vous ne me direz rien de désagréable. J'ai bien assez de chagrin sans cela. Toujours malade depuis six mois, je n'ai plus de force pour supporter le mal. Mais il m'en reste assez pour être reconnaissante du bien et vous en savoir un gré infini.

» VIRGINIE ANCELOT.

» Ce 19 octobre 1846. »

(Autographe.)

«..... Qu'il vous suffise d'apprendre, vous qui savez si bien apprécier les hommes et les choses, que j'ai été *assassiné avec acharnement* par des gens à qui je n'avais jamais rien fait et qui, je crois, ne me connaissaient pas! Par ce moyen on m'a rayé de gaieté de cœur quatre ou cinq belles années de ma carrière, car les sacrifices qu'il a fallu faire jusqu'à ce jour pour me remplacer ont été beaucoup plus grands que ceux que l'on a prétendu que l'on était obligé de faire en me conservant. Je pourrais ajouter que je jouais *tout un répertoire*, et qu'aujourd'hui on engage des sujets pour chanter *un rôle.....* Croyez-moi, etc.

» LEVASSEUR, *de l'Opéra.*

» Ce 2 novembre 1846. »

(Autographe.)

« MONSIEUR,

» Vous qui savez tout en fait de théâtre, pourriez-vous me donner la date approximative de la première représentation de *la Dona del Lago* à Paris, et celles des principales reprises de cet ouvrage?

» AZEVEDO.

» 10 novembre 1846. »

(Autographe.)

RÉPONSE. — La première représentation a eu lieu à l'Opéra le 7 septembre 1824, avec Donzelli, Bordogni, Levasseur et mesdames Mombelli et Schiasetti.

18.

« . . . . . . *Monsieur, il est du Maine.*
Il est vrai que du Mans il en vient par douzaine.

» C'est donc un chapon qu'on m'a expédié presque par le Télégraphe, puisque cet animal vient me remercier de ce que j'ai dit de la Télégraphie.

» On assure qu'il ne pourra pas être conservé jusqu'à dimanche, il ne faut donc pas compter sur lui pour trôner en rôt.

» Il y aurait un expédient, ce serait de le faire figurer en daube, et puis, je vous donnerai encore un autre conseil, c'est de le manger bien vite; la broche, c'est sa véritable vocation, il ne faut pas la contrarier.

» Mille choses aimables à qui vous aimez. Et entre nous, salut de cœur.   EUGÈNE BRIFFAUT. »

(Autographe.)

Une des grandes prétentions d'Alexandre Dumas consiste, on ne le sait que trop, à se croire d'une incomparable adresse à tous les exercices du corps. Équitation, danse, jeux, escrime, tir, course, gymnastique, voltige, tout lui est facile, tant il se juge heureusement né et providentiellement conformé ! Cependant, à Constantine, où il est en ce moment, il vient de se trouver sur les bords du Rummel, que visitent à chaque instant les aigles et autres oiseaux de proie. Ayant témoigné à voix très-haute le désir *d'abattre quelques pièces* de ce magnifique gibier, des militaires de la garnison lui ont offert d'excellentes carabines, auxquelles Alexandre Dumas a préféré *son fusil*, qu'il est allé chercher. Puis il est revenu, *habillé en chasseur tyrolien*, et s'est mis à tirer, tirer, tirer, sans avoir pu faire tomber une plume d'aucun de ces animaux si bruyamment menacés. — Les archives de Constantine diront sans doute que ce jour-là les aigles, les vautours et toute la race carnassière de l'Empyrée a succombé sous les coups de la plus retentissante des canonnades, y compris Austerlitz. O grand pouvoir d'un petit bruit !

ART POÉTIQUE.

Un vers est déjà bon quand ce qu'il dit est vrai.

(*Exemple et précepte.*)

« Voilà bien les hommes ! Vous qui au Vaudeville me faisiez tant de protestations d'amitié ! Un malheur m'arrive ; je quitte la scène pour quelque temps. J'y reviens ; et vous m'avez complétement oubliée. Tous les jours j'espère votre charmant journal ; mais je suis comme sœur Anne, je ne vois rien venir. Je suis, en attendant, *furieuse* contre vous.   A. FIGEAC.

» 17 novembre 1846. »

(Autographe.)

« MON BON MAURICE,

» Je crois que j'ai une bonne idée en vous priant d'être mon interprète auprès de M. Léon Pillet, que je ne connais pas, qui est, dit-on, fort gracieux. Je n'ai donc pu en juger encore, par la raison ci-dessus désignée. Il s'agirait donc de lui demander, au nom de la *grand'mère* du *Diable à quatre*, une loge ! Mais les vieilles femmes sont difficultueuses. Elles ne peuvent monter ! elles craignent la grande chaleur ! elles veulent être près, parce que !.... eh bien, parce que l'oreille est un peu dure, enfin par mille raisons ravissantes.....　　　　　　　　　　Ve GAVAUDAN.

» 12 décembre 1845. »

(Autographe.)

※

« MONSIEUR,

» Beaucoup de mes amis et moi nous avons cru devoir acheter le *Manége d'Aure* pour mettre à sa tête M. de Tiste, qui, par suite d'une flagrante injustice, venait de perdre une belle position. Aujourd'hui, pour lancer ce manége, nous avons pensé à organiser une fête, à laquelle vous venez de porter un coup funeste. — En insérant sans commentaire désobligeant la réponse que vous porte M. de Tiste, vous réparerez le mal que vous avez fait à cette entreprise, et vous me rendrez un service personnel. Veuillez agréer, etc.

» CH. DE FIENNES, Administrateur.

» 21 décembre 1846. »

(Autographe.)

※

« MONSIEUR LE DIRECTEUR,

» Vous avez à diverses reprises entretenu le Public de l'entreprise formée par M. Adam, membre de l'Institut, et moi, de fonder un troisième Théâtre lyrique. Aujourd'hui, monsieur, il importe gravement à mes intérêts de ne laisser ignorer à personne que je suis contraint de m'opposer à tous les traités, transactions ou actes quelconques relatifs à cette affaire, que croirait devoir consentir mon associé M. Adam. Du reste, la justice est, à l'heure où je vous écris, saisie des contestations, etc. AIMÉ THIBAUDEAU.

» Ce 30 décembre 1846. »

(Autographe.)

« MONSIEUR LE DIRECTEUR,

» En réponse à une très-burlesque signification de M. Thibaudeau..... je vous prie de vouloir bien insérer ces deux seules lignes de sa main : « Je ne puis » vous en vouloir si vous trouvez quelqu'un qui » vous apporte les fonds nécessaires à votre entre- » prise, etc., etc. A. ADAM.

» Le 30 décembre 1846. »

(Autographe.)

« Le *Qu'il mourût* du vieil Horace donne à son lan- » gage une élévation, une grandeur qui vous transpor- » tent, parce qu'elles révèlent qu'au delà de la mort il » est une puissance, une force qui peut revenger de » la victoire. A côté de cette élévation de la pensée » se trouve la simplicité de l'expression, car ce mot : » *Qu'il mourût!* un enfant aurait pu le dire..... Mais de » même que le sublime est rare dans les actes de la vie, » il est rare dans les œuvres de l'esprit. Quand on lit » une tragédie, un poëme, et qu'à travers un fleuve » d'harmonie qui coule et qui arrive à notre âme, tout » à coup nos cheveux se hérissent, c'est le sublime qui » apparaît et se révèle. Ce cas est très-rare. » (LE PÈRE LACORDAIRE. *Conférences* de décembre 1846.)

Une coupure de vingt-huit vers existe depuis longtemps à la représentation de *Phèdre*. Je la remarquais ce soir avec chagrin. — Jamais ce genre de profanation pratiqué sur les ouvrages de nos grands hommes n'a reçu l'approbation des véritables Lettrés, des partisans éclairés de l'art, qui n'y ont vu qu'un *grattage de médailles* aussi inconsidéré que sacrilége. — En bonne police littéraire, les chefs-d'œuvre doivent nous arriver tels qu'ils sont sortis du cerveau et de la plume de leurs auteurs. Ils ne perdent pas cette qualification pour quelques taches qui peuvent déparer la plus faible partie de leurs détails; et ce sont précisément ces taches qui servent de jalons, de moyens de direction aux jeunes auteurs, à tous ceux que la vocation appelle dans la même carrière. — Pourquoi tenter de leur faire croire que les plus beaux génies ne se sont pas un peu trompés, qu'ils n'ont pas failli en quoi que ce puisse être, et que de légers filets d'alliage ne se sont pas glissés dans le bronze de leurs immortelles conceptions? C'est décourager les contemporains, c'est ne pas connaître cette faiblesse humaine qui puise de la hardiesse dans les fautes du prochain, et c'est pardessus tout mentir à l'histoire que lui montrer des ouvrages sous un aspect différent de leurs formes primitives. — Que les vers supprimés ne soient pas tout à fait à la hauteur du magnifique style de *Phèdre*, j'en conviens; ils se ressentent même de la fatigue du poëte achevant une tâche de si longue haleine; mais si Racine, qui a dû les juger mieux qu'un autre, les a laissés, c'est encore une preuve plus concluante du besoin qu'il en a reconnu, et personne n'a le droit de décider la question autrement que lui. — Ou bien, faites *Andromaque!*

« Mon cher maître,

» Dans la disette où je suis de billets de bal pour l'Opéra, j'ai pensé à vos offres aimables pour l'un de mes collaborateurs. Pouvez-vous lui donner une place pour ce soir ? Vous m'obligerez. Mille civilités affectueuses.   Le Poitevin Saint-Alme.

» 2 janvier 1847. »
(Autographe.)

« ..... Je vous désirerais pour ce soir, aimable comme vous l'êtes..... Soyez-moi indulgent pour cette première représentation, car j'aborde un genre qui m'est tout nouveau, ce qui me préoccupe beaucoup, surtout dans l'état de malaise où je me trouve. J'espère que vous voudrez bien y assister, je le désire vivement, car je ne sais pourquoi je m'obstine à voir en vous un ami dont la présence m'encourage. Votre très-affectionnée   C. Moreau Sainti.

» 4 janvier 1847. »
(Autographe.)

« Monsieur,

» Je vous prie d'insérer dans votre prochain numéro que j'ai rompu mon abonnement à votre journal le 15 septembre dernier. — Je vous salue.

  » Adrien Decourcelle.

» Jeudi, 7 janvier 1847. »
(Autographe.)

Extrait de la réplique immédiate. « Ce bon jeune » homme recule.... Il attelle sa nullité rétrospective à

» un vieux reproche qu'on fait aux journaux depuis
» que le monde littéraire est monde. C'est de l'obsti-
» nation dans l'ornière..... Il aura un tort de plus, si,
» de méchant écrivain, il a l'imprudence de se poser
» en écrivain méchant ; le cumul exige une faculté qui
» lui manque. » (8 janvier 1847.)

« Je joue Valérie ce soir, monsieur, et j'espère que vous voudrez bien assister à cette représentation. J'aurai le plaisir de vous voir demain, et viendrai vous demander des conseils comme ceux que vous avez déjà bien voulu me donner, et dont j'espère profiter. Agréez, etc.   Judith, du Théâtre-Français.

» 8 janvier 1847. »

(Autographe.)

A M. Lockroy, Directeur du Théâtre du Vaudeville.

« Paris, le 13 janvier 1847.
» Monsieur,

» J'ai toujours préféré le charme des procédés à l'intérêt des affaires. Moi et nombre de Gens de Lettres sommes privés du premier et du plus agréable de ces avantages depuis votre arrivée à la Direction du Vaudeville. On vient encore d'y effectuer une nouvelle et blessante répartition des loges aux premières représentations. Loin de l'accepter pour ma part, je vous prie de faire cesser l'envoi qui me serait désormais réservé, ne pouvant continuer des relations tout autres que celles dont votre accession nous avait flattés. Vous êtes écrivain, monsieur, et à ce titre, vous ne vous étonnerez point d'une résolution qu'en pareil cas vous prendriez certainement vous-même.

J'ai l'honneur d'être, etc.

» Charles Maurice.

» Vous trouverez ci-joint le coupon destiné à me réunir ce soir aux Journalistes qui veulent bien se laisser *parquer.* »

Dans le jeu de Geffroy l'*air fâché* permanent
Prouve que chez l'acteur l'intelligence est sûre.
   Il a raison s'il pense à son talent,
   Il n'a pas tort s'il pense à sa figure.

« Est-ce vous, cher et bon ami, qui avez honoré mon malheur de votre souvenir? Est-ce à votre cœur ou à celui de votre excellente femme que je dois ce témoignage d'affection qui m'a été si sensible? Votre nom laissé à ma porte a dû me causer une émotion profonde, car il réveille des échos douloureux pour nous trois, et m'atteint dans un désespoir bien récent. — J'aurais été m'informer moi-même de la vérité, si je n'étais trop malade pour sortir, comme j'en avais fait l'autre jour l'imprudence. Je remets ma visite, qui sera toujours un besoin pour moi, puisque votre présence à tous deux ne me rappelle que la gratitude d'un passé inoubliable. — Si le bien que vous faites n'est pas la première chose que vous oubliez, vous devez en effet conserver la mémoire de votre attachée   Marceline Desbordes-Valmore.

» 16 janvier 1847. »

(Autographe.)

« Depuis que j'ai l'infirmité d'obliger mes interlocuteurs à faire avec moi une pénible conversation au crayon, j'ai l'habitude de demander la permission lorsque je crois utile d'emporter l'autographe.   ANTÉNOR JOLY.

» 3 février 1847. »

(Autographe.)

« MONSIEUR,

» En vous adressant mes bien sincères remercîments pour la manière si gracieuse dont vous avez parlé de moi, j'ose mettre le comble à mon indiscrétion en réclamant un mot de vous, etc..... Veuillez agréer, etc.

» Cte DE SUSSY.

» 23 février 1847. »

(Autographe.)

« Merci du fond du cœur pour les observations que vous faites ce matin relativement à la triste cérémonie d'hier (les obsèques de mademoiselle Mars). Le manque d'ordre était presque une offense. Moi, j'ai été assez heureuse pour pénétrer dans le cimetière et rester près de sa tombe. C'est là que le scandale a recommencé. Ce n'était pas un cimetière, c'était le poulailler de la Gaîté! Samson a été forcé, par les cris indécents qui partaient de tous côtés, d'interrompre trois fois son discours, qui a été beau et digne de cette femme admirable. Je suis forcée de l'avouer.... Quand on pense que pas une de ces dames n'avait une fleur naturelle pour jeter sur sa tombe!....

» VIRGINIE BOURBIER.

» 27 mars 1847. »

(Autographe.)

MA VIE. — CHAPITRE XL.

1832. — A LOUIS-PHILIPPE, ROI, CHARLES-MAURICE, HOMME DE LETTRES.

Sous ce titre, d'allure assez chevaleresque, j'adressai au Chef de l'État une Épître comme jamais n'en reçut et n'en recevra Monarque, Souverain, despote ou débonnaire. Deux heures après sa publication, et quand il n'y avait plus moyen de l'empêcher, je l'envoyai par voie sûre à son adresse. Louis-Philippe la reçut, s'enferma aussitôt dans son cabinet et la lut.

Quand il en sortit, s'apercevant que plusieurs personnes l'attendaient dans la pièce contiguë, il s'arrêta, le visage animé, et, de la main droite, frappa avec force sur ma Lettre, qu'il tenait dans la main gauche, en disant : « *On m'a trompé! On m'a indignement trompé!* »

Un Commensal du Château, qui avait de l'amitié pour moi, s'était trouvé présent à cette scène. Il vint me l'apprendre, et crut pouvoir inférer des paroles du Roi que je ne tarderais pas à recevoir de ses nouvelles. J'en reçus, en effet, mais d'une nature toute différente de celle qu'il entendait. — On accourut m'annoncer que des poursuites judiciaires allaient être dirigées contre moi, plutôt cependant pour avoir, par mes expressions, manqué de respect au Chef du Gouvernement, que pour opposer des démentis aux faits que j'alléguais.

Ce moyen de scinder l'accusation, en laissant de côté

le principal pour n'appeler l'attention que sur la forme de l'Écrit, m'aurait beaucoup rassuré, si j'avais eu peur. Mais le Conseil des Ministres ne partagea pas l'imprudence de cette velléité. Il pensa, plus sagement, que l'arrêt, soit de la Cour d'Assises, soit de la Cour des Pairs, serait infailliblement cassé par l'opinion publique et rayé des archives. — Dès lors il fut résolu, ailleurs que là, qu'on livrerait l'auteur de la brochure à d'autres moyens dont l'action, pour être plus détournée, n'en serait aussi que plus inévitable, ce que Bazile appelle : « *Susciter une méchante affaire.* »

Aux nombreuses visites que je reçus à ce sujet se joignirent de chaleureuses félicitations écrites sur ce qu'il y avait d'évident et de courageux dans ma *Lettre*. Elles portaient et portent encore (car je les tiens à la disposition des bonnes âmes qui voudraient les nier), elles portent la signature de personnes honorables et distinguées. Je n'en citerai que ces mots d'un homme dont le nom est un éloge :

« J'ai un exemplaire de la troisième édition. Elle est
» écrite avec franchise, avec verve et originalité. Elle
» restera comme un *monument historique* de faits im-
» portants arrivés dans les trois Journées d'une révolu-
» tion qui pouvait devenir belle comme un grand lion
» au repos, et dont on nous a fait un sot mouton avec
» une queue de rat.

» ANDRIEUX, *de l'Académie française.* »

(Autographe.)

Tant il y a que, louée tout haut par les uns, déchirée tout bas par les autres, l'Épître est encore vierge de toute récrimination. — Un seul homme s'est trouvé qui, trop absent dans les dangers pour avoir jamais à discuter les gens qui les ont courus, s'est ingéré de se taire, quand il était de son devoir, de son honneur, de parler. C'est Vatout, ce courtisan maladroit, dont l'histoire des *Châteaux royaux*, chapitre du Palais-Royal, n'a pas dit un mot du plus grand événement qui s'y soit accompli. Le malheureux n'a pas vu que par son silence même il faisait fi de l'estime de son maître.

Je ne parlerai plus ici de cette *Lettre*, dont j'ai suffisamment rappelé les motifs pendant plusieurs anniversaires des Trois Journées. C'est autre part que dans une *Esquisse* que doit se trouver ce qu'il en reste à dire. — J'aime mieux invoquer celui de mes petits accès de fièvre poétique qui m'a fait publier, sous ce règne, des vers tels que ceux-ci. Tout le monde n'a pas aujourd'hui de pareilles constatations à produire. — Dans mon journal du 24 mai 1834 (remarquez bien la date), j'ai dit au Gouvernant couronné :

> Va, le nom de Français est toujours un beau nom!
> S'il a couru, vainqueur, du couchant à l'aurore,
> Il peut reprendre haleine, et nous sommes encore
>   Le peuple de Napoléon.

L'ombre auguste de Sainte-Hélène apparaît.

> Noble spectre des mers, géant de l'Atlantique,
>   Muette et debout sur les eaux,
> Elle voit, toujours calme et toujours héroïque,
> L'univers devant elle amener ses vaisseaux.
>   Touchant symbole d'espérance,
>   Son froid linceul, maître des vents,
>   Flotte sans cesse vers la France,
> Comme un drapeau tout fait qu'il offre à ses enfants
> Au jour où, fatigués d'une vaine clémence,
> Ils marcheront ensemble à la mort des tyrans.

J'ai la faiblesse de croire que, pour un prosateur

par état, ces lignes, du reste assez indépendantes, ne sont pas absolument mal rimées. — Que disent les renégats de cet oracle à si longue échéance?

CHAPITRE XLI.

LA MAISON DE SANTÉ.

Le journal. — Un concert. — L'Édile. — Refus.

On pense bien qu'après ma *Lettre*, toute la position dut être mise sur le pied de guerre, et qu'il allait me devenir presque impossible d'échapper à tant de forces accumulées contre moi. Précisément je reçus la visite d'un homme que de bonnes et longues relations m'autorisaient à compter parmi mes meilleurs amis. Il vint m'annoncer le commencement de sourdes machinations, auxquelles il m'assura qu'il serait étranger.

Les travaux du siége, les fonctions de la sape durèrent un peu plus de deux années, tant à cause de leur importance que parce que *la place* ne présentait pas de côté sérieusement vulnérable. Enfin on en découvrit un dans mon infatigable persévérance à justifier (quoique seulement en fait de littérature) le mot si juste de Fontenelle : « *La vérité est un coin qu'il faut faire entrer par le gros bout.* » — Et là-dessus, s'établissant une jurisprudence sinon nouvelle, du moins rendue fort sévère à mon égard, je fus bientôt obligé d'invoquer le séjour d'une Maison de santé, de préférence à celui qu'on m'avait généreusement octroyé. — Dont acte.

Je choisis les Néothermes, où l'on vivait presque aussi agréablement qu'en liberté....., à la liberté près.

— J'y continuai la rédaction de mon journal, favorisée par les mêmes communications de Gens de lettres et d'artistes que si j'eusse été chez moi. — Si grande fut même la latitude qu'à ma recommandation on y donna un Concert dans lequel nombre de nos premiers chanteurs de théâtres se disputèrent les applaudissements d'une assemblée d'élite. — La protestation générale se formulait en musique.

Ce n'est pas dans une *Esquisse inachevée* que je puis convenablement rendre grâce aux bontés du haut Fonctionnaire qui m'a fait les débuts de cette lutte assez supportables pour que ma résignation n'en fût point découragée. Les temps amènent avec eux des possibilités dont la reconnaissance est impatiente; mais dans les cœurs bien placés c'est un feu qu'alimentent les retards.

Toutefois, un mot en particulier sur le Préfet de Police de cette époque doit ici se rattacher à la constance d'opinion dont j'ai fait preuve dans ma disgrâce. — Non content de rendre autant qu'il le pouvait ma situation meilleure, ce vigilant Édile conçut la pensée d'y faire substituer un état de choses *tout opposé*. — Je n'avais point écrit ma *Lettre* à Louis-Philippe pour en venir là. — Touché cependant de l'idée qu'avait eue le Préfet, je lui en adressai aussitôt mes remercîments et l'assurai qu'il ne m'en coûtait rien de lui devoir les marques d'un intérêt dont sa position doublait le mérite. — Pour moi, je ne pus voir autre chose dans ce qu'il désirait qu'une défection à laquelle jamais assez de honte n'aurait infligé d'assez rudes châtiments.

Eh quoi ! le hasard des Révolutions pousse un homme, qu'aucune ambition personnelle n'excitait, à rendre *à son Pays d'abord,* puis à toute une famille de Princes dont le Chef devient Roi, des services dont cent autres se partageraient légitimement l'honneur! Il le fait aux plus imminents périls de sa vie.

A cette famille, il sauve son palais, ses richesses, ses papiers les plus secrets et les plus dangereux, sa sécurité, sa considération princière suspectée par l'Émeute.

A ce Roi, qu'il remet en possession de ses *titres à l'impopularité,* il assure, de conséquence en conséquence, une couronne à laquelle ce cher parent jurait déjà NE PAS PRÉTENDRE! — (*Mot historique.*)

Il se trouve enfin, cet homme, vis-à-vis de toute une lignée que les apparences destinent au trône, il se trouve placé de telle sorte que pas un dans nos annales n'en peut revendiquer les surprenants avantages..... Et quand il a vu sans mot dire passer devant lui les Geais politiques se pavanant au bruit des fanfares; quand, après n'avoir rien demandé, il a été contraint de légaliser ses droits à la reconnaissance publique, parce que la tourbe des flatteurs et des envieux osait les mettre en doute, ce n'est pas seulement l'ingratitude qu'il rencontre, c'est la plus infâme des persécutions; c'est l'acharnement de la rage à déshonorer le bienfaiteur!

Non! de semblables injustices ne se pardonnent point, et celui qui pourrait les oublier, qui n'en appellerait pas à l'équité, à l'indignation de ses Concitoyens, mériterait de les avoir éprouvées.

Bien que je sentisse que j'aurais par la suite de fâcheuses recrudescences à craindre d'un refus aux bonnes intentions du Préfet, je refusai.

Plus tard, je repoussai la même offre en réponse à l'entremise de M. de Châteauneuf, un des serviteurs des Tuileries, venant DE LOIN, me dit-il, m'apporter cet axiome réconciliateur : « *On ne hait pas toujours.* » — Je ne haïssais point, je faisais mieux. — Je déclarai donc au négociateur que je voulais m'en tenir à celui des deux sentiments qu'on m'avait forcé de choisir, et que je le priais de ne plus s'occuper de cette affaire. — Satisfaction qu'il me donna.

(*La suite au Chapitre prochain.*)

L'hydrophobie du servilisme poussé jusqu'à sa quatrième puissance n'irait pas plus loin que le fait dont je viens d'être informé par le Directeur des Beaux-Arts. Un homme?.... Non! Un Ministre?.... Non! Un magistrat?.... Non! Un esclave, un misérable, digne de tous les supplices, a dit hier, sans que l'horreur d'un pareil mot ait figé le venin sur la langue du serpent :

« *Charles Maurice!... Amenez-nous-le*, NOUS EN
» MANGERONS!!!... *Il me l'a dit,* vient de m'assurer
» positivement Cavé, *là, dans mon cabinet, les deux*
» *pieds sur ces feuilles du parquet, et de l'air décidé à*
» *tenir sa parole.* »

Qu'ai-je donc fait à ce Cannibale que je ne connais pas, qui ne m'a jamais vu, et dont la rage atteint cet affreux paroxysme? Rien; mais il a ses fétiches, et devant eux, il rampe. — (27 mars 1847.)

❦

Vers la fin de la maladie dont elle est morte, mademoiselle Mars n'a pas eu la force de se refuser à ce qu'on donnât chez elle un dîner qui, lui disait-on, tranquilliserait le Public. Au moment convenu, elle a dû apparaître et dissimuler son atonie sous une attitude mal secondée par l'éclat emprunté

> Dont on eut soin de peindre et d'orner son visage
> Pour réparer *du mal* l'irréparable outrage.

Aussi, le douloureux sourire qu'elle affectait faisant place aux marques de la souffrance, elle a été bientôt obligée de se retirer, pour ne plus revenir. — Je n'ai rien compris à cette inhumaine répétition du spectre de Banco. — Elle rappelle M. de Bezenval, Colonel général des Suisses sous Louis XVI, causant le même effroi à ses convives et leur disant : « *La Statue du Commandeur vient vous faire visite.* » Deux heures après, il était mort. — (Mars 1847.)

❦

« Mon cher monsieur Maurice,

» Daignez agréer une petite image de la nature. Puisse-t-elle être à vos yeux aussi vraie que l'estime dont je suis pénétré pour votre cœur et votre esprit. — Recevez, je vous prie, l'assurance des sentiments distingués de votre vieux barbouilleur   Cicéri.

» 21 avril 1847. »

(Autographe.)

❦

« ..... Je suis vraiment ici comme une princesse en voyage. Hier, lendemain de *la Favorite,* j'ai reçu le

Préfet, le Maire, le Lieutenant Général et une députation des élèves de l'École d'application, qui m'ont envoyé une magnifique couronne. — Si je pouvais oublier un instant ce que mon pauvre cœur a laissé d'affections dans la capitale, l'artiste trouverait bien certainement de quoi être heureuse. Ne m'oubliez pas..... ROSINE STOLTZ.

» Metz, 28 avril 1847. »

(Autographe.)

« MONSIEUR,

» La ville d'Abbeville, où M. le Sueur est né, lui élève un monument sur une de ses places publiques. Dans ce but une souscription a été ouverte, et pour le profit de cette souscription un concert sera donné au Conservatoire. Vous comprendrez, monsieur, tout l'intérêt que prend la veuve de le Sueur à ce témoignage de l'estime nationale pour la mémoire de son mari. Elle espère que vous voudrez bien accueillir, etc.

» Vve LE SUEUR.

» Ce 5 mai 1847. »

(Autographe.)

« MON CHER MONSIEUR MAURICE,

» Je suis arrivée à Orléans avec un mal de gorge affreux. J'ai été obligée de faire remettre ma représentation au 19. Puisque vous êtes assez bon pour vouloir bien vous occuper de moi, je vous tiendrai au courant de ma vie. Je pars dans une heure pour Tours. J'espère que la chaleur qui semble se préparer m'enlèvera le petit reste de rhume qui me tourmente. De cœur. ROSINE STOLTZ.

» 7 mai 1847. »

(Autographe.)

« Monsieur,

» Ce serait manquer aux égards et à tous les remercîments que je vous dois si je tardais plus longtemps à vous écrire ; mais vous voudrez bien m'excuser lorsque je vous aurai dit que je joue trois fois par semaine des pièces qu'il me faut apprendre, et passer mes journées à la répétition. Du reste, il est impossible d'être mieux récompensée que je le suis. J'obtiens ici un succès qui m'étonne moi-même, d'autant qu'on a la bonté de l'adresser autant à l'artiste qu'à la femme, et j'en suis toute fière..... Enfin je suis décidée à travailler *sérieusement*, je veux parvenir, et je parviendrai. Je n'oublie pas et je n'oublierai jamais que c'est à vos encouragements, monsieur, que je dois tout, et j'espère profiter toujours de vos bons conseils, si vous voulez bien m'en donner encore.

» A. DUVERGER.

» Londres, 8 mai 1847. »

(Autographe.)

Le sans-façon que Roger apporte de plus en plus dans ses rôles devient intolérable. La prose qu'il ajoutait ce soir à celle de M. Scribe dans la *Dame Blanche* était d'une niaiserie à rendre tout confus l'esprit de notre ingénieux écrivain. — Que Roger s'en tienne à la lettre, et il aura encore bien assez de peine à passer pour un comédien ! — Que le chanteur brode, à la bonne heure ! C'est la reprise de la couturière qui cache un trou. — (16 mai 1847.)

Mademoiselle Adèle Dupuis vient de mourir. Elle avait appartenu à l'Ambigu-Comique et à la Gaîté. Les pièces des mélodramatistes lui eurent de grandes obligations; elle y apportait un zèle de tous les jours et se montrait après cent cinquante représentations ce qu'elle avait été à la première, soigneuse et toujours à la scène. Elle était retirée depuis nombre d'années. (19 mai 1847.)

UNE SEMAINE DE MON JOURNAL.

Samedi. —— Odéon. Reprise des *Templiers*.
Palais-Royal. Pièce *nouvelle*.
Dimanche. — Opéra. Continuation de *débuts*,
Et trois *représentations extraordinaires*.
Lundi. — Opéra-Comique. *Spectacle forcé*.
Mardi. — Théâtre-Français. *Représentation extraordinaire*.
Porte-Saint-Martin. Pièce *nouvelle*.
Mercredi — Théâtre-Historique. *Représentation extraordinaire*.
Vaudeville. Pièce *nouvelle* et *trois débutants*.
Jeudi. — Théâtre-Français. Reprise de *Marion Delorme*.
Vendredi. — Palais-Royal. Pièce *nouvelle* et *trois débutants*.
Samedi. — Odéon. *Deux* pièces *nouvelles*.
Gymnase. Pièce *nouvelle*.
Dimanche. — *Spectacle forcé* presque partout.

Et les fainéants me reprochent de gagner trop *facilement* ce qui fera vivre ma famille quand viendront les jours du repos! — Race incorrigible. — (Mai 1847.)

☙

Sous prétexte d'exactitude et de grande connaissance des camées, nombre de nos acteurs se livrent à des compositions *Curtius et perruquières* d'une excentricité malheureuse. Leurs études n'ont pour but que d'arriver à *se faire une tête.* — Apprendre un rôle n'est rien, c'est tout bonnement la mémoire qui fonctionne; en chercher le caractère est peu de chose, parce que les auteurs s'arrangent trop souvent pour qu'on ne le trouve pas. En offrir la représentation *capitale* est tout. — Dès qu'on s'est *fait une tête,* le *grand artiste* est trouvé. Sans doute la pensée est louable, car il faut d'abord frapper le spectateur par la reproduction physique capable d'arrêter ses idées sur le personnage. Cela l'aide infiniment à comprendre, à s'illusionner, à s'émouvoir, à se mettre enfin en communication directe avec l'auteur. Il y a du mérite à cela, et le Comédien qui ne s'y attacherait pas serait judicieusement taxé de négligence. Mais, comme tout autre excès, celui de s'en trop occuper, d'y sacrifier l'essentiel, a ses dangers et sa puérilité. Ainsi, nous voyons tous les jours de ces *têtes* fort bien *faites* dont on peut dire (le jeu de l'acteur leur étant comparé) ce que dit le fabuliste latin : *Cerebrum non habent,* elles n'ont point de cervelle. Alors le soin qu'on a pris est très-regrettable, puisqu'il devient inutile. Jadis Cinna empanaché et Hermione caparaçonnée n'en faisaient pas moins illusion. N'y revenons point, c'était l'enfance. Soyons de notre temps, c'est le progrès; mais que celui-ci s'étende à tout le reste, car l'état stationnaire équivaudrait bientôt à la reculade. Mieux vaudrait n'avoir pas avancé. — (Mai 1847.)

RECOMMANDATION.

Dans l'ardeur de nos vœux vers le ciel adressés,
Ne demandons pas trop pour obtenir assez.

Un des plus grands et des plus accrédités journaux de la capitale vient d'imprimer, au plus voyant de ses colonnes et comme chose des plus ordinaires :

« *La loi funeste de* LA DIFFAMATION *protége contre la* » *publicité* TOUS LES GENRES DE FRIPONNERIES. »

Et on n'a rien fait à ce journal; on ne lui a même rien dit. — « Pourquoi?... » — Ah!... — (Juin 1847.)

« MONSIEUR,

» Je vous envoie deux exemplaires de l'*Antiquaire*. L'un adressé à l'homme, l'autre au journal. Lisez et jugez. Je vous accepte pour juge. Vous verrez à quoi tiennent les destinées d'une œuvre abandonnée à une cabale qui s'adresse à un nom.

» Je fais aujourd'hui appel à tous les journalistes sérieux.

» Vous verrez bientôt l'effet de cette réaction littéraire. Votre journal spécial pourra arriver le premier dans ce jugement sur *pièce*. Nous verrons si dans ce siècle en débandade l'écrivain honnête, consciencieux sera seul abandonné.

» J'attends votre justice et non ma reconnaissance.

» Antony Thouret.

» 7 juin 1847. »

(Autographe.)

❦

« Une bonne cause est comme une honnête femme, elle n'a pas besoin d'être défendue.

» Adolphe Dumas.

» 18 juin 1847. »

(Autographe.)

Oui, fiez-vous-y!.... (Ch. M.)

❦

Hélas! par la confraternité littéraire qui court, je suis obligé d'user ici quelques lignes au rappel de la constatation que j'ai faite dans la circonstance suivante. Au mois d'août 1847, un journal annonça que, pour fait d'empoisonnement, la Cour d'Assises de l'Ain venait de juger deux hommes dont l'un se nommait *Maurice Descombes*. Quoique ce dernier eût été acquitté, je déclarai n'avoir aucun lien de parenté avec lui, dont j'entendais parler pour la première fois. — Peut-être était-ce une invention, un *Canard* éclos au nid de quelque reptile, avec la pensée que mon silence pourrait autoriser dans l'avenir d'odieux soupçons sur ma famille. *Ils* ont fait mieux que cela!... En tout cas, acte de la susdite déclaration m'est définitivement octroyé.

❦

Je ne puis mieux corroborer le motif de l'article qui précède que par le fragment d'une lettre écrite, en

1840, par une plume agréable jusque dans les moindres choses et qui disait beaucoup même en riant :

« ..... On m'avait arraché la demande d'une place
» de Comparse au directeur des chœurs de l'Opéra. Ma
» lettre, probablement mal tournée, lui ayant donné
» lieu de croire que je sollicitais pour moi, il m'a fait
» la grâce de m'écrire que le cadre des chœurs étant
» complet, le sieur Charles Nodier ne pouvait y être
» admis. La pièce est dans mes mains, et il est pro-
» bable que le refus qu'elle m'annonce aura été consigné
» dans les registres de l'administration, qui démontre-
» ront éternellement que j'ai sollicité, sur mes vieux
» jours, mon début de figurant dans l'emploi des *Nym-*
» *phes* et des *Amours*.   CHARLES NODIER. »

Et cependant la suspicion est beaucoup moins dangereuse en fait de *Nymphes* et d'*Amours*, que lorsqu'il s'agit même d'un simple début dans l'emploi des *Empoisonneurs*. — Charles Nodier et moi n'avons donc rien ajouté au chapitre des *Précautions inutiles*.

❀

« ..... J'ajouterai, monsieur, que je saisis avec un vif empressement l'occasion de vous exprimer toute ma gratitude pour la bienveillance habituelle avec laquelle vous avez accueilli les campagnes que j'ai livrées sous vos yeux. Je me souviens aussi que mon père n'avait jamais eu qu'à se louer beaucoup de votre critique, et ce souvenir ne me rend que plus douce ma reconnaissance personnelle.   LÉON LAYA.

» 29 septembre 1847. »

(Autographe.)

« Coraly des Italiens était mon père : il se nommait Coralli Peracini. Il a débuté dans *les Deux jumeaux de Bergame*, pièce de Florian, et a remplacé Carlin à la Comédie italienne.

Le Chorégraphe de l'Opéra.

» Ce 11 novembre 1835. »

(Autographe.)

« Mon bon monsieur Maurice,

» Vous avez sans doute vu en parcourant les journaux une délibération du Conseil Général relative au privilége des théâtres de la banlieue. J'ai pensé qu'une réponse était nécessaire..... Vous m'obligerez beaucoup en me donnant les moyens d'initier le monde théâtral à tous ces tripotages avec lesquels il faut en finir..... Du reste, je suis bien las de toutes ces banlieues, et voudrais bien m'en débarrasser.

» Jules Séveste.

» 15 novembre 1847. »

(Autographe.)

Je demandais tout à l'heure à Cavé comment, avec tant d'envieux de sa place, et dont bon nombre sont puissants, il la conserve sans inquiétude. Il m'a répondu qu'il était tranquille, parce que personne ne ferait, *comme cela se pratique sur tous les services des Ministères* (textuel), une *économie* aussi forte que la sienne, et dont l'*emploi* cause un plaisir qui l'emporterait, au besoin, sur les plus grandes protections du monde. — Je lui ai tout de suite parlé d'autre chose. (15 novembre 1847.)

❦

« Monsieur,

» Vous avez bien voulu prendre la peine de passer chez ma mère pour lui parler de la part de M. Léon Pillet, rapport à un engagement pour ma femme et moi au Théâtre de l'Opéra. Je vous témoignerais pour cela, monsieur, de mon côté ainsi que de celui de ma femme, notre plus parfaite gratitude de l'intérêt que vous nous avez témoigné en ce cas, en vous chargeant de cette mission; mais vous excuserez si je vous fais quelques objections sur les offres que vous avez faites à ma mère, et que vous comprendrez mieux que personne, étant si parfaitement au courant des affaires théâtrales..... Agréez, monsieur, les respectueux hommages de mon épouse ainsi que de moi, et permettez de vous témoigner de nouveau nos remercîments, etc.

» Arthur Saint-Léon.

» Londres. »

(Autographe.)

❦

« Vous avez eu la bonté de me témoigner de l'intérêt, mon cher Charles, et c'est pour cela qu'en toute confiance je viens vous ouvrir mon cœur. Vous savez peut-être déjà que je suis partie pour Bruxelles avec mon mari. Je suis bien sûre que dans le premier moment on m'accusera, et que je serai regardée comme une fugitive. Cependant je puis vous assurer que cela est bien loin de mon intention. Je viens d'écrire à M. Lubbert à cet effet; mais c'est à vous, mon cher Charles, que je veux donner connaissance de tous les détails de cette affaire, votre estime et votre amitié étant d'un grand poids à mes yeux..... Nous nous sommes déterminés à prendre un mois de congé sur un de quatre qui existe dans nos engagements et à attendre à Bruxelles les nouvelles propositions que l'on doit nous faire. C'est donc un *congé* seulement, et non pas une *fuite*, comme on voudra le faire penser..... Si j'étais encore mademoiselle Cinti, on ne demanderait pas mieux que d'entortiller mes affaires de manière que j'y eusse du désavantage..... Je vous prie bien de me seconder dans cette circonstance, en affirmant que mon intention est de revenir. Il serait bien cruel de renoncer à son pays, à sa famille, et vous savez si je les aime!.... J'attendrai votre lettre avec bien de l'impatience. Croyez-moi votre sincère amie   DAMOREAU née CINTI.

» 16 novembre 1827. »

(Autographe.)

« CHER MONSIEUR MAURICE,

» Un de mes premiers plaisirs en arrivant à Paris sera de vous aller voir..... J'ai rapporté de Bruxelles des souvenirs si agréables, que je suis toute triste de l'avoir quitté. On ne m'y a pas seulement prodigué les fleurs et les sérénades, comme vous savez; en outre des deux bracelets qui m'ont été offerts, je rapporte une médaille en or à laquelle j'attache le plus haut prix : elle m'a été donnée par la Société philanthropique, après une représentation au profit des pauvres. J'ai aussi fondé un lit dans l'hospice des vieillards, et ce lit porte mon nom. Je vous prie de croire à mes sentiments de reconnaissance et d'amitié.

» CARLOTTA GRISI.

» 27 novembre 1847. »

(Autographe.)

❦

Ce fut une grande affaire de savoir, en 1847, comment on appellerait le nouveau Théâtre, si grande qu'on en référa au Maître de la situation générale. Des Conseillers furent admis à proposer chacun un titre, tout en laissant, comme on s'en doute bien, le champ libre à l'imaginative, qui devait nécessairement trouver ce qu'il y aurait de mieux. — A cet Établissement, fondé pour l'exploitation spéciale du *Roman* dramatisé, tous les titres pouvaient convenir, excepté celui de *Théâtre* HISTORIQUE..... Ce fut justement celui-là que trouva Louis-Philippe. — Et d'étonnement, Clio se rendormit.

❦

Plaignez, plaignez notre avocat,
Le Cicéron des causes ténébreuses!
C'est moins que rien pour lui que son état,
Depuis qu'on ne voit plus d'affaires scandaleuses.
Maintenant, au Palais n'ayant point à parler,
Il va livrer à la Science
Un cas nouveau qu'on pourrait appeler
L'indigestion de silence.

❦

Huit jours avant l'apparition de mademoiselle Rachel, une actrice, qui a peu vécu et dont l'extérieur rappelant mademoiselle Mars, la faisait à tort soupçonner d'imitation dans le talent, mademoiselle Verneuil, me disait : « *Il va débuter une petite fille qui s'emparera* » *du Théâtre-Français et* LES MÈNERA TOUS A LA BAGUETTE. » — La Prophétesse étant morte, il n'est peut-être pas mal que la prophétie reste.

« Mon bon monsieur Maurice,

» Aujourd'hui je me recommande à Dieu et à mes amis; vous avez bien des fois prouvé que j'avais raison de m'adresser à vous..... Aurai-je encore raison aujourd'hui? et voulez-vous m'accorder toute votre bienveillance pour ce soir? Vous me rendrez heureuse en me disant oui; car, si vous l'avancez, j'y compte presque, tant je vous sais bon pour moi.

» Sarah Félix.

» 15 janvier 1848. »

(Autographe.)

« Monsieur,

» Permettez-moi de vous renouveler mes remercîments. Je viens de lire votre journal d'aujourd'hui, et j'ai retrouvé dans ce que vous n'avez pas dit et dans ce que vous avez dit l'expression du bon accueil que vous m'aviez fait hier. Je vous suis très-reconnaissant d'une bienveillance si gracieusement accordée. Croyez que je m'estimerais heureux si je rencontrais l'occasion de vous être agréable à mon tour, et de vous prouver combien je suis sensible à votre excellent procédé. Recevez, etc. Eugène Guinot.

» 19 janvier 1848. »

(Autographe.)

Je demande aujourd'hui aux *Bals de l'Opéra* qu'on n'y entre pas sous les horribles guenilles qu'on y admet; que les gens ivres n'y soient point reçus; que l'insulte n'y tienne pas lieu de la familiarité permise; surtout que les paroles et les actes obscènes soient sévèrement bannis de ces réunions où triomphent les mauvaises mœurs, la corruption de la jeunesse et la honte d'un pays qui semble faire trop peu de cas de l'honnêteté publique en même temps que de sa réputation à l'Étranger. — Oui, je demande tout cela, et j'attends un procès où l'on dira que l'honnêteté publique m'a donné une *très-belle pièce d'argenterie,* et les vengeurs feront encore semblant de le croire. — (20 janvier 1848.)

« Monsieur,

» Je suis reconnaissante de l'intérêt que vous me témoignez, et je n'hésite pas à vous le prouver en relatant ici les concessions que j'ai offertes moi-même à M. Buloz et qu'il n'a pas voulu accepter..... J'attendais avec confiance la décision des juges qu'il plairait à M. Buloz d'invoquer. Vous me dites, monsieur, que M. Buloz vous a donné ses pouvoirs pour traiter avec moi ; je veux bien donc, en considération de votre entremise, réitérer les offres dont M. Buloz m'avait libérée en les refusant..... Recevez, etc.

» Rachel.

» Le 15 février 1848. »

(Autographe.)

« Monsieur le Directeur,

» Nous nous estimons fort heureux de ce que notre petite histoire sur *l'Opéra national* vous ait semblé assez intéressante pour en donner quelques fragments à vos lecteurs. Nous vous remercions surtout, monsieur, des mots bienveillants dont vous avez fait précéder ces extraits. Recevez, avec l'expression de notre gratitude, l'assurance, etc.   P<small>ONTÉCOULANT</small>.

» 20 février 1848. »

(Autographe.)

Au nom du Peuple français.

« M<small>ON CHER MAÎTRE</small>,

» Martin, Dieu merci, est sain et sauf et veille au salut de la république comme secrétaire du gouvernement provisoire.

» S'il peut vous être utile..... à vous.

» E. M<small>ARTIN</small>.

» 27 février 1848. »

(Autographe.)

Le jour où les Comédiens français, par l'intermédiaire de M. de Rémusat, se plaignirent à l'Empereur de l'abus des *Entrées de fonctionnaires,* Napoléon, saisissant le premier papier venu, s'y inscrivit pour douze mille francs en augmentation du prix de sa loge, et donna ordre que toutes les personnes attachées au Gouvernement eussent à imiter proportionnellement son exemple. Par cela seul, la recette éprouva une subite élévation de 80,000 francs par année. — Le fait méritait bien que, fort longtemps après, par une douce réminiscence et sans y être obligé, on reprît sentimentalement le titre de T<small>HÉATRE DE LA RÉPUBLIQUE</small>. On dira : « *Ce n'étaient pas les mêmes !* » — Non ; mais c'était alors, comme c'est encore aujourd'hui, la même main qui a donné *cent mille francs de rente* à la même *Société,* et cette *Société* existe. — (28 février 1848.)

Tout acteur retiré qu'il est, Delsarte remonte en cet instant sur la scène pour chanter un air patriotique, à côté de mademoiselle Chéri Couraud, dans la *Révolution* que représente l'Opéra-National. — Deux amours sacrées de la patrie et bien sincères. — (Mars 1848.)

« Monsieur,

» Voici l'analyse de *la Fille d'Eschyle* que vous m'avez fait l'honneur de me demander. Il va sans dire que je l'abandonne humblement à votre contrôle magistral. Si je n'ai ajouté aucune citation à ces quatre pages de prose, c'est que j'aurais craint d'abuser de cette parfaite bienveillance que vous m'avez témoignée. Permettez-moi de vous redire, monsieur, que j'en ai été vivement touché, et que j'en garderai un souvenir bien reconnaissant. AUTRAN.

» 9 mars 1848. »

(Autographe.)

Le 8 de ce mois, jour néfaste pour la musique, Donizetti s'est éteint à Bergame, laissant *la Favorite* et la *Lucie* pour l'empêcher de mourir. (Avril 1848.)

Il n'a pas été dit que madame Dorval, l'actrice qui a si chaudement servi les intérêts du Drame moderne, est morte d'amour. C'est pourtant l'exacte vérité. Son attachement pour l'un de ses petits-fils, très-jeune enfant, avait atteint sa plus dangereuse exaltation. Il lui faisait souvent dire que si elle venait à en être privée par la mort, elle deviendrait folle, et bien certainement ne lui survivrait pas. — Ce malheur arrivé, elle poussa les regrets jusqu'aux démonstrations les plus capables de les accroître. Tous les jours, sans le dire à personne, elle allait porter différents objets et principalement des joujoux sur la tombe. Elle y avait fait mettre un pliant, retenu par une chaîne cadenassée, et s'y tenait des demi-journées entières à pleurer, à prier et à s'entretenir dans la pensée qu'elle causait avec l'enfant. Sans l'avoir vue entrer, les Gardiens la reconnaissaient de loin aux cris de son désespoir. Sous l'influence d'une de ces bizarreries de la nature qui impose trop souvent aux plus cruelles douleurs le contraste d'un embonpoint toujours funeste aux artistes dramatiques, madame Dorval allait se voir forcée de changer d'emploi; mais le sort fit plus, il y ajouta la perte subite d'un talent si recommandable. — Une seule fois, au *Théâtre-Historique,* elle essaya de remonter sur la scène, et n'en descendit que convaincue de la nécessité de s'en éloigner pour jamais. L'amour maternel avait tout emporté. — Chose singulière! L'enfant était mort le 18 mai 1848, et madame Dorval est morte un an après, jour pour jour. J'en avance la date pour les réunir ici.

Il y a peu d'exemples d'un malheur aussi heureux que celui dont Salvador Taglioni, le Chorégraphe de San Carlo à Naples, vient d'être la victime fortunée. Le 15 de ce mois, jour de la révolte, il passait dans une rue lorsqu'il entendit des coups de feu. Pour se soustraire à leurs suites, il se précipita dans la cour de la première maison qu'il trouva ; mais il n'y parvint cependant pas sans être blessé, quoique légèrement. Les gens parmi lesquels il se jetait étaient précisément des insurgés. Les soldats arrivent, en saisissent quarante et les fusillent sur-le-champ. Toutes les explications de l'artiste devenant inutiles, il est compris dans l'exécution et reçoit trois balles au travers du corps, plus sept coups de baïonnette. — Reconnu au milieu de ses compagnons par une personne qui s'aperçut qu'il vivait encore, il a été transporté en lieu sûr, où déjà tout danger de mort a disparu. S'il est possible d'en revenir de plus loin, ce doit être au moins bien difficile. (30 mai 1848.)

« Le 6 juin 1848.

» Monsieur,

» Vous n'avez pas oublié, sans doute, un ancien détenu politique de la maison de santé du faubourg Poissonnière ; je n'ai pas oublié non plus les lignes bienveillantes que vous avez consacrées à mes *Prisons de Paris*. C'est vous dire assez que vous me continuerez cette bienveillante attention dans la personne de mademoiselle Favart du Théâtre de la République. Je m'y intéresse comme on s'intéresse à une compatriote et à une parente. Salut et fraternité.

» P. Joigneaux, *Représentant du peuple.* »

(Autographe.)

En succédant à Léon Pillet dans la Direction de l'Opéra, par cession, les associés Nestor Roqueplan et Duponchel ont remercié du même coup Barroilhet,

Levasseur, Bettini, Perrot et mesdames Stoltz, Carlotta-Grisi, Dorus-Gras, Dobré, Fitz-James, Élie et Mazillier. (9 juin 1848.)

PETITESSES D'UN TÉNOR.

Petites jambes, petits bras,
Petit feu qui s'éteint, petit souffle qui rentre,
Qu'il chante haut, qu'il chante bas,
Roger n'a franchement rien de gros que le ventre.

« Mon cher monsieur Maurice,

» Excusez-moi si je ne vais pas causer avec vous après la *délibération*. Je dîne en ville, et je ne fais que rentrer chez moi. Le *placet voulu* m'a retenue, la signature de tous étant obligatoire. J'espère que tout finira au gré de ceux qui aiment vraiment la grande boutique. L'entrée en matière s'est dignement passée. Je me résume. Je suis contente de mes camarades. Donnez-moi pleine joie : soyez content de moi, de notre honnête, loyal et bon Directeur. J'irai vous en dire plus long demain, quoique jouant le soir *Jeanne d'Arc*. D'ailleurs, je vous dois déjà des remercîments.

» Rachel.

» 26 septembre 1848. »

(Autographe.)

« Monsieur,

» Je ne suis pas une assez grande comédienne pour quitter le théâtre du Vaudeville sans expliquer au Public toujours si bienveillant pour moi cette rupture subite à laquelle je ne m'attendais pas..... J'espère et j'attends, un peu consolée par l'idée que je succombe devant l'enthousiasme très-naturel d'un associé pour son associé, et d'un mari pour madame son épouse. Agréez, etc. EUGÉNIE DOCHE.

» 27 octobre 1848. »

(Autographe.)

Sans plus ample informé, j'adresse aujourd'hui cette lettre au rédacteur du journal *le Corsaire*.

« MONSIEUR,

» Hier en m'apprenant qu'un article de la *Revue* de
» M. Taschereau me porte pour 2,000 francs dans les
» comptes des fonds secrets du dernier règne, vous ne
» prétendiez pas sans doute que j'aurais à me défendre
» d'avoir *rendu des services.* C'est tout ce que je tiens
» à constater. Vous ne serez qu'honnête homme en m'y
» aidant. Le reste viendra plus tard.

» J'ai l'honneur, etc. CHARLES MAURICE.

» Paris, le 6 novembre 1848. »

POST-SCRIPTUM. En n'insérant pas aussitôt cette Lettre, le *Corsaire* donne à ma démarche un caractère réfléchi, et même d'une hésitation de nature à me porter un nouveau préjudice. Je mentionne le fait et déclare vouloir user envers lui de tous mes droits. — Enfin, le jour suivant, ce journal a satisfait à ma réclamation, et, grâce au ciel, je n'ai pas à m'appesantir là-dessus.

On vient de m'apprendre que je suis dénoncé avec une extrême violence au *Club des Artistes*. En sentant glisser sur mon cou cette tuile tombée des toits du Tribunal Révolutionnaire, j'ai ri d'abord de l'anachronisme. Puis je me suis trouvé très-heureux de ne prendre aucun intérêt au salut de la République, car autrement cette nouvelle m'aurait beaucoup inquiété en m'apprenant que ses plus ardents sectaires ne s'occupaient que de petites rancunes personnelles. D'une réflexion à une autre, cela m'a fait penser à ce Comédien qui disait d'un journaliste assez osé pour ne l'avoir pas trouvé bon : « *Je ne lui veux point de* » *mal; mais on ferait bien de le guillotiner.* » (1848.)

※

Un petit accès de fièvre politique vient de saisir un acteur retiré du Théâtre-Français. Au *Club des Artistes,* Michelot a déclaré vouloir se poser Candidat à l'Assemblée nationale. On ne dit pas pour quel *emploi*. — (1848.)

※

Si le Peuple français a un peu de sang dans les veines, il ne doit jamais oublier qu'en 1848 l'acteur Tisserant, républicain calciné, a présidé *le Club des Artistes,* et qu'à ce titre il a été beaucoup plus agréable à la gaieté nationale que dans aucun des rôles de son Répertoire. Une ingrate Postérité qui ne s'en souviendrait pas mériterait qu'on réveillât Tisserant pour lui faire jouer la comédie devant elle. — Il se vengerait.

MA VIE. — CHAPITRE XLII.

1844. — LA CONCIERGERIE DU JOURNALISME.

La toise. — La toilette. — L'écrou. — Le cachot de la Reine.

Comme moyen d'action, il n'y a rien, sinon de plus expéditif, du moins de plus sûr, que les procès. Le dernier Gouvernement ne s'en est pas fait faute. — Il m'en devait, je l'avoue, plus qu'à tout autre, et je n'ai point à lui reprocher de s'être timidement acquitté. — Mais cette partie de mon histoire n'a encore rien à faire ici. Je n'en dirai que ceux des résultats où l'observation philosophique pourra trouver matière à s'exercer. Le reste appartient à un autre ordre d'idées.

J'entre donc tout de suite par la petite porte bardée de fer sous laquelle ont passé tant de victimes et de bourreaux. — Les attributions d'un journal de Théâtre ne s'attendaient guère (elles me l'ont avoué) ni au partage de cet excès d'honneur avec M. de Malesherbes, ni à celui de cet excès d'indignité avec Papavoine. — J'allais m'y rendre de moi-même, et non sans un peu d'effort, lorsqu'un Confident officiel vint me dire :

>Seigneur, on vous attend pour la cérémonie.

« *Il y en a donc une?* » lui dis-je. — « *Oui*, répon» dit-il, *partons.* » C'était le matin d'assez bonne heure.

On me reçut au Greffe avec une civilité qui me frappa. — La conversation s'engagea avec les Commis, comme si nous eussions été dans un salon. — Elle se prolongeait d'une manière si obligeante, que j'oubliais déjà en quel lieu j'étais, quand l'un de ces messieurs, se levant, s'approcha d'une machine que je ne connaissais pas, et me pria de le suivre. Cela me rappela à la situation, sans toutefois que je pusse prévoir ce qui allait se passer.

Il m'expliqua que je devais monter sur l'estrade qui servait de base à cette charpente, dont la traverse supérieure s'abaissa légèrement sur ma tête. Puis, consultant une sorte d'étiage, il constata la hauteur exacte de ma taille. Cela s'appelait *passer sous la toise*. — Il prit ensuite le surplus de mon signalement et consigna mes nom et prénoms sur un registre, où j'en lus quelques-uns qui me rassurèrent sur l'avenir de ces Archives et sur les pensées qu'elles feraient naître.

Je demandai alors si *la toilette* était terminée.

Le mot fit son effet, bien que je l'eusse envoyé à toute autre adresse qu'à celle de ces honnêtes Employés. — Enfin, j'appris d'eux que la chose dont ils venaient de s'occuper, se nommait un *écrou*. Complément d'assimilation flatteuse et d'autant plus inutile, qu'à l'entrée d'une maison tenue par des médecins, l'enregistrement des noms et titres du Pensionnaire, surtout s'il s'agit d'un Écrivain, a tout ce qu'il faut pour tenir lieu de pareille formalité. Mais *c'était moi!*...

Cette affaire faite, il ne me restait qu'à me retirer, parce que j'avais une seconde fois obtenu du Ministère qu'une Maison de santé me serait ouverte.

Pour profiter de l'occasion, je demandai à visiter ce qu'il était permis de voir de la Conciergerie, et particulièrement *le cachot de la Reine,* ce lieu d'éternelle mémoire. — Je me rappelais que Philippe-Égalité, captif à son tour, n'avait pu l'habiter qu'une nuit, tant, accablé de remords et d'insomnie, il avait souffert aux accusations de ces abominables murailles.

D'une grâce parfaite, on répondit à mon désir, en entrant dans tous les détails qui pouvaient m'intéresser. — Je me hâtai d'en arriver à ce fameux Cachot, espérant le trouver tel que l'histoire aurait voulu le conserver toujours. Mais, excepté les murs humides et la fenêtre encore grillée, tout avait disparu, jusqu'aux dalles où s'étaient imprimés les pas de la plus infortunée des femmes. — Un autel mal fait, mesquinement tenu et dont rien n'annonçait l'invocation, remplissait la place du lit où tant de soupirs s'étaient exhalés. — Le paravent qui avait séparé le Cachot en deux parties n'y était plus ; mais l'imagination voyait encore se retirer dans un coin les Gendarmes, dont sans doute les âmes s'amollissaient aux combats de la pudeur.

Je sortis le cœur navré, et sans le moindre sentiment de ce qui m'était personnel en cette triste occurrence. — Après cette grande victime, que pouvais-je être ?

CHAPITRE XLIII.

SAINTE-PÉLAGIE ÈS LETTRES.

Mon cachot. — Le mobilier. — Les précautions. — Le voisinage, etc.

Une fois la séquestration personnelle admise pour cause de *faits littéraires,* le chemin devient si raboteux qu'à peine on y peut marcher. — De peur de mettre le pied dans les excavations, et sautant par-dessus des événements dont le récit demande une autre place, je dirai sans préambule que, pour qui n'a pas vu ce genre de localité, l'idée d'une prison doit être nécessairement fort triste, mais qu'il faut y avoir été pour la saisir tout entière et dans ses noirs développements.

A Sainte-Pélagie, il y avait deux PAVILLONS, l'un *de l'Est,* où les Journalistes, les Écrivains étaient retenus avec des égards, tels que l'autorisation d'y recevoir des visites, d'y donner à dîner, de ne quitter leurs amis qu'assez tard dans la soirée, etc. — L'autre, *de l'Ouest,* réservé aux malfaiteurs de toutes les classes, où l'on n'admettait personne d'étranger, et dont la règle voulait que l'on fût *bouclé* (enfermé) de très-bonne heure dans la journée. Mesure très-favorable aux douces réflexions du captif! — Sur ma demande d'habitation dans le premier de ces pavillons, on me répondit *qu'il n'y avait point de place,* et, quand j'y allai pour consoler un camarade d'infortune, je n'y trouvai que le Gérant de la *Gazette de France,* fort désireux d'un colocataire. — Il y avait place pour quatre.

Quant au point cardinal où *l'Ouest* resplendit, il me fut ouvert, non pas encore tout à fait à mon choix, mais assez pour me procurer la jouissance d'un réduit dont je n'avais aucun soupçon. — En m'y conduisant, le Gardien qu'on me donna à mon arrivée me fit monter avec lui trois étages d'un escalier pratiqué dans un assez large espace, à l'instar des grands hôtels d'autrefois. Un réverbère semblable à celui des rues en aurait éclairé le milieu, si l'avarice de la pâle lumière qu'il répandait eût pu s'appeler une clarté. — Parvenu à ma destina-

tion, le Gardien s'aperçut qu'il n'avait pas la clef de mon appartement et qu'il lui fallait aller la chercher.
— Ce contre-temps, au moment même où toutes mes idées se résumaient en un poignant désir de connaître ce dont je ne pouvais me faire une image, me fut des plus sensibles. — « Est-ce qu'il serait possible, me di-
» sais-je, que je ne sortisse d'ici que *les pieds devant?*
» Nous verrons bien! »

La main posée sur la rampe, je regardais descendre lentement, et comme s'il s'agissait de tout autre chose que de la liberté d'un homme, ce Gardien si stoïquement blasé sur de semblables scènes. Il n'en finissait pas! — Le bruit de son trousseau, retentissant dans un silence lugubre, m'annonça son retour, qu'il accomplit avec la même lenteur, la même insouciance qu'à son départ. Je crois qu'il comptait les marches.

Enfin il arrive, passe le premier et me montre un cachot de moins de trois mètres de longueur, sur deux tout au plus de large, uniquement éclairé par un *jour* ressemblant plutôt à une *meurtrière couchée* qu'à rien de ce qui rappelle une fenêtre, et qu'on peut à peine atteindre en montant sur une table. — La porte épaisse et sillonnée de ferraille consent à l'étroite ouverture d'un Judas grillé, pour l'agrément de la communication avec l'encoignure d'un corridor, lorsque deux énormes verrous sont mis du haut en bas.

En m'y installant, le Gardien visita ma valise, et exigea que je lui remisse ce que je pouvais avoir d'instruments *piquants* ou *tranchants*. Je lui demandai si c'était une précaution contre le suicide. Sur sa réponse affirmative, je lui dis qu'*il* ne courait pas ce danger, parce qu'il m'était indispensable de vivre pour *écrire un jour ce qui allait se passer entre nous.* — Sans trop comprendre, il voulut bien me laisser un rasoir et le canif qui m'était nécessaire pour tenir la parole que je venais de lui donner, en même temps que pour continuer mes travaux de journaliste.

Resté seul, j'examinai LE MOBILIER. Il se composait d'un petit lit en fer, touchant à la muraille maculée de toutes sortes d'ordures, avec une prétendue paillasse, un soi-disant matelas, des draps de grosse toile jaune et une couverture *de bagne*. — Une table, une chaise et un tout petit poêle en fonte, avec un couvercle à jour, complétaient l'aménagement. — Le Greffe avait refusé l'entrée de draps et d'un matelas dont je m'étais muni. — Sur le mur, privé, comme on le pense bien, de toute espèce de papier, se prélassaient les plus sales barbouillages, rehaussés d'inscriptions inénarrables.

Je ne dirai pas que cette PREMIÈRE SOIRÉE, encore rembrunie par l'hiver, fut gaie, personne ne me croirait, et si elle l'avait été, je m'en serais cru digne. Mais elle m'offrait des méditations dont je me pénétrai jusqu'à préparer tranquillement mon papier pour le journal du lendemain, et prendre ensuite un volume de *Fréron* que je parcourus dans mon lit.

Ma seule inquiétude était que jamais, dans le jour, je ne verrais assez clair pour écrire. — Cette crainte m'éveilla plusieurs fois pour en juger, non par l'aspect du ciel, on ne le voyait pas, une large corniche semblait avoir été mise là tout exprès, mais par quelque chose comme un demi-crépuscule. Peine inutile! j'en fus tout le temps pour mes observations négativement astronomiques. — LE MATIN, je vis qu'avec d'aussi bons yeux que les miens je pourrais n'allumer ma lampe *qu'à trois heures.* — A quatre, on me *bouclait*, brusque et stridente interruption de mon travail, suivie d'un petit tressaillement dont je n'ai pas toujours été maître..... Pour être journaliste, on n'en est pas moins homme ; mais cela durait à peine une seconde.

Une odeur infecte et persistante m'obligeant d'en chercher la cause, je la trouvai dans un *baquet* placé à ma porte et combinant ses exhalaisons avec les aisances communes, situées à l'étage au-dessous. — J'admirai l'ensemble des soins qui avaient présidé au choix de ma demeure. — Il est vrai qu'à côté, séparée par une simple cloison, se trouvait une vaste chambre occupée par une séquelle de condamnés, qui criaient, juraient, chantaient, se disputaient jour et nuit, et dont les sabots, dégringolant les escaliers de grand matin, me rendaient le travail fort difficile et le sommeil à peu près impossible. — La Torture avait déployé le luxe de ses plus ingénieuses combinaisons.

Par opposition, résidaient au-dessus de moi les placides *Banqueroutiers*. — Le moins mal famé, chargé de la police de son taudis, vint m'engager à faire acte de bon voisinage en allant porter chez eux ma pitance et déjeuner à la chaleur de leur poêle, plus docile que le mien aux exigences de ses attributions. — C'était encore là un moyen d'études que je ne voulus pas me refuser tout d'abord, croyant y rencontrer de simples distractions. Mais je ne trouvai que de sombres et banales remarques à faire sur ces hommes, résolus à couper un morceau de leur vie pour l'offrir en pâture à des créanciers, dont l'argent se transforme en cinq années de prison, qui leur tiennent lieu de quittance. — L'un d'eux était riche, et, quand il parlait du confortable qu'il espérait de sa fortune en rentrant chez lui, on aurait cru voir se repaître le vautour de Prométhée.

(*La suite au Chapitre prochain.*)

❦

La Révolution de 1848 a fait éclore *cinquante-huit* journaux, sans détruire, bien entendu, un seul de ceux qu'elle a trouvés en arrivant. — Donc, ce nombre joint aux *quatre cent trente-sept* que j'ai dû constater quelque part, voilà Paris doté de *quatre cent quatre-vingt-quinze feuilles* émiettant tous les genres de publicité. De peur qu'on ne me croie pas plus tard, je me hâte d'affirmer que le désir de paraître bien *révolutionnaire,* coûte que coûte au sens commun, a fait prendre le titre suivant à l'une de ces publications : « *Le Perdu chêne,* » et à l'autre celui de : « *L'amer du chêne.* » J'en possède deux numéros que je laisse couver pour la fortune de mes héritiers. Dans trente ans, cela vaudra 10,000 francs, si toutefois on ne s'inscrit pas en faux contre ces échantillons d'une imagination en délire.

❦

« C'est à tort, mon cher monsieur Maurice, que vous croyez que je vous en veux, ou que je suis fâchée contre vous. Pourquoi le serais-je ? Vous avez toujours été bienveillant pour moi. Ce serait très-ingrat de ma part de ne pas vous en savoir gré. Quand on a été bien une fois dans la vie pour moi, je me le rappelle

Paris 1 Décembre 1838.

Quoique faible encore, je ne puis m'empecher Monsieur Maurice, de vous remercier, pour tout ce que vous avez dit de nos succès à Bordeaux, et sur ma maladie, depuis quelques jours seulement, il m'a permis de lire votre journal, et j'ai vu avec plaisir tout l'intérêt que vous avez pris à moi; merci, merci, et mille fois merci. — Je comence à marcher depuis quelques jours, et j'attens avec impatience, le moment, ou on me laissera sortir un peu, pour aller vous rendre ma visite. Agréez je vous prie Monsieur en attendant tout mes remerciments, et veuillez me croire

Votre Dévouée
Fanny Elssler.

veuillez me rappeller au souvenir de Madame, et lui dire combien j'étais sensible à l'intérêt qu'elle m'a porté. je l'aimais déjà beaucoup avant, que vai-je donc faire maintenant? l'adorer!

toujours. Permettez-moi donc, monsieur, de saisir cette occasion pour vous témoigner ma gratitude, et j'espère que M. Perrot sera mon interprète auprès de vous, pour que je puisse, comme par le passé, me nommer votre dévouée et reconnaissante

» Fanny Elssler.

» 17 mars 1849. »

(Autographe.)

Aujourd'hui j'ai vainement essayé de rassurer Merle sur le pitoyable état de sa santé. Avec toute sa résignation, que je trouve un peu trop stoïque, il m'a répondu : « *Mon ami, ta peine est inutile; je sens parfaitement » que je vais rejoindre mes aïeux.* » Sa conversation a pris ensuite le tour enjoué de ses plus jeunes habitudes. — Est-ce que par hasard j'aurais connu un sage ? (18 mars 1849.)

« Vous avez toujours été si bon pour moi, monsieur, que je n'hésite pas à vous importuner pour vous demander un service. Je suis à Londres, et j'aurais grand désir d'entrer à l'Opéra-Comique, qui joue ici pendant la saison. M. Mittchel, le Directeur, à qui j'ai été présentée, a été fort bien pour moi. Il est à Paris en ce moment, et je ne doute pas qu'une recommandation de vous en ma faveur me soit bien utile. Vous savez que j'ai le plus grand désir de travailler, et qu'il nous faudra bien du temps à ce pauvre Adam et à moi pour regagner ce que notre malheureuse entreprise nous a fait perdre. Je compte sur votre bon cœur, monsieur, pour me rendre ce service, si cela vous est possible, et croyez que jamais je ne l'oublierai. Recevez, etc.

» CHÉRI COURAUD.

» 2 avril 1849. »

(Autographe.)

« Je te félicite, mon cher Charles, de la résolution que tu as prise, tout en la déplorant bien sincèrement pour ma part, moi qui m'étais fait depuis trente ans une douce habitude de te lire tous les matins. A part ce petit mouvement d'égoïsme, je ne puis que t'approuver et envier le bonheur dont tu vas jouir. Tu vas enfin, après de rudes et longs travaux, goûter les charmes du repos et des loisirs, jouissances que tu n'as guère connues dans ta vie si laborieuse et si agitée. Souvent, tu t'en souviens, nous avons dit ensemble avec Horace : *O rus ! quando ego te aspiciam ?* Enfin tu vas les revoir à ton aise, tes coteaux de Cormeilles, et en jouir avec ton excellente femme, dans les charmes de l'intimité et les délices du foyer domestique. Mais voilà que, sans m'en douter, je tombe dans l'idylle et dans la bucolique. — Pour en revenir à ton journal, auquel tu viens de faire tes adieux, sa cessation est une chose regrettable; tu étais du petit nombre des journalistes qui font de la Critique sérieuse et en connaissance de cause. Sous ce double rapport, tes conseils et tes appréciations manqueront à l'art. A présent, je pense que tu vas t'occuper de tes *Mémoires,* qui seront bien curieux si tu racontes, avec toutes tes coudées franches, tout ce que tu as vu et tout ce que tu as su. — A mes félicitations et à mes regrets se joignent ceux de madame Dorval, qui me charge de te les exprimer en attendant qu'elle aille le faire elle-même. — A bientôt, car j'espère que rien n'empêchera plus à présent que tu viennes de temps en temps manger la soupe (un peu maigre, au temps de République où nous vivons) de ton ami de cœur

» MERLE.

» 2 avril 1849. »

(Autographe.)

✼

« J'ai besoin, pour vous-même, d'une visite de vous, soit jeudi de deux à trois heures, soit vendredi de huit à neuf heures du soir. — Je vous en dirai l'objet séance tenante, et vous devez penser, par avance, qu'il ne vous sera pas désagréable, quand je vous dis : *Pour vous-même.* A vous de tout cœur.

» DE LA BOULLAYE.

» 17 avril 1849. »

(Autographe.)

Le 19, je me suis rendu à cette invitation, et le signataire était mort dans la nuit. — J'ai parlé à M. Carlier, Préfet de Police, fort affligé de ce décès, et qui ne m'a pas dit qu'il s'agissait d'un de nos grands théâtres.

✼

« MONSIEUR,

» Certes, le nom des convives que vous me désignez suffit pour composer une réunion d'élite avec laquelle tout le monde serait bien aise de se trouver ; mais, croyez-le bien, monsieur, je suis plus flatté encore de l'invitation que vous m'adressez en votre nom et celui de madame Maurice, et je m'empresserai d'y répondre. A lundi donc ! Nous boirons du vin du Rhin sans mesure. Je connais une personne qui en aura toujours à votre service.   BENAZET père.

› 11 juillet 1849. ›

(Autographe.)

« MONSIEUR ,

» Venant de terminer deux grands tableaux représentant un des épisodes de la révolution de juin 1848, et devant les rouler très-prochainement, je serais heureux, monsieur, de vous les soumettre, si vous vouliez bien m'honorer de votre présence. Agréez, etc.

» SÉBRON, le Collaborateur de Daguerre.

› 11 juillet 1849. ›

(Autographe.)

Hier, à l'Assemblée nationale et au sujet de l'*Enquête*, le citoyen Victor Hugo a fait cette faute de français :

« Que peuvent maintenant toutes ces pensées diver-
» gentes qui tirent *chacune* de LEUR côté? » (30 septembre 1849.)

Alexandre Dumas, qui ne sait pas le latin, voulant un jour s'en escrimer, a fait du mot *Pilote* en cette langue un MONSIEUR *Nauclerus*. Il a de même métamorphosé l'ouvrage de l'Empereur Julien, intitulé *Mysopogon,* en un *Citoyen* de ce temps-là. Enfin, l'historien *Grec* Zozime est devenu sous la plume de M. Dumas un *Latin* parfaitement barbare. — *Ne sutor ultra crepidam.* (1849.)

Arlequin est mort, et sans doute pour longtemps. Nos modernes dramaturges regardent trop en pitié le pauvre Bergamasque pour penser à le ressusciter. Il en serait autrement s'ils avaient vu Laporte faire couler autant de larmes dans *Arlequin Tyran domestique*, que madame Dorval dans les *Deux Forçats*, ou au dernier acte de *Trente ans de la vie d'un Joueur*. — Pourquoi n'en veut-on plus? la devise de la bonne Politique est aussi celle de l'Art : « *Point de Proscriptions!* » (1849.)

❦

« *La considération de la Magistrature se mesure à la » moralité de ses moyens.* » (Octobre 1849.)

BÉRENGER DE LA DRÔME.

❦

« MON CHER CHARLES,

» Faites-moi un vrai plaisir. Venez dîner sans façon chez moi aujourd'hui. C'est une improvisation; voilà pourquoi je ne vous ai pas engagé d'avance. — Vous trouverez chez moi deux personnes qui vous aiment beaucoup, et moi, cela fera trois. A vous de cœur.

» DE SAINT-GEORGES.

» 8 décembre 1849. »

(Autographe.)

❦

Tout mon respect pour le rare talent d'un grand écrivain ne tient pas contre ce que je crois le besoin d'une rectification au sujet d'un de ses plus beaux livres. — Quelque peu important qu'il paraisse, un fait historique n'est jamais chose à dédaigner. Or, l'habile narrateur a dit qu'en allant à la mort les Girondins chantaient le fameux hymne : « *Mourir pour la patrie.* » C'est une erreur. D'abord ces infortunés, dont la tenue et le courage étaient admirables, ne pouvaient se sentir inspirés par le cadavre de Valazé placé sur une charrette particulière. — Deux seuls entre tous (leurs noms ne se sont pas perdus dans cette vaste hécatombe), Duprat et Mainvielle, se sont soulevés en passant devant la rue Saint-Roch, et ont fait entendre le premier couplet de *la Marseillaise*. — Ils continuaient, lorsqu'un enfant de onze ans, qui, seul aussi peut-être, les écoutait avec cette sorte de prédestination dont le mot est : « *Regarde, pour te souvenir,* » les perdit de vue et demeura terrifié sur la place. — Cet enfant, c'était moi. J'avais onze ans et sept mois. A cet âge, la mémoire est déjà forte. — Le collége de M. Hix, dont je faisais partie, avait pour quelques jours renvoyé ses écoliers à leurs parents, et le hasard voulut que l'épouvantable spectacle de tant de victimes vînt frapper ma jeune imagination pour ne jamais s'en effacer. — Quant au chant : « *Mourir pour la patrie,* » il est, on le sait, l'ouvrage d'un jeune homme de 24 ans, nommé Girey-Dupré, Rédacteur du journal *le Patriote français*, et qui en a expié aussi la généreuse inspiration. — Cela se bornait à un seul couplet, que son brave auteur avait composé avant de se rendre au tribunal, et qu'il a chanté depuis la prison jusqu'à l'échafaud. En voici la reproduction exacte :

> Pour nous, quel triomphe éclatant !
> Martyrs de la liberté sainte,
> L'immortalité nous attend.
> Dignes d'un destin si brillant,
> A l'échafaud marchons sans crainte,
> L'immortalité nous attend.
>   Mourons pour la Patrie ! (*bis.*)
> C'est le sort le plus beau, le plus digne d'envie.

Après la réaction, on a ajouté des couplets à celui-ci, pour en faire un hymne national, et les chanteurs des rues en ont assez longtemps propagé la mémoire. (1849.)

Ce matin, ayant appris que j'ai quitté le Journalisme, M. Kalkbrenner, le célèbre pianiste, est venu me présenter son fils, pour lequel il cherche une occupation sérieuse. — Sa confiance, exprimée en termes fort intéressants, m'a commandé une entière franchise. — Je lui ai dit, sans rien qui pût blesser son fils, que la suite d'un journal tel que le mien demanderait quelqu'un de plus d'habitude et de maturité ; que je regarderais comme perdus pour lui les quinze mille francs qu'il m'offrait de cette cession, et que, du reste, je ne voulais la faire à personne, parce qu'en ces sortes de choses il y a toujours à craindre ou des malentendus, ou des plaintes fondées, ou des regrets inutiles. — Touché de ma conduite, M. Kalkbrenner m'a pris tendrement les mains, et m'a dit qu'il partait dans trois jours pour l'Italie, mais qu'à son retour il se ferait un plaisir de cultiver ma connaissance. Il désire, en outre, que je l'entende, et m'attendra demain chez lui pour cela..........

Je reviens de chez M. Kalkbrenner, où il a eu la complaisance de jouer du piano pour moi seul. Quel *comme il faut* dans la tenue ! Quelle élégante simplicité ! quel charme dans l'exécution ! Et comme les touches plient harmonieusement sous ces doigts de velours, qui ne s'agitent pas convulsivement selon la manière moderne, mais dont le savoir se lie si bien à l'esprit de la musique ! J'ai entendu nos grands pianistes ; ils m'ont séduit. Mais celui-là seul a fait aller jusqu'à mon âme les sons d'un instrument de si difficile éloquence. Je ne m'étonne pas de l'unanimité qui proclame son école la meilleure, et celle que le temps conduira plus loin que toutes les autres. (8 juin.)

. . . .

Je reprends avec bien de la tristesse cette note dans mon Coffre, d'où je ne croyais pas qu'elle sortît sitôt.

Aujourd'hui, deux jours après notre seconde entrevue, M. Kalkbrenner est mort subitement. C'est pour moi un chagrin qui me fait désirer de pouvoir rayer de mon souvenir le court instant où j'ai appris à connaître un homme aussi distingué, un artiste aussi éminent. (10 juin 1849.)

O les louangeurs !.... Les casseurs de nez avec leur ridicule encensoir ! Comme à plaisir ils brisent les idoles, découragent les bons, et font pulluler les mauvais ! — Si jamais Frédérick-Lemaître a joué merveilleusement un rôle, et avec d'autant plus de mérite que le personnage réunissait en lui toutes les ingratitudes de la reproduction, c'est assurément celui de Marat, dans la *Charlotte Corday* de la Porte-Saint-Martin. — Pour l'extérieur, l'homme photographié par l'habile comédien était d'un aspect à faire frémir ; il suait le sang et puait la maladie, en même temps que la composition morale offrait le caractère complet de l'abominable Tribun. Les gens qui n'ont vu que Frédérick-Lemaître ont vu et entendu Marat. Il n'est pas possible à un acteur d'aller plus loin dans les recherches que lui commande l'exercice de son art. Après lui, Beauvallet s'est fait remarquer dans le même rôle de la *Charlotte Corday*, de M. Reignier Destourbet.

Maintenant le pitoyable mélodrame que M. Ponsard a eu le courage de donner avant-hier au Théâtre-Français nous présente, dans Geffroy, la charge honteuse de ce portrait historique, qu'il suffisait de copier pour être généralement approuvé. — Le caricaturiste s'y travaille; il enlaidit à cœur joie sa laideur naturelle; se fait bourru faute d'avoir l'air scélérat; représente plutôt un mendiant courroucé d'une faible aumône que le terrible *Ami du peuple*, dont il aurait voulu la dernière tête; et parce que l'acteur a la sienne enveloppée d'un mouchoir, chose insolite sur cette scène autant que les contorsions qu'il y prodigue, les débitants de *bravos* crient au miracle! Voilà Geffroy un *grand artiste*, un *oseur!* et le Théâtre-Français *marche avec le siècle!....* Hélas! oui. (25 mars 1850.)

RÉPONSE *ad hominem.*

Un Canard et Samson, de leur voix de nature,
A qui parlerait mieux ayant fait la gageure,
    Que pensez-vous qu'il arriva?
    Ce fut le Canard qui gagna.

Je ne sais ce que je donnerais pour retrouver le premier article que mes instigateurs m'ont fait mettre dans un journal. Comme avec plaisir je reverrais ce salmigondis, où, voulant rendre compte d'un ouvrage littéraire, je parlais de tout, excepté du livre condamné à mon appréciation! M. Huart, le Censeur du *Journal du Soir*, dans lequel apparaissait le phénomène, s'en amusa beaucoup. — Il fit partager sa joie à Fouché, le Ministre de la Police, son protecteur, et néanmoins m'exprima avec bonté les espérances que mon spirituel bavardage lui faisait concevoir, et m'indiqua les formes normales et techniques d'un article de journal. Je me suis toujours rappelé et j'ai pratiqué autant que possible ce conseil, qu'il fondait sur le peu de temps et d'attention qu'on a souvent à donner à la lecture d'une feuille publique : « *Faites des phrases courtes.* » A votre tour, Messieurs ! (1850.)

❀

Quand M. de Buffon a dit : « *Le style est tout l'homme,* » il ne se doutait pas qu'un jour une race apparaîtrait, qui, donnant à sa pensée l'extension la plus folle, bornerait à cet unique avantage tout le mérite des écrivains. — Si encore il y avait autre chose qu'un jargon toujours pareil, un patois convenu, des phrases stéréotypées, des contorsions de mots sans cesse renaissants dans tout ce que ces grands génies nous donnent, on pourrait excuser un peu le vide du reste. Mais il s'en faut de trop pour qu'on en vienne jamais là. Aussi me suis-je bien amusé ce matin de la figure d'un auteur dramatique, en partage avec tant d'autres pour rabaisser le talent du plus habile d'entre eux. « *Scribe,* me disait-il, *n'est pas un homme de style.* » — » *Je ne sais,* lui ai-je répondu, *mais, à n'en pas douter, c'est un homme de pièces.* » (25 août 1850.)

❀

Je ne savais pas qu'une fausse dent pût causer un si grand malheur. Je l'enregistre dans l'espérance de rendre utile la publicité du fait. — Madame Fournier, veuve remariée de Cuvelier de Trie, l'ancien faiseur de pantomimes, ayant réparé une perte de ce genre par une substitution tacite, a vécu longtemps sans en rien éprouver. — Quel désordre est-il survenu, pour que, brisée par le mal, agonisante, et ne pouvant plus articuler que la demeure de son dentiste, cette dame soit morte, il y a peu de jours, dans les angoisses d'un affreux tétanos, causé, ainsi que viennent de le reconnaître les médecins, par les parties métalliques d'une fausse dent de devant? (1850.)

MA CRITIQUE.

Vive, incisive, mordante, acerbe même, tout ce qu'on voudra, MA CRITIQUE n'en a pas moins rendu de grands services, produit d'excellentes choses, dont il faudra bien me tenir compte un jour (*in pace*).

On lui a dû des remarques profitables à la gloire de l'art;

Des conseils que la rudesse de leur forme n'a pas empêchés d'être salutaires;

Des améliorations adoptées à la sourdine, pour se consoler de ne les avoir pas imaginées soi-même;

Le respect, trop longtemps oublié, du Public que j'ai remis en honneur;

De fortes digues opposées à des amours-propres envahissants et d'une absorption funeste;

Le culte du Maître, renouvelé jusque dans les costumes, les décorations et les *us* traditionnels de son époque;

La divulgation et le mépris d'intrigues qui consumaient le temps restitué maintenant au besoin des sérieuses études ;

Des charges à fond sur une légion d'abus qui n'ont plus osé reparaître ;

Un état d'armement perpétuel en faveur du bien qui souffre, contre les vils succès de presque tout ce qui est mal ;

Dans le redressement des fautes, une obstination de poursuite capable de rehausser l'ascendant des Auteurs et de donner une importance relative aux Comédiens ;

Des vérités que personne n'osait dire, et qui resteront ;

La vigoureuse haine du vice et la persistante *diffamation* des vicieux, coûte que coûte ;

. Quelques horizons, bornés, mais nouveaux, dans le domaine de la Polémique ;

La mise à nu de toutes les plaies de l'organisme dramatique, et le courage d'y avoir enfoncé le doigt ;

L'impartialité possible ;

La passion excusable ;

L'aversion du moule banal ;

Le bonheur de renfermer quelquefois une idée dans un signe, une conclusion dans un mot ;

L'agrément des analyses faciles ;

La fidèle et minutieuse exactitude des faits de nature spéciale, puisés au courant quotidien ;

Des expressions trouvées ;

Un labeur que n'ont interrompu ni les intérêts ou les chagrins domestiques, ni les accidents, ni le repas, ni le sommeil, ni la privation de la liberté, ni les coups de la fortune, ni la maladie, ni les duels ;

Une rapidité d'action à laquelle l'impatience de tout écrivain voudrait accoutumer les juges ;

Particulièrement, de préférence à tous autres, l'examen journalier du Théâtre-Français, comme clef de voûte de la science instituée par Molière, le centre des grandes opérations de la Critique et le fleuve dont les irrigations, bien conduites, fécondent; mal dirigées, détruisent;

Une lutte offerte à coups pressés, soutenue à force inégale, mais sans reculer, contre un Pouvoir ingrat et oppresseur;

Un ensemble formant l'œuvre la plus étendue, la plus complète, la plus variée, la plus fertile en notions théoriques ou pratiques qu'aucun journaliste ait pu mener aux mêmes fins, surtout en exerçant sur sa rédaction l'influence laborieuse que j'ai toujours conservée sur celle-ci;

Le soin du style partout;

Enfin l'accomplissement inouï d'un tel ouvrage pendant *trente années* consécutives, jour pour jour, ainsi que je l'avais promis, et sous la pression dissolvante de Lois, d'Ordonnances, d'Arrêtés, de Mesures fiscales, d'Impôts, de Restrictions, d'Événements politiques, de Procès, d'Extorsions, d'Esclavages, plus désastreux, plus considérables, durant cette période, que ne l'ont été tous ensemble et ne le seront jamais ceux des temps passés et des jours à venir.

J'en dirais bien plus long encore, si j'avais à signaler les erreurs de mon esprit et les torts de ma plume !.... Mais pareille besogne trouve toujours d'aimables ouvriers dévoués au plaisir qu'elle leur procure, tandis que si je ne me rends pas une bonne petite fois justice, je cours grand risque de ne l'obtenir jamais. (1850.)

En Russie, où elle est depuis quelque temps, madame Volnys ne sait que faire pour s'attirer l'attention de l'Empereur, dans l'unique but d'être remarquée à titre d'actrice, qualité à laquelle il n'a pas encore pris garde. — Un de ses moyens consiste à se placer, autant qu'elle le peut, sur le chemin de Nicolas, et à le saluer au passage, en portant transversalement la main à son front, comme les soldats devant leurs supérieurs. Ce manége, auquel l'Empereur n'avait rien compris jusque-là, vient enfin de réussir. Le Souverain a parlé à la comédienne, et cette dernière en a été si enchantée, qu'elle a terminé l'entretien par ces mots : « A PRÉSENT » *je peux mourir !* » — Si elle y tenait, AUPARAVANT eût mieux valu. (1850.)

Si l'un des vices les plus bas peut avoir son côté comique, c'est que, indubitablement, la plus odieuse chose en est susceptible. — Un des hommes pour qui mon journal a été le plus agréable, et dont la gratitude ne trouvait pas, alors, d'expressions assez vives, en est aujourd'hui avec moi à la pantomime que voici. Du plus loin qu'il me rencontre, il calcule la distance, et par l'exactitude de son appréciation, il se baisse juste au moment où j'arrive près de lui, comme si sa botte le blessait ou qu'il eût besoin de resserrer sa jarretière, ce qui le dispense de la politesse qu'exigerait l'échange d'un regard. — Son tort ne finit pas là : il y ajoute celui de ne jamais varier la scène; d'où je conclus qu'il a aussi peu d'invention dans l'esprit que de bons sentiments au cœur. S'il voulait y remédier, je lui recommanderais le moyen qu'emploie un autre de mes obligés, comme plus simple et plus naturel. — Celui-là, à l'instant où je passe, pressé par une feinte nécessité, tire son mouchoir, dont il se couvre en partie le visage, pendant qu'une inclinaison de tête dérobe la vue du reste sous le devant du chapeau qui s'abaisse. — Cet exercice a sur l'autre le grand avantage de ne pas fatiguer la colonne vertébrale. (1850.)

Le premier, j'ai dit que Duparai, de l'Odéon, devrait être au Théâtre-Français. — Alors on a ramassé des pierres, et on me les a jetées. — Puis, lorsque l'acteur a été reçu dans cette dernière troupe, on a dit qu'il y arrivait *trop tard!* — Nouvel exemple attestant le danger des montres qui avancent. (Novembre 1850.)

L'École littéraire moderne, qui se prétend *poétique* par excellence et fourre ce mot-là partout, prend autant de liberté qu'il lui plaît pour témoigner du peu de cas qu'elle fait de l'art d'écrire autrement qu'en prose. Les fautes les plus graves sont sciemment poussées par elle jusqu'au mépris des règles élémentaires qu'on peut appeler l'A B C de la versification. Dans le prologue de sa *Charlotte Corday*, jouée au Théâtre-Français, M. Ponsard a tout bonnement écrit :

> O Athènes! ô ma patrie!
> Ton nom sera toujours chanté.

Autrefois, il y aurait eu *hiatus* dans cette rencontre des deux premières voyelles, l'une par l'autre *en leur chemin heurtées.* Aujourd'hui, c'est *du feu créateur*, et ça se nomme *le progrès....* Canonisez donc Erostrate ! (23 mars 1850.)

❦

« Cher ami,

» Esprit, talent, précision, vivacité, bon goût de style; connaissance approfondie du Théâtre, appréciation élevée et des bons ouvrages et des grands écrivains; flagellation acérée de la prétendue nouvelle École ; une tragédienne bien jugée; partout la Critique dans toute sa dignité. Merci, merci de ton envoi. Connaissance de 53 ans.   René Périn.

» Ce 9 mai 1851. »

(Autographe.)

❦

« Monsieur ,

» Permettez-moi d'espérer que les anciennes relations d'amitié qui existaient entre vous et mon bien-aimé père ne se sont pas entièrement effacées de votre mémoire. Pour moi, je me rappelle toujours avec bonheur les personnes qui ont été les amies de mon excellent père, et surtout vous, monsieur, qui, avec madame Charles Maurice, m'avez témoigné tant d'intérêt pendant ma vie de jeune fille. — C'est sous l'empire de ces souvenirs que je viens aujourd'hui réclamer votre bienveillant accueil pour M. de Lagrave.... Vous vous êtes toujours fait un devoir de protéger les artistes de mérite, etc.

» Méloé Marsaud, *née Lafon.*

» Mai 1851. »

(Autographe.)

Il est bien vrai que tout se paye dans la vie. Eugène Briffault m'a ramené vers cette pensée en me racontant ce dont il a été témoin à Bade. — Pendant qu'il était chez Bénazet, où il passait de courtes heures à s'amuser du spectacle brillant et varié que cet aimable Entrepreneur y réunit, il a vu un Employé venir, d'instants en instants, apporter, en quelques chiffres, la situation de la Banque du jeu. — Selon qu'il s'y trouve perte ou gain d'une somme importante, l'émotion se trahit, pénible ou douce, chez ce bon Bénazet, à qui l'on voudrait la fortune toujours favorable, pour le récompenser du bien qu'il fait partout et sans ostentation. — Une fois, l'effet en a été des plus inquiétants. On était à table, quand le bulletin du messager annonça que la Banque venait de sauter. La sensation fut vive; mais, bientôt remis, le maître ordonna avec calme qu'on allât y verser deux cents autres mille francs, et le dîner reprit toute sa gaieté..... En attendant le bulletin successeur. — Décidément la Fortune n'est qu'une revendeuse ! (1851.)

« Tout Magistrat qui n'est pas un héros de probité n'est pas même un honnête homme. » De Falloux. (14 juillet 1851.)

« Je viens de recevoir vos deux petits volumes, que je lirai et ferai lire à mes enfants ; nous les lirons tous avec un intérêt particulier. J'ai parcouru un peu la *Rachel;* et je vois en vous toujours le grand maître du bon goût et de la vérité. Pourquoi ne pas vous consulter ? Amour-propre mal placé.   Pacini.

» 10 décembre 1851. »

(Autographe.)

« Mon cher ami,

» Plusieurs des auteurs des pièces que je vous ai si indiscrètement recommandées me tracassent pour avoir la disposition de leurs chefs-d'œuvre. Rendez-moi donc le service de les remettre à mon messager, et si vous pouvez ensuite me donner un petit mot d'avis sur les manuscrits lus, vous me rendrez doublement service. Mille affectueux compliments.   Edmond Seveste.

» 12 décembre 1851. »

(Autographe.)

On m'apprend l'existence d'une publication faite dans un journal ennemi, il y a environ huit mois, par M. Alexandre Dumas, et de laquelle il résulte ceci :

En 1828, avant la représentation de *Henri III et sa cour,* l'auteur serait venu chez moi armé d'une *canne* et fortifié d'un *ami* (deux contre un) pour me demander une rectification relative à cette pièce, et que j'aurais donnée ainsi qu'il l'interprète. — La conséquence de cette visite serait que j'aurais tremblé devant le Bambou (ce devait être un Bambou), et que les deux champions m'avaient terriblement imposé.

Si j'eusse connu dans son temps la publication qu'on me signale aujourd'hui, je n'aurais eu qu'à renvoyer les lecteurs à mes articles sur ce chétif mélodrame que j'ai disséqué à plusieurs reprises, jusque-là que, *le lendemain de la première représentation,* je demandais si, après l'avoir joué, la Comédie française *existait encore*. — Je prouve.

Dans ces articles, j'ai dit : « *Par impuissance,* l'au-
» teur se rejette sur d'inimaginables bagatelles histo-
» riques, des lazzis d'acteurs..... Une seule scène est
» intéressante, *elle n'appartient pas à l'auteur.....*
» L'ensemble rappelle une foule de pièces, jusqu'à
» trente conceptions de boulevard où les mêmes si-
» tuations traînent à présent dédaignées..... »

Et le Bambou ne revenait pas !

« Henri III fait frémir..... A quelles remarques pour-
» rait-il donner lieu qui ne fussent hors du respect
» qu'imposent les devoirs et les convenances ?.... »

Que faisait donc ce paresseux de Bambou ?

« L'historico-dramaturge, disais-je encore, non-seu-
» lement sait son histoire depuis peu, mais il la sait
» évidemment fort mal..... Il n'y a point de style.....
» Pas plus d'art dans le dialogue que de jugement.....
» Pas un mot de quelque valeur qui appartienne à
» l'écrivain..... Le quinquina finira par coûter aussi
» cher à sa fièvre que l'ellébore..... »

Et le Bambou ?....

« Quant au mérite littéraire, finissais-je par dire,
» la pièce est jugée, *ce n'est rien.....* Elle n'est écrite
» ni bien ni mal ; elle ne l'est point du tout. »

En voilà assez, sans doute, pour démontrer que si j'avais pâli devant l'épée de bois de M. Alexandre Dumas, c'est que je me serais soudainement rappelé cette quantité de duels meurtriers qui ont jonché de cadavres les immenses domaines de la Pailleterie. Palsembleu !

Mais voici qui est mieux. — Après avoir prudemment

calculé le délai qui ne permet plus la plainte juridique, un Ami de M. Alexandre Dumas m'envoie la susdite publication, et le perfide, sachant que ce dernier, qui habite en ce moment Bruxelles, ne vient que *le dimanche* à Paris, choisit ce jour-là pour charger la poste de m'apporter sa missive. — Par un second effort de prudence, il joint un commentaire à l'action qu'il commet (avec des détails que je supprime pour soulager sa honte), et le trace *en figurant les lettres capitales des caractères de l'imprimerie,* afin de ne pas livrer son écriture. Invention diabolique, dont assurément l'idée ne viendrait jamais à l'esprit d'un honnête homme. — Mais les bassesses portent malheur. Celle-ci fait dire au susdit Ami que la diatribe-Dumas est le *Pilori*..... Mot malheureux! définition vengeresse! Le *Pilori* était le châtiment des *banqueroutiers,* à qui *les dettes* et *la vie dissolue* faisaient appliquer ces derniers stygmates du déshonneur..... L'Ami devait-il en parler?

L'acte de ce monsieur, de cet Anonyme si noir, reste maintenant déféré à l'appréciation de quiconque ne comprendra pas qu'on le puisse imiter. (1852.)

※

Pendant la visite que j'ai faite hier à Briffault à la maison de Bicêtre, inspiré par le bon sens de sa conversation, je projetais de l'en faire sortir, lorsque, comprenant ce que je voulais lui donner à entendre : « *Je vous remercie,* me dit-il, *je n'ai besoin de rien.* » *Je suis Grand Palatin et Grand Chancelier de la* » *Légion d'honneur; vous voyez que j'en ai bien assez* » *pour moi.* » — La subite différence de ses paroles me fit croire d'abord qu'il plaisantait ; mais j'ai eu bientôt la preuve du contraire, et je me suis retiré aussi chagrin que de la perte d'un parent. (25 août 1853.)

Un mot à remarquer a été dit ce soir près de moi à l'orchestre de l'Opéra-Comique. Il est d'un homme qui a reconnu l'avantage qu'on a de se trouver, même matériellement, *au-dessus* de quelqu'un. — Un débat s'élevait entre deux spectateurs placés l'un à la Première Galerie, l'autre au Parterre. — Dès le début, mon voisin nous dit d'un air sûr de son fait : « *Celui* D'EN HAUT » *l'emportera.* » Cela est arrivé comme il l'avait prévu, et comme cela arrivera toujours. (26 août 1853.)

La veuve de Boursault, surnommé Boursault *des Jeux,* vient de mourir à Versailles, qu'elle habitait depuis longtemps. — Elle avait tenu au théâtre par un Emploi des plus modestes, et s'était fait pardonner sa grande fortune par une bienfaisance qui ne s'est pas démentie. — Agée et devenue défiante à la suite de déceptions qui l'avaient fort affligée, cette dame s'était préoccupée des moyens d'en prévenir d'autres. Elle avait imaginé de doubler avec de nombreux billets de banque une robe de chambre dont la vue éloignait tout soupçon de richesse. — Heureusement les intéressés le savaient, et, lorsque le malheur est arrivé, on a sauvé la robe-coffre-fort. (1853.)

En fait de costume théâtral, deux choses ont longtemps défrayé la Critique du lundi : *le pantalon noisette et la tunique abricot.* — Bien que j'aie lu cela fort longtemps chez mes Confrères, je n'ai jamais eu la force d'en revendiquer l'initiative, c'est si glorieux! D'ailleurs, Michelot, Damas et leurs costumes n'étaient plus là pour me servir de témoins. (1853.)

Dans une réunion de Gens de Lettres, on dissertait ce soir sur les divers mérites des vaudevillistes actuels. — Comme de coutume, comparaison n'étant pas raison, un des préopinants assurait qu'il voyait un second Désaugiers dans M. Clairville. — « *Pour en finir,* » s'écria le plus connu par la rudesse de ses coups de » boutoir, *Clairville est à Désaugiers ce qu'un manche* » *à balai est à la forêt de Fontainebleau.* » (12 janvier 1854.)

Avant de se faire acteur au Théâtre de la Gaîté, Marty a servi quelque temps, en 1796, dans une Légion dont le Commandant était Cuvelier, l'auteur de Pantomimes. — Ce dernier, qui l'avait pris pour son Soldat, lui a facilité le changement de front dans sa position. — Marty alla au Conservatoire prendre des leçons de Monvel, pour savoir s'il pourrait se vouer à la comédie. — Un grand zèle et beaucoup de rondeur dans les manières devaient, après ces commencements, porter Marty vers une destinée meilleure. — Du rôle de Gusman, dans *le Pied de mouton,* il passa à la place de Régisseur, ensuite d'Administrateur associé de madame Bourguignon; puis, en troisième, avec Dubois, et enfin à celle de codirecteur avec Guilbert de Pixérécourt. Dès lors il put mettre en action ce que lui avait fait chanter Martainville, et ne *pas connaître d'obstacles* pour monter plus haut. — D'abord il jeta son dévolu sur des rôles du répertoire de la Comédie française, mis par les événements, à la disposition de tous les théâtres. Il a, parbleu ! joué le *Fénelon* de Chénier, et les Titis l'y ont trouvé tout à fait de leur goût. — Cette fantaisie satisfaite, Marty, propriétaire d'une petite maison à Charenton-le-Pont, avisa et obtint bientôt les fonctions de Maire de cette Commune, lesquelles lui valurent la croix d'honneur, pendant que son fils entrait Commis au *Catalogue* de la Bibliothèque de la rue de Richelieu, (1854.)

Les journaux du 21 janvier 1854 ont publié de Monseigneur de Marguerye, Évêque d'Autun, une lettre adressée au Clergé de son Diocèse, pour lui enjoindre de ne pas permettre l'expérience des *tables tournantes et parlantes,* parce que, même en badinant et sans y croire, « *c'est interroger indirectement les Puissances de l'enfer.* »

Constatation unique, à laquelle je me hâte de souscrire parce que, à l'âge où j'écris, les heures n'ont plus que dix minutes. — Napoléon III règne. En arrivant au pouvoir, son premier soin a été de fonder une partie du nouvel Empire sur le rétablissement du « *Principe d'autorité.* » D'excellentes choses ont été dites à cette occasion. Mais s'il y a quelque mérite à en avoir depuis longtemps exprimé la pensée, je le réclame. — En février 1828, j'ai imprimé ceci : « Ce n'est pas par
» des *Mémoires* que les Administrés doivent communi-
» quer avec les Administrateurs, ou bien toute hiérar-
» chie est détruite ; il n'y a plus d'ordre, plus de dis-

» cipline, plus de frein, et, de l'oubli de la simple
» obéissance, on arrive à celui des lois, la clef de tout
» l'édifice. — Que si l'on croit avoir lieu d'accuser le zèle
» de quelque Supérieur (et le cas n'est jamais impos-
» sible), on porte noblement sa plainte à qui de droit,
» en passant par les seuls chemins que les Institutions
» nouvelles ont faits assez larges, assez accessibles,
» pour qu'ils soient en même temps les plus courts et les
» plus honorables : c'est juste, c'est bien, c'est la légitime
» ressource de l'opprimé. — Mais du bruit, des appels
» aux passions, des médisances, des insinuations aux-
» quelles on ne laisse d'autre réponse que le silence.....
» car les honnêtes gens ont leur opinion arrêtée sur
» les hommes qu'ils estiment !... Triste recours des
» méchants, des envieux !..... Du reste, le mal est trop
» connu pour n'être pas bientôt guéri, et peut-être est-il
» déjà cautérisé. » — Ici, il y a erreur dans la supputa-
tion de temps, le danger avait encore vingt-six années
à courir. — (Février 1854.)

« Mon cher Maurice,

» Vous qui êtes mon plus ancien ami, vous qui
m'avez arraché, il y a près d'un demi-siècle, à un
engagement de quatre années qui (ma conscience me
le dit) eût été le tombeau de quelques qualités dramatiques dont la nature m'avait doué ; vous qui, en confiant à ma jeune inexpérience le héros de votre *Parleur éternel,* m'avez lancé dans la rainure qui devait
me porter sur la première scène du monde, merci
pour la millième fois !   Perrier.

» 7 février 1854. »

(Autographe.)

Dans un feuilleton de *la Presse*, en date d'hier 18 mai 1854, M. Méry, marchant à la suite, s'est élevé contre l'esprit épigrammatique des poëtes de l'Empire, liberté grande, scandale abominable qui ne sont plus de mise aujourd'hui, et pour cause. — Le Critique cite pour exemples ces deux distiques échangés entre Écouchard Lebrun et Baour-Lormian :

> Lebrun de gloire se nourrit,
> Aussi voyez comme il maigrit !

> Sottise entretient la santé,
> Baour s'est toujours bien porté.

Sans doute, M. Méry trouvait bien préférable l'époque où, dans *la Némésis*, un homme vivant, mari, père de famille et Ministre, pouvait voir rimer

> Le nom d'Argout
> Avec *égout*. (19 mai 1854.)

Une jeune personne, tout occupée de sa Mythologie, me demandait hier : « *Qu'est-ce donc que M. Alexandre Dumas ?* — Mademoiselle, lui ai-je répondu, *c'est l'Ixion du théâtre et l'Encelade du feuilleton, qui tourne sans cesse le même drame et roule toujours le même roman.* — Bon ! répliqua-t-elle avec ingénuité, *je le vois d'ici : il doit être bien* FABULEUX ! » (2 mai 1854.)

Si les anecdotes avaient le don de guérir de l'exagération, j'en raconterais une à celles de nos dames qui, par déférence aux caprices de la mode, exposent leur santé et leur considération, l'une aux ravages de la maladie, l'autre aux atteintes d'une juste critique. — Leurs *Manches pagodes,* si agréables en été, sont, en hiver, aussi dangereuses que repoussantes. Des bras rouges et qui souffrent n'ont rien d'attrayant pour personne. — Et que dire de ces chapeaux expressément façonnés pour ne pas *entrer dans la tête* (style de marchande de modes), et qui se renversent sur le cou, à l'instar de certaines *Demoiselles* venant de se livrer à des querelles furieuses ? — Dans des circonstances analogues, relativement à la mode, vers la fin des costumes *à la Grecque,* une femme se présenta, pour cause d'indisposition, au docteur Dubois, médecin du Chef de l'État. — Dès que l'Esculape l'aperçut : « *Madame,* lui dit-il, *allez d'abord vous habiller.* » — Le mot fit fortune, et la mode s'évanouit. (1854.)

※

Voilà Eugène Briffault mort d'une paralysie du cerveau, qui en avait d'abord envahi la moitié, et que les médecins m'avaient dit devoir irrésistiblement frapper l'autre ! — Depuis plusieurs années, il habitait la triste maison de Charenton, où ma femme et moi avons été le voir. — Il était calme, mélancolique et doux. A notre aspect, il nous reconnaissait tout de suite, souriait, disait notre nom, se rappelait les jours de plaisir que nous avions passés ensemble, et désignait exactement les personnes qui y avaient pris part. Pendant toute la conversation, ses idées étaient mémoratives, elles allaient seulement en s'affaiblissant vers la fin ; c'était pour nous le signal d'y mettre un terme.

Il suivait alors un Infirmier, et se retirait sans rien témoigner de notre séparation. — Au moment d'entrer du corridor dans sa chambre, il paraissait avoir en quelques minutes perdu le souvenir de la visite et de l'entretien. — S'il s'était retourné, je ne saurais dire le mal que j'en aurais ressenti! Je crois que, pensant y voir une lueur d'espérance, j'aurais demandé à le faire traiter chez moi. Mais non ! Il avait déjà tout oublié, et ce n'était qu'une preuve trop évidente de l'impossibilité de le guérir. — Il nous a fait venir les larmes aux yeux en nous disant de sa femme, dont il parle tranquillement : « *Elle venait,* DANS LES COMMENCEMENTS, *mais elle ne vient plus.* » — Rien n'était plus douloureux que ce crépuscule qui allait devenir la nuit dans cette vive et brillante intelligence. (Octobre 1854.)

Beaumarchais a écrit : « *Il y a souvent très-loin du mal que l'on dit* D'UN OUVRAGE *à celui qu'on en pense.* » N'en serait-il pas de même D'UN HOMME ? (1854.)

Quelqu'un disait ce soir au foyer d'un théâtre qu'au moment de mourir, le directeur lui avait *donné sa montre et serré la main.* — Un auditeur lui a répondu : « C'est *le contraire* qu'il aurait dû faire. » (1854.)

« — Pourquoi vous taisez-vous en présence de tant de criailleries mensongères ? » — « Le jour où je serai attaqué par un homme estimable, je répondrai. » — C'est s'exposer à une bien longue attente ! (1854.)

Il existe une fabrique de poisons, toute joviale, toute guillerette, où la matière se manipule en riant, en batifolant, comme d'innocentes bergères composant leurs bouquets sur le bord des clairs ruisseaux. — Dans ces ateliers, l'ouvrier-modèle est celui qui trouve le venin le plus subtil, la dose la plus efficace. — Le cabaret convient au mieux à ce travail, dont l'objet est de forger des histoires, de supposer des aventures, surtout de *faire des mots* qui amusent; c'est du meurtre plaisant, de l'assassinat bouffon. S'agit-il, par exemple, d'un journaliste qui n'a approuvé ni *le jeu des uns* ni *les pièces des autres,* l'imagination se donne carrière, et tout ce qu'on a rêvé contre lui prend les formes *anecdotiques* les plus fabuleuses. — Ainsi, j'apprends qu'hier, entre le kirch et l'eau-de-vie, il a été décidé qu'un jour ce journaliste avait dit à quelqu'un placé devant sa riche étagère : « *Il n'y a que vous qui n'ayez pas un souvenir ici......* » Concevez-vous de quel triple airain seraient cuirassés le cœur et le front de l'homme osant semblable chose ?.... Mais qu'importe ? L'invention est *charmante,* puisqu'elle est stupide, et le mot est *drôle,* puisqu'il est menteur. — Et quand ce journaliste n'y sera plus, vous lirez quelque part : « *On l'accusait* » *de vénalité. — Qui donc l'accusait? — Eh! par-* » *bleu ! la Particule* On, *cette bonne dame, amie des* » *ténèbres, qui satisfait la haine et ne compromet* » *personne.* » — Voyez-vous l'honnête témoignage ! (30 mai 1855.)

MA VIE. — CHAPITRE XLIII.

SAINTE-PÉLAGIE ÈS LETTRES. (SUITE ET FIN.)

La population. — Souques. — Courtot. — Une chanson, etc.

De sérieux sujets de réflexion se présentaient à moi aux heures où toute *la population de l'endroit,* celle qui jouissait de la liberté permise *intrà muros,* s'agglomérait dans une cour prudemment encaissée. Là, c'était un pêle-mêle horriblement bizarre. — Des Écrivains, des voleurs, des *escarpes,* des assassins, se rencontraient, se coudoyaient, se parlaient, et finissaient même par se chercher, les uns par curiosité, les autres pour se consoler de la haine et des mépris du monde. — Une bande de détrousseurs de nuit y avait été récemment incarcérée. Ils jouaient entre eux sur le pavé, à la marelle, au petit palet, au cheval-fondu, comme s'ils avaient été dans des jardins émaillés des plus belles fleurs, ceux d'Armide ou de Sémiramis.

Au rez-de-chaussée, en entrant à gauche, se trouvait une longue chambre contenant les Détenus assujettis aux travaux de peu d'importance, et à qui le promenoir était permis à de certaines heures, comme la récréation dans un collége. — La stupide apathie de ceux-là n'avait rien d'intéressant. Après avoir fait quelques tours de préau, ils retournaient froidement à leurs chaussons de lisière, et n'en pensaient pas plus.

Une autre bande d'êtres beaucoup plus méprisables venait d'être capturée au Palais-Royal, où s'étalait depuis longtemps, avec impunité, le cynisme de leurs manières. — Paris s'en était ému. — Sur le bruit de leur arrestation, on s'attendait à voir la morale vengée par de publics châtiments. — Il n'en fut rien. L'affaire n'eut, à l'administration, d'autres suites que le renvoi de ces miasmes putrides au centre des canaux corrupteurs.

Un homme était là, qui méritait un examen particulier, Souques, dont le nom venait de retentir en Cour d'assises. — Il avait racheté sa vie, et s'était rendu presque intéressant en sauvant celle d'une femme que son complice voulait assassiner. — Je m'en suis plus occupé que des autres, parce que, à mon grand étonnement, je trouvais chez lui une sorte de bonnes idées préconçues, dont le germe me semblait avoir été étouffé par l'habitude des mauvaises mœurs. — Ainsi, chaque fois qu'une pièce de monnaie passait de ma main dans la sienne, il se troublait, rougissait, et donnait d'indubitables marques de reconnaissance.

Un jour, — il tombait de la neige, — les promeneurs, réunis sous une des arcades qui entouraient la cour, devisaient entre eux. — J'avais choisi de préférence un groupe de célébrités effrayantes, que j'excitais avec douceur à me raconter quelques-unes de leurs prouesses, quand j'entendis l'une d'elles parler *Argot* en me regardant. — Sans savoir l'idiome, je soupçonnai qu'il était question de moi, et j'interrogeai Souques. — Il me répondit qu'il s'agissait seulement pour rire de *pincer ma toquante*. « Ah! ah! dis-je au préopinant, c'est cela
» que vous voulez! Eh bien, la voici. Gardez-la jusqu'à
» demain, promettez-moi de n'en pas disposer, et je
» dormirai plus tranquille que si je la confiais à cer-
» tains honnêtes gens de ma connaissance. » — Et tous de rire! — « Non, non, monsieur, reprit Sou-

» ques, vous êtes trop bon pour nous pour que nous
» cherchions à vous faire de la peine; nous vous dé-
» fendrions plutôt. » — Ici s'exécuta, d'un mouvement spontané, l'imitation du *Serment des Horaces*, dans sa parodie la plus affreusement grotesque.

Nous avions également pour compagnon de promenade le fameux Courtot, tueur aussi, mais bel homme, très-coquet de sa chevelure, qu'il arrangeait à l'aide d'un tout petit fragment de miroir. — Je lui fis remarquer l'inutilité de cette attention dans un pareil lieu. Il me répondit gaiement : « Je prends soin de ma tête
» pour qu'elle soit présentable quand *c't autre* la fera
» tomber. » — C'était plus que du pressentiment, il y avait de la prédiction dans la triste plaisanterie de ce malheureux sans espérance, car il a été, m'a-t-on dit, exécuté quelque temps après à Versailles.

Cette insouciance, née sans doute de la crainte de réfléchir, s'était manifestée entre ces déshérités par la composition d'une *Chanson*, disaient-ils, et dont je leur demandai l'original, orné de leurs signatures, en forme d'autographes. — Ils furent très-flattés d'une intention qu'ils supposaient devoir les rapprocher d'un monde où ils n'existaient plus, et me donnèrent ce morceau de soi-disant poésie. Il n'avait de curieux que son origine et les noms inscrits au bas : *Souques, Courtot*, etc., tous gens habiles dans leur spécialité, mais qui, pour s'être jetés trop en dehors de leurs *mérites* en voulant se faire chansonniers, n'avaient abouti qu'à produire une archibêtise, si ce quelque chose eût pu avoir un nom, ce qui lui manquait absolument.

Une remarque à faire. — Ce n'est pas toujours la gêne de la captivité qui les embarrasse, mais l'emploi qu'ils feront tout de suite de leur liberté après l'avoir recouvrée. Ils savent bien que faire, car leur résipiscence est rare, mais ils ne savent d'abord où aller. Ils se disent qu'à leur sortie la Police est déjà sur leurs traces, et la première précaution à prendre est de la dépister. — Il y avait chez Souques un exemple, sinon de cette inquiétude, du moins de la résolution à n'en plus courir les chances. Par sa qualité d'*Aboyeur* (celui qui appelle les prisonniers qu'on demande au greffe) il était devenu une sorte d'Agrégé aux emplois de la maison. Il lui aurait donc été facile de s'évader. Il m'a dit en avoir été plusieurs fois sollicité. Mais son intelligence lui confirmait aussitôt qu'en perdant une position qu'il n'aurait pas dû espérer, il reviendrait à celle dont le malheur se compliquerait des punitions de sa tentative. — A la vérité, le titre de *Révélateur* lui promettait une mort certaine, si jamais d'anciens complices le rencontraient; il jugeait qu'il y avait prudence à ne pas s'y exposer. Mais de fait il ne hait pas la prison, il y est accoutumé; tout autre habit le blesserait dans les entournures, les vieux sont plus commodes que les neufs.

Quant aux autres, les récits de leurs caravanes, et la pensée qu'ils pourraient en renouveler quelque chose dans la prison même, suffisaient pour amuser leurs regrets. — Ainsi, lorsque, au sujet de ma montre, je demandai à l'un d'eux ce qu'il en ferait, puisqu'il était renfermé, il me répondit d'un air victorieux : « *Bah! un quart d'heure après que nous l'aurions filée, elle aurait sauté le pas de la porte.* » Et il riait comme s'il eût assisté à la plus belle scène de *Robert Macaire*, le patron fort estimé de ces anges déchus.

A LA CANTINE, la distribution des écuellées de soupe et la vente autorisée d'une espèce de liquide antivineux appelaient aussi l'attention. — Tous ces malheureux s'y rendaient, d'un appétit ouvert et d'une grande envie de déguster quelque chose comme du nectar. Mais à la quatrième cuillerée l'un était apaisé, et la seconde gorgée modifiait visiblement l'autre par l'insignifiance du breuvage. Toutes ces figures patibulaires, qui venaient de jaser à la muette sous la pression d'un désir fiévreux, se crispaient au milieu du repas, et se taisaient d'un air menaçant. — C'était affreux.

Par une tolérance qui m'a paru d'usage, un Détenu, nommé Robert, se présenta pour me servir de domestique. — Quand je lui demandai ce qu'il était, il me répondit avec sérénité : « *Voleur... et autre chose en-*
» *core.* » — C'était trop engageant pour que je n'acceptasse pas sa proposition. — Il avait connu personnellement quelqu'un qui n'était pas étranger à mon affaire, et, sur ce fait, il me conta les choses les plus incompréhensibles. J'en restai confondu. — Ce jeune homme se plaisait à regretter de n'avoir pas été libre en ce moment, afin *de parler plus à l'aise...* — Pouah !

Ledit Robert s'était trouvé au bagne avec Delacollonge, ce prêtre qui avait dit la messe en sortant de couper une femme en quatre. — Il me conta que l'horreur de son crime poursuivait à tel point ce monstre, que la nuit il se dressait, livide et les cheveux hérissés, sur le lit de camp, en se débattant contre le fantôme de sa victime et implorant son pardon. — Robert, couché en face de lui, parodiait ses gestes et ses supplications, en lui intimant au nom de toute la chiourme l'ordre de laisser dormir les camarades. —

En me disant cela, ce jeune libéré insistait avec candeur sur la *distance* qui le séparait *d'un Delacollonge* (c'était son expression), comme s'il avait eu à prouver que, chez les hommes quels qu'ils soient, le besoin de considération veut se loger à tous les étages.

Un jour, pendant le *Raout* au grand air, je vis arriver un jeune homme, à la figure bouleversée et se soutenant à peine. Deux hommes le serraient de près. — Je reconnus en lui le porteur d'un nom honorable, et dont les talents avaient fait naguère les belles soirées du salon d'une Dame de Lettres assez renommée. — Il sortait du tribunal, qui venait de le condamner pour faits d'escroquerie. — En me voyant, il voulut m'aborder; mais les Argousins qui le conduisaient s'y opposèrent, en portant la main sur lui et le poussant du côté de la *Détention* avec une brutalité des plus farouches. — Qu'il y avait de choses dans ce simple épisode!

J'ai dit que la rédaction de mon journal ne fut pas interrompue. — J'y travaillais dans mon cachot avec la même liberté d'esprit que si j'eusse été dans mon cabinet, moins le dérangement des visites, qu'ici je traitais parfois d'importunes, et qui, là-bas, m'auraient paru fort agréables. — Mes livres, placés sur une petite planche, à côté de ma vaisselle, me prêtaient un heureux secours pendant ces longues soirées d'hiver, de quatre heures à minuit, car je n'ai pas eu lieu de m'apercevoir que, passé telles heures, l'autre Frédéric, qui n'était pas de Prusse, eût défendu la lumière dans son camp.

Le lit, dont le sommier était de sapin, se trouvait trop court pour ma taille, et conformé de façon à rester toujours incliné de la tête aux pieds, ce qui, joint à la matière de sa confection, le rendait parfaitement exécrable. — J'y dormais cependant sans perdre, comme d'habitude, l'idée mère de mon Numéro du lendemain. — Cela tient à ma conformation.

Quelquefois, quand mon ombre de calorifère, après avoir dévoré les allumettes que sa rapacité l'engageait à prendre pour des ombres de bûches, ne contribuait plus à refroidir mon atmosphère, je descendais au Greffe, toujours bien chauffé, et là, causant avec les Commis, j'expédiais le journal, comme

> Buffon, qui, sur la foi d'une vaine peinture,
> Par ses ambassadeurs courtisait la nature.

Un messager venait le prendre à heure fixe, et je n'avais plus à m'occuper que de mon dîner, qu'on m'apportait d'une pension voisine, d'où mon père, entretenu par mes soins, aurait, s'il eût encore vécu, facilement partagé les ennuis de cette rude étape.

Le Directeur, dont je n'ai eu qu'à me louer, conciliait on ne peut mieux ses devoirs avec la bienveillance qu'inspirent toujours un peu les scélérats de Gens de Lettres. — A mon arrivée, il y eut entre nous une conversation assez singulière. — Au sujet de l'honneur que j'avais de faire sa connaissance, je lui appris que je le devais à des *Insinuations*. — Il ne voulut jamais le croire, jurant ses grands dieux qu'il ne connaissait pas cette espèce de crime, et que vraisemblablement je me trompais. — Quand je l'en eus persuadé, par la lecture de l'écrit irréfragable, son étonnement ne prit point de fin, et ce fut à la compassion de son regard qu'il laissa le soin de me traduire sa pensée.

Une nuit, il m'arriva quelque chose qui m'impressionna plus que toutes les taquineries amassées contre moi dans cette résidence. — Un amateur de livres, un homme très-estimé dont j'ai déjà parlé, M. Duhamel, ancien ami de mademoiselle Duchesnois et grand partisan du théâtre, possédait une bibliothèque dramatique des plus complètes. — Comme tous ses confrères, il ne prêtait que très-difficilement le moindre volume. — Pour le décider à m'en confier un, je lui avais souscrit un engagement de 500 francs en retour du livre, s'il s'égarait et même s'il s'était détérioré. — A minuit, j'écrivais, lorsque tout à coup le volume ouvert devant moi m'apparut ruisselant de l'huile qui s'échappait depuis assez longtemps de ma lampe! — Il m'est impossible de dire la douleur que j'en éprouvai, non à cause de la somme que l'accident devait me coûter, mais parce que M. Duhamel, y voyant un défaut de soin, ne voudrait plus à aucun prix m'initier aux richesses de sa collection. — Après avoir tristement contemplé le ravage gagnant de feuillets en feuillets, anéanti par ce spectacle, j'allai me jeter sur mon grabat, où, malgré les cajoleries d'un autre livre, je ne pus fermer l'œil. — Par un bonheur inouï, quelques jours après, on m'indiqua un étonnant réparateur de ces sortes de dommages. — Grâce à l'habileté de cette industrie, mon prêteur retrouvant la partie du livre plus nette que le reste, ne se douta jamais de ma désolante aventure.

La messe se disait à Sainte-Pélagie avec beaucoup de soin, dans une chapelle dont la distribution rappelait volontiers celle d'une salle de spectacle. Il y avait une galerie, et un parterre rempli de bancs. — Cette dernière place était occupée, pendant le service divin, par les *Pailleux,* ce sont les jeunes Condamnés qui travaillent, et qu'on admet dans la maison pour essayer de les moraliser. — Leur tapageuse arrivée, et leur sortie plus bruyante encore, secondées par leurs mines hâves sous des vêtements déguenillés, ramenaient plutôt la pensée sur la descente de la Courtille que sur l'objet de leur présence en ce lieu. — J'ai entendu là une messe en musique fort bien exécutée.

Je termine ces observations par un mot de Souques, dont la terrible naïveté mérite qu'on le rapporte. — Je lui demandais si autrefois sa bande ne se livrait qu'au vol. « *Heu! heu!* répondit-il en changeant de couleur, *nous faisions un peu de tout.* » Après de telles paroles, mes études étaient terminées.

J'écrivis au Ministre. — Je n'avais que peu de mots à dire pour soulever dans son noble cœur l'indignation d'un pareil contact, d'un traitement si cruel infligé à des Écrivains dont il se pouvait que la plume eût fourché, mais qui n'en avaient pas moins leur place réservée sur des sommités que jamais n'atteindraient les Tourmenteurs eux-mêmes. — Je lui dis que dix-huit jours et dix-huit nuits passés en semblable compagnie me paraissaient une expiation suffisante du tort admirablement prouvé que mon journal avait fait à la vertu.

Deux heures après, j'entrais pour la seconde fois aux Néothermes, où l'espérance trompée vit avec douleur que les Douches ne m'étaient pas nécessaires.

Seigneurs, en dix-huit jours, c'eût été trop de joie !

En arrivant, j'ai mieux aimé dire de mon crime :

. . . . Au lieu de m'en défendre,
Accordez-moi, grand Dieu, de m'y laisser surprendre !

(*La suite au Chapitre prochain.*)

❧

Les *Chansonnettes* qui inondent les Scènes secondaires ne sont rien moins que choses nouvelles; elles prennent uniquement ce caractère des localités qu'elles ont envahies, car leur origine remonte au fameux *Café Yon,* situé jadis au boulevard du Temple, après les spectacles et sur la même ligne. — Des gens qu'on appellerait aujourd'hui des *artistes* s'y montraient, sous de baroques travestissements, pour débiter des chansons à la portée des basses classes, et sans beaucoup moins d'esprit que n'en ont celles qu'on ingurgite aux gourmets de notre époque. — L'idée de transporter cela sur de vrais théâtres, et surtout d'y mettre l'importance qui lui attribue un droit d'auteur, est (à part la stérilité qu'elle atteste) une de celles qui ont petit à petit fait descendre la Scène à l'état dont je ne crois point qu'elle se relève de longtemps. — On m'a injurié pour l'avoir dit; j'espère qu'on ne m'épargnera pas davantage pour l'oser répéter. (1854.)

❧

En novembre 1846, M. Méry a dit : « *J'ai presque
» envie de demander* CE QUE C'EST QU'UNE PIÈCE. *J'avoue,
» pour ma part, que* JE NE LE SAIS PAS. » — Il prétendait alors beaucoup mieux comprendre les « *Symphonies de Beethoven.* » — Et aujourd'hui, neuf ans et demi après cette déclaration, M. Méry publie dans *le Pays* son premier feuilleton en qualité de journaliste chargé d'examiner et de juger les *pièces.* (7 mai 1855.)

Il y aurait crime de lèse-honneur littéraire à laisser passer l'anecdote suivante sans en prendre bonne et valable note. — Un journaliste ayant inventé le legs d'une somme de 300,000 francs fait par un vieillard épris de l'ancien talent de M. Alexandre Dumas père, celui-ci vient d'adresser à un confrère une lettre où se trouvent ces passages abasourdissants :

« ..... *Je suis si* NIAIS (épithète délicieuse !) *que, si je devais hériter d'un octogénaire, je prierais* SÉRIEUSEMENT *Dieu d'en faire un nonagénaire.....* »

Et puis, en supposant qu'il ne dût lui rester de ce cadeau que 137,000 francs, M. Alexandre Dumas père ajoute, d'une main tranquille : « *Lesquels,* AVEC CE QUE JE POSSÈDE, *me feraient juste 137,000 francs de fortune.* » — Il poursuit en ces termes : « *Peut-être un* AMI A MOI *a-t-il voulu donner aux octogénaires de France et de l'étranger cette* HEUREUSE *idée de me choisir pour leur légataire. En ce cas, je remercie du fond du cœur cet ami, et je lui suis aussi reconnaissant que si l'intention avait porté ses fruits.* »

Après avoir consigné ces phrases historiques, il ne me reste plus qu'à jurer, sur ce qu'il y a de plus sacré dans la dignité humaine, que je n'en ai pas altéré l'ombre même d'une syllabe. (Août 1855.)

LE BUDGET *revoyant ses comptes.*

Pour avoir fait bruire en notes surannées
Un air,
Plus de cent mille francs dix fois en dix années,
C'est cher !

Hier, dans une promenade avec des personnes que j'ai reçues à la campagne, au moment où nous longions l'endroit le moins attrayant du village, une de nos dames m'a présenté ses tablettes, en me demandant d'y improviser quelques vers sur ce sujet. Les voici :

En passant devant le cimetière de Cormeilles.

O vous qui reposez dans cette triste enceinte,
Heureux d'avoir fini le pénible labeur,
Sous le fardeau léger de cette terre sainte,
Acheminez-vous tous vers un monde meilleur !
L'autre n'a pas laissé dans vos âmes vivantes
D'assez doux souvenirs pour qu'ici vous pleuriez.
Ah ! plutôt, célébrez, de vos douleurs absentes,
Le bienfait éternel ; levez-vous et priez.

(23 août 1855.)

A New-York, où se trouve mademoiselle Rachel, on lui a demandé de chanter *la Marseillaise*. En s'en excusant d'abord sur la perte d'*un je ne sais quoi* qui lui avait, dit-elle, donné *un semblant de voix,* la Tragédienne ajouta ces mots ébouriffants : « *J'aimais à chanter la Marseillaise, comme j'aime à jouer mon plus beau rôle de Corneille.* » — N'est-ce pas qu'il faut garder cela, avec sa date soigneusement relatée ? (8 septembre 1855.)

La première pièce de Scribe a été *les Deux Derviches,* joués au Vaudeville en 1816. — Au moment où je fixe ce souvenir, l'inépuisable auteur compte *trois cent quatre-vingt-deux* ouvrages dramatiques, tous représentés, et dont peut-être cinquante actes au Théâtre-Français. — Quelle éloquente explication des insultes que lui prodiguent quotidiennement l'Impuissance et l'Envie, les deux sœurs! (Septembre 1855.)

La fortune de ce Monsieur *Huit Étoiles* est un gros tas de laine, composé des dépouilles de toutes les brebis qui ont passé trop près de ses buissons. — Honorez-le bien! — Mais ne le nommez pas! (1855.)

Le Public lisait, il y a cinquante-sept ans, chez un ami du théâtre : « L'intérêt des Auteurs, celui des
» Acteurs, celui du goût, celui des lettres demandent
» *que la Critique se réveille* de son trop long assoupissement. Les louanges, à force d'être répétées, ne
» louent plus. Les Acteurs, les Auteurs, *à en croire*
» *les journaux,* ne reçoivent jamais moins que des applaudissements *universels,* c'est-à-dire de l'univers,
» dans leurs salles de soixante pieds carrés. Jamais un
» Acteur n'a mal joué; jamais un Auteur n'a fait une
» faute contre la langue. Il n'en était pas ainsi autrefois. Aussi, les journaux et les spectacles, qui tombent aujourd'hui les uns sur les autres, se faisaient-
» ils valoir mutuellement. On lisait le journal, parce
» qu'on avait été voir la pièce nouvelle. On allait au
» spectacle, parce qu'on avait lu le journal. Allons,
» allons, Citoyens, un peu de guerre littéraire pour
» aiguiser l'esprit des gens à talent et la curiosité de
» vos lecteurs! » — De si loin, l'écrivain que je viens

de copier a bien pu se tromper de millésime; au lieu de 1799, le sorcier aurait dû mettre : 1855.

※

Je lis dans un journal : « La Publicité est utile quand » par elle l'indignation éclate contre les vices et les » scandales. » — Oui, oui, comptez sur cette *utilité*, et croyez aux bons résultats de cette *indignation!*.... Je vous en apprendrai des nouvelles quand les temps seront venus.

Le retrait des sous en métal de cloche et leur remplacement par un nouveau billon rendent aujourd'hui assez curieuses les deux annonces que voici. — La première a eu lieu le 10 août 1791 sur l'affiche du *Théâtre Feydeau,* disant : « Attendu la rareté de la » monnaie et la difficulté de s'en procurer, le Public » est prévenu que le billet pris, on ne rendra pas l'ar- » gent. » — La seconde annonce fut faite un peu plus tard par le *Théâtre de la rue de Louvois,* dont l'affiche portait : « Vu la difficulté de pouvoir se procurer des » sous, l'administration a été obligée de porter le prix » du parquet à 25 sous au lieu de 24, et celui des » secondes loges à 50 sous au lieu de 48. » — Pour compléter ce que le rapprochement a de singulier, je prends acte de cette surabondance de l'or, naguère tant recherché, et dont nous étions tellement inondés, que, dans les transactions, on préférait les écus, comme si le produit Californien était entaché de quelque vice rédhibitoire. — La sagesse a raison : en quelque chose que ce soit, il ne faut pas se prodiguer. (1855.)

PÉTITION IMAGINAIRE.

A L'EMPEREUR NAPOLÉON III.

Sire,

De l'or et des grandeurs que tout l'éclat séduise
La foule près de vous admise ;
Moi, je demande à dire à Votre Majesté,
Une fois l'an, *la Vérité.*

Les Artistes dramatiques de premier ordre gagnaient autrefois infiniment moins que leurs héritiers d'aujourd'hui. — Il est vrai que l'argent est loin d'avoir la même valeur. Mais ce qui ne l'est pas moins, c'est que le mot de Florence ne trouverait plus d'application. « Un Comédien français, disait-il, doit rester trente » ans au théâtre : dix ans pour *faire des dettes,* dix » ans pour *les payer,* et dix ans pour *amasser.* » — L'impatience n'entendrait plus de cette oreille-là. (1855.)

A présent, le Théâtre est une Boulangerie dans laquelle il n'y a plus ni eau, ni farine, ni levain, ni blutoir. — Et l'on veut toujours y faire du pain ! — (1855.)

Il est pourtant vrai que l'orgueil de faire parler de soi, alors même qu'on a disparu, peut être pour quelque chose dans le suicide. — Un exemple m'en a été révélé longtemps après l'événement du 16 février 1832, par un dépositaire irrécusable. — Quand Escousse, le jeune auteur dramatique, se fit mourir par l'asphyxie, il recommanda de mettre les vers suivants, par forme d'épigraphe, au livre qu'il laissait :

> Adieu, trop inféconde terre,
> Fléaux humains, soleil glacé !
> Comme un fantôme solitaire,
> Inaperçu j'aurai passé.
> Adieu, palmes immortelles,
> Vrai songe d'une âme de feu !
> L'air manquait. J'ai fermé les ailes.....
>   Adieu !

La sensation de ce morceau fut d'autant plus grande, qu'en l'attribuant à la liberté d'esprit du poëte à son dernier moment, elle augmentait le regret de sa perte. Eh bien ! ces vers n'ont eu de rapport avec le suicide que leur application rétrospective, car l'auteur les avait composés depuis plus de deux ans, sans que rien les eût menacés d'un intérêt de circonstance. — Ils étaient écrits de sa main dans un recueil de poésies remis par lui à un jeune Compositeur, pour qu'il y choisît quelques pièces propres à être mises en musique. — La veille de sa mort, Escousse écrivit à un de ses parents de se rendre, aussitôt qu'il aurait appris sa résolution, chez le dépositaire, et d'*en détruire la dernière page* (celle où dormait depuis si longtemps cette strophe). Il en préjugea l'effet plus saisissant si on la croyait inspirée par un dernier accès du découragement de la vie. — On est forcé d'en conclure que chez cet écrivain commençant, tant d'orgueil n'aurait pu que beaucoup nuire à quelques heureuses qualités.

INNOVATION. — VERS MULATRES.

Pour remplacer les *vers blancs*, passés de mode, et que ne cultive pas la Littérature moderne,

> Ils ont dit, inspirés par le goût du désordre,
> « *Le Désordre, c'est le Génie.* »
> Comme si rien dans le désordre
> Pouvait ressembler au génie!
>
> A la Jeunesse au moins épargnez le désordre
> D'un exemple où l'on voit votre mauvais Génie,
> Pour la sauver, cessez d'acclamer le désordre.
> Les fils de notre époque, effrayés du désordre,
> Sont les hommes futurs qui marchent au génie.
>
> Ne leur dites donc pas que l'essor du génie
> Ne peut se faire jour qu'à travers le désordre,
> C'est étouffer en eux les germes du génie.
>
> Où sont les corrupteurs, ces hérauts du désordre,
> Dont lui-même a brisé le malheureux génie?
> *Le vice n'en veut plus.....* Mais enfin ce génie
> Qu'a-t-il fait, que prouver par son propre désordre
> Qu'il n'était point le vrai génie
> Inaccessible au vrai désordre?
>
> Eh bien donc, anathème aux œuvres du désordre
> Et gloire sans partage aux splendeurs du génie!

Si l'on adopte les *Vers mulâtres*, on verra se reproduire dans les Lettres une partie des beautés dont la vie d'un certain monde nous a longtemps présenté le spectacle. Beautés *excentriques, fantaisistes, romantiques, oseuses, actuelles, nature*, et surtout très-estimables, comme chacun sait.

« Je vous reconnais le droit de m'attaquer comme actrice, mais vous n'avez pas celui de m'insulter; il y a lâcheté de votre part à le faire, puisque vous vous attaquez à une femme qui ne peut pas vous répondre comme vous le méritez. Votre article du 29 mars est un infâme mensonge en outre, car JE ME RESPECTE TROP *pour aller au bal Chicard;* je ne vous demande pas une réparation, mais au moins un silence complet sur ma vie intérieure. Rattrapez-vous sur *mon talent,* je vous le permets, et ne m'en inquiète pas; mais je ne veux pas d'impertinence. J'ai l'honneur de vous saluer.

» ESTHER, *Artiste des Variétés.* »

(Autographe. — PRIX : 500 francs.)

Je saisis entre mille le trait d'esprit suivant, qui a pour auteur cet avocat des Gens de lettres dont le désintéressement est devenu proverbial. — Un journaliste n'ayant pu obtenir la permission de publier le portrait de ce maître en fait d'éloquence, a reçu de lui la piquante lettre que voici :

« Assurément, monsieur, c'est ma figure qui a dû effrayer la Censure; pourtant elle n'est pas plus affreusement laide que celle dont mon ami Dantan m'a publiquement gratifié. Je vous répète donc volontiers que je vous autorise à publier *cette charge* autant que vous le voudrez; que, si les lois de septembre sont plus fortes que votre volonté, jointe à une autorisation, alors, monsieur, prenez-vous-en aux lois de septembre ; je suis tout prêt à donner une boule blanche à la proposition qui aura pour but de les révoquer.

» Ad. Crémieux. »

C'est de *l'Amour médecin* qu'est sorti ce proverbe d'une application si fréquente, et qui vivra jusqu'à la fin du monde : « *Vous êtes orfévre, monsieur Josse.* » Ce qui signifie, en termes plus vulgaires, que chacun prêche pour son saint, ne parle que selon que ses intérêts le lui commandent. — Cette remarque, si simplement exprimée, est enfouie dans la troisième tirade de Sganarelle, scène première, et ne paraissait pas sans doute, même aux yeux de l'auteur, devoir s'en élancer pour aller servir d'enseignement si juste à l'une des faiblesse de l'esprit humain. — Mais ce qu'il y a d'également remarquable, c'est qu'en adoptant la susdite phrase pour en faire un proverbe, la voix publique a dû choisir entre deux de signification semblable. — A côté de M. Josse, *orfévre,* se trouve M. Guillaume, « *marchand de tapisseries.* » — Comme le premier, il engage Sganarelle, qui vient de perdre sa femme, à consoler sa fille en lui achetant « une » belle tenture de tapisserie de verdure ou à person- » nages, que je ferais mettre dans sa chambre pour lui » réjouir l'esprit et la vue ; » — de même que l'autre plaide pour acheter à Lucinde « une belle garniture » de diamants, ou de rubis, ou d'émeraudes. » — Sur quoi, après avoir répondu à M. Josse, Sganarelle dit : « *Vous vendez des tapisseries, monsieur Guillaume,* et » *vous avez la mine d'avoir quelque tenture qui vous* » *incommode.* » — Il parle dans le même sens à ses autres conseillers. — Si donc on a préféré la première de ces répliques à la seconde, c'est vraisemblablement que la pointe du trait étant plus acérée et devant mieux perforer le ridicule, ce trait a encore pour lui l'avantage de la brièveté, chose importante dans un proverbe.

On n'a pas oublié le bel *Ordre du jour* du Général Bonaparte, mécontent de voir le suicide s'introduire dans l'armée. « *Celui qui s'ôte la vie, disait-il, est un soldat qui déserte son poste.* » — La pensée est si heureuse, qu'il n'est pas étonnant qu'elle ait pu venir à trois hommes de position bien différente. — Dans sa tragi-comédie de *la Folie du sage,* Tristan l'Hermite a dit en huit vers, dont voici les deux derniers :

« C'est une sentinelle aux dangers exposée,
Et que doit relever celui qui l'a posée. »

Jean-Jacques Rousseau, traitant du même sujet, a dit à son tour : « On regarde l'homme vivant sur la » terre comme un soldat mis en faction. Dieu t'a placé » dans le monde; pourquoi en sors-tu sans son congé? » — Est-ce à dire que l'illustre Capitaine ait pillé personne? Non. *Les grandes pensées viennent du cœur.*

Jamais vacarme au théâtre n'égalera celui qui a eu lieu à l'Odéon le jour où l'on joua la pièce dont on savait qu'Étienne avait tiré *les Deux Gendres.* — L'Enfer et les Démons déchaînés n'auraient pas *exécuté* un pareil tapage. Il avait commencé dans les journaux, de manière à donner le ton à cette symphonie. Mais quand le théâtre rouvrit ses portes à la représentation de *Conaxa*, toutes les prévisions furent dépassées. — Après les préliminaires d'usage dans une salle où l'on s'attend à quelque scandale : affluence, parterre turbulent, cris de toute sorte et préparatifs de bataille, l'œuvre du Jésuite fut enfin livrée à l'impatience des spectateurs. — Elle avait été imprimée. — On attendait les vers dont Lebrun Tossa avait caché l'origine à Étienne, tant les siens propres que ceux qu'il s'était octroyés, et que ce dernier, à titre d'acquéreur, ne les croyant pas sortis d'un ouvrage qu'il ignorait, avait insérés dans *les Deux Gendres*. — Les jeunes gens, que la publicité avait mis sur les traces de ces pauvres alexandrins, s'en étaient procuré la copie. Alors, chaque fois qu'un malheureux enfant de Loyola ou de l'explorateur montrait seulement le bout de son nez, les vociférations, accompagnées de rires et d'apostrophes, s'élançaient, se croisaient, redoublaient, et ne permettaient plus aux acteurs de continuer leurs rôles. — Assurément une compagnie de soldats, de passage sur la place de l'Odéon, aurait pénétré dans l'enceinte, persuadée qu'on s'y égorgeait. — La Police prévenue et la Garde augmentée ne pouvaient rien contre un semblable désordre; il fallut qu'il s'éteignît de lui-même, ce qui se fit lorsque les quelques vers objet de tant d'animation eurent payé leur tribut à la rancune, car ce n'était que cela. — Étienne occupait une de ces places dans lesquelles on se fait de tièdes amis et de chauds ennemis; et, comme il arrive souvent, quand survient un orage, ceux qui ont des parapluies s'en servent pour eux-mêmes, pendant que d'autres, inondés de leurs petites gouttières, passent à côté d'eux en grommelant contre les airs de l'aristocratie. — Le parapluie d'Étienne était fort large.

❦

Au nombre des choses oubliées que je rappelle, je crois pouvoir compter celle-ci comme une des moins présentes à la mémoire de qui que ce soit : — L'article 7 du titre II de la Loi fondatrice de la Légion d'honneur porte : « Les grands services rendus à l'État » dans les fonctions législatives, la diplomatie, l'administration, la justice ou les sciences, seront aussi » des titres d'admission, *pourvu que la personne qui* » *les aura rendus* AIT FAIT PARTIE DE LA GARDE NATIONALE » DU LIEU DE SON DOMICILE. » — Il y a prescription.

❦

Pendant une séance de l'Institut, David s'amusait à dessiner une jeune Africaine qui faisait partie de l'Assemblée. « *Ce dessin,* lui dit Grétry, placé à ses côtés, » *peut devenir précieux.* — *Oui,* répondit le célèbre » artiste, *quand vous y aurez ajouté une pensée rela-* » *tive à votre art.* » Grétry, s'emparant de ce croquis, écrivit au bas : « *Une blanche vaut deux noires.* » — Ce n'était pas une grande dépense d'esprit de la part d'un homme qui en avait tant ; mais il n'y avait point là d'avarice : c'était plutôt qu'en ce moment le prodigue jetait au vent de la pensée quelqu'une de ses plus riches mélodies. — En 1843, un amateur d'autographes a payé mille francs ce chiffon métamorphosé en monument. — Il vaut aujourd'hui davantage.

MA VIE. — CHAPITRE XLIV.

1848. — DÉTAILS INCONNUS.

Je m'abstiens dans ce livre de toute réflexion, directe ou détournée, qui porterait le Rédacteur d'un petit Journal littéraire à trancher de *l'important,* et à supposer qu'il ait eu la plus légère part aux Affaires publiques. — Si j'y ai touché, d'abord en ouvrant et fermant la serrure de deux portefeuilles, ce n'a été, ainsi qu'on l'a vu, que par hasard et comme pour prouver que ma vocation était tout autre. — Si, en second lieu, je me suis trouvé investi de fonctions toutes militaires, ce n'a encore été qu'en passant et par une de ces secousses dont les révolutions semblent se faire un jeu, pour remettre ensuite où elles les ont pris les hommes et les choses qu'elles avaient inopinément déplacés. — Si enfin le sort a voulu que, par un *Écrit* exceptionnel, je me fusse dégagé de ma sphère pour entrer résolûment dans celle où les grands intérêts du Pays se débattent, ce n'a pu être encore que par une de ces occasions où la nécessité finit quand l'équilibre recommence. — Voilà qui est nettement exprimé.

Ces *détails inconnus* sont ceux dont il m'a fallu négliger la relation dans ma *Lettre à Louis-Philippe,* et qui ont bien aussi leur part d'enseignement général.

Au moment de l'explosion de 1848, je m'étais, selon ma coutume, transporté vers les endroits où il y avait le plus à apprendre et le meilleur à dire. — Après avoir vu, j'ai écrit, et tous les journaux de

France et de l'Étranger ont fait, aux articles de mon journal, l'honneur de les reproduire textuellement. — A ce sujet, un célèbre homme d'État m'a dit : « *Vous* » *avez écrit une page d'histoire sans vous en douter.* » — Ce que j'ai à donner ici, la vérité le protégerait contre le reproche de son peu d'importance, quand bien même les moindres jalons ne seraient pas d'un grand secours au travail de l'historien consciencieux qui les recherche. — En de telles liquidations, tout compte.

Le Colonel du 21ᵉ de ligne, avec lequel j'ai dit, dans mon journal, avoir causé sur la place de la Concorde au moment où l'ébullition commençait, était M. Le-Joutrel, nommé Général depuis. — Son régiment se développait sur la longueur de la façade du Garde-meuble. — C'est à ma sollicitation qu'il voulut bien faire ôter la baïonnette à laquelle je trouvais un certain air d'hostilité, et après m'avoir dit avec une assurance toute persuasive : « *Mon régiment ne tirera ja-* » *mais sur le Peuple.* » — Il a tenu parole.

Le jeune homme qui accourut au trot pendant que je m'entretenais avec ce Colonel était tête nue. Ce fut un passant qui nous le désigna pour le fils de l'amiral Baudin ; d'autres me dirent après que c'était son neveu. — Je n'en ai pas su davantage sur ce point.

On doit regretter autant que moi la perte de la phrase que prononça à haute voix Louis-Philippe, s'en allant et tournant le dos à l'Obélisque ; c'eût été certainement une suite de mots historiques bien précieux. — J'aurais pu les entendre mieux que personne, car l'effet du brusque mouvement du Roi, pour se retourner, pendant que je marchais près de la Reine, fut de changer nos positions et de substituer à notre ligne parallèle un groupe formé de nos trois personnes. Il nous avait tellement rapprochés, et la foule nous pressait si fort, que les cheveux gris et noirs du couvre-chef princier m'ont un instant froissé le visage. — Aux différentes clameurs que l'on poussait, se joignit la chute soudaine d'un Garde national, dont le cheval, glissant des quatre pieds sur l'asphalte, vint presque enchevêtrer ses jambes dans les nôtres. — Il n'a donc pas été possible de saisir un mot des paroles que prononçait Louis-Philippe. La Postérité s'en passera.

C'est là que, prenant la main de la Reine, je lui parlai comme on l'a lu dans ma *Lettre,* parce que je croyais que leur intention était d'aller à la Chambre des députés. — Je voulais rassurer Marie-Amélie, bien persuadé qu'aucun danger ne menaçait ni sa personne ni celle de son époux. — Encore là (pour complément de ces petits détails qu'on néglige d'abord, et dont on s'occupe avec raison plus tard), je remarquai que la fugitive portait une robe et un bonnet de deuil des plus simples, avec des gants et un châle de coton noir. Le froid avait rougi ses poignets, qui me parurent amaigris depuis que je l'avais vue à l'Opéra. — Quant à la force de ces poignets, j'en puis répondre, car lorsque la Princesse me repoussa, mon bras se détendit si violemment dans la direction de la tête de Louis-Philippe, que, sans la rapidité avec laquelle je le retirai, j'aurais couru le risque de regretter à jamais l'effet d'un geste où cependant rien n'eût été de ma faute.

Je les accompagnai encore, de cette place, à la première des deux voitures, qui probablement les attendaient. — Pour y monter, Louis-Philippe serra plus fortement le petit portefeuille noir qu'il tenait sous son bras gauche. La Reine le suivit. — Elle était à peine assise, et les enfants nous regardaient encore derrière la glace, quand le cheval, frappé d'un coup de fouet inaccoutumé, enleva l'équipage, dont les roues faillirent me passer sur les pieds. Ç'aurait été de l'obstination.

Quelqu'un derrière moi me tira alors par mon paletot. C'était M. Crémieux, avec qui je traversai la place en diagonale. — Il me montra un jeune officier d'artillerie en uniforme, qui s'éloignait à pied. — « *Le* » *connaissez-vous?* me dit-il. — *Non.* — *C'est le duc* » *de Montpensier.* » — Le Prince cherchait et trouva un cabriolet de place, qu'il occupa, et disparut.

Apercevant un cavalier, je reconnus M. de Rumigny, monté sur le cheval d'un soldat du Train, et enfoncé dans la peau de mouton qui forme la chabraque. Je l'abordai :

« — *Général, où va donc le roi?* (qui filait avec » toute son escorte, le long du bord de l'eau.)

» — *Je l'ignore,* me répondit-il.

» — *Ah!* répliquai-je, *monsieur le Comte, si vous* » *l'ignorez, qui donc le saura?* »

Je pensais que le Chef de la Police militaire devait être mieux informé. — Survint un jeune officier qui le pria de prendre son cheval, meilleur et plus présentable que la bête ci-dessus désignée. — En acceptant, M. de Rumigny lui dit : « *Merci,* ***, *je m'en souvien-* » *drai.* » — Le nom de cet officier m'est échappé, c'était celui d'une assez grande maison. — Alors le Général, piquant des deux, se précipita à la suite de l'escorte, et nous le perdîmes de vue.

Sur le devant du Corps Législatif, le général Bedeau, en petit uniforme et portant le képi, se promenait de long en large au pas de son cheval gris, et d'un air préoccupé que tout le monde remarquait. — Il donnait avec brièveté les renseignements que chacun s'empressait de lui demander, et reprenait sa marche.

Vers deux heures, je vis arriver par le Pont-Royal, accompagné de quatre ou cinq Gardes nationaux et en habit d'officier de la Banlieue, M. Alexandre Dumas. Il suait de toutes ses forces. — Sur un mot qu'on lui dit, il s'écria en jetant un bras en l'air : « *Continuons notre députation!* » — Un rire homérique accueillit cette harangue *pro patria,* et comme il était venu, M. Alexandre Dumas s'en alla.

Je courus m'assurer au faubourg Saint-Germain qu'il n'y avait nul danger pour l'hôtel d'un de mes protecteurs. Puis je regagnai les Tuileries, dont le château était occupé par plus de gens qu'il n'en tiendrait peut-être dans le Champ-de-Mars. — L'envahissement de ce fleuve débordé, mugissant, indomptable, a été décrit; mais on a oublié le jeune héros qui, monté sur l'appui d'une fenêtre, brandissait un grand sabre en poussant des cris de joie. — A chacune de ces démonstrations, les vitres placées au-dessus de sa tête volaient en éclats, en tombant dans le jardin et sur lui comme sur les autres sans qu'il y fît la moindre attention. — On lui demandait toujours *Bis,* et il redoublait tant et si fort, que toute la fenêtre finit par disparaître.

Les bagatelles de la porte me donnaient une vive curiosité de voir ce qui se passait à l'intérieur, car ce ne pouvaient être que des choses bonnes à recueillir. Je cherchai donc le moyen d'y pénétrer. — Une petite échelle de meunier avait été appliquée à la fenêtre de droite du rez-de-chaussée. Elle pliait sous son poids; mais comme je ne voyais pas d'autre chemin, je m'y lançai. — Dix fois je faillis en être précipité. — Enfin, des pieds et des mains, élargissant ma place et rendant de mon mieux les bourrades qui m'arrivaient, je parvins à tournoyer dans une chambre très-petite et très-basse, où l'on vidait une commode aux cris de : « *Qui veut une camisole?... Qui veut un jupon?... Qui veut une serviette?* »

Je désirais monter au premier, un étroit escalier y conduisait. — Je l'essayai, mais en vain; la pression devenant de plus en plus menaçante, j'allais être littéralement étouffé. — J'opérai ma retraite en recourant à ma première tactique, mais alors devenue plus dangereuse que n'avait été mon ascension, parce qu'auparavant la masse tendait tout entière à entrer, tandis que cette fois j'étais à moi seul l'objet qui voulait sortir.

(*La suite au Chapitre prochain.*)

Un journal qui tient de son mérite l'autorité dont il jouit, et non des grandes dimensions de son format, a dit : « Attaquer les antécédents privés, c'est un acte » que la loi qualifie de diffamation, mais que la mo- » rale peut néanmoins approuver quelquefois, et au- » quel la Société doit souvent applaudir. » — Eh quoi ! LA MORALE et LA LOI ne sont pas d'accord ! Ce que l'une *approuve*, l'autre le défend ; et ce que cette dernière condamne, la Société *doit l'applaudir!*.... N'y a-t-il pas là quelque chose qu'il devrait être permis à la raison d'examiner ? Rien que pendant dix minutes.

L'intention de l'artiste, comme celle de l'homme de lettres, va souvent plus loin que ne le voudraient l'un et l'autre dans la recherche de la vérité, soit sérieuse, soit seulement amusante: aussi, est-ce bien à tort qu'on l'incrimine, lorsque par hasard le trait s'enfonce un peu trop en tombant. — Potier, de l'esprit le moins hostile, en a fait une fois l'épreuve, à son grand regret, je l'affirme, car il me l'a dit. — Saint-Léger, le pensionnaire du Vaudeville, que sa corpulence renfermait dans les rôles de *joyeux compères* dont la rotondité déterminait l'emploi, se croyait obligé de singer en quelque chose les *Financiers* de la Comédie française. De phrase en phrase, il se frappait l'abdomen en exagérant une gaieté qui, pour vouloir être intarissable, n'en devenait pas plus communicative, c'était même assez glacial. — Un rôle échut à Potier, où la reproduction de l'acteur s'agençait parfaitement avec le caractère du personnage. — Effet remarquable : sans recourir à aucun artifice de costume, sans dissimuler en rien la nature de son extérieur effilé, comme n'auraient pas manqué de le faire nombre d'autres, et par la seule imitation personnelle de son camarade, Potier le représenta si complétement que, dès qu'il parut en se tenant à deux mains le ventre, principal élément comique du modèle, toute la salle s'écria: « *C'est Saint-Léger !* » — Il en fut de même pour le jeu, qui était d'une ressemblance si frappante, que Saint-Léger lui-même se reconnut, et jugeant bientôt qu'il ne pourrait se soustraire aux suites de cette parodie, il quitta peu de temps après le théâtre, dont il obtint, du reste, une pension bien acquise. — Dans un autre sens, presque la même chose est arrivée à l'abbé Cottin, sans que le Pédant des *Femmes savantes* eût voulu pousser aussi loin la légitime défense à laquelle il aspirait pour venger son auteur outragé. — Mais, chez Potier, ce n'a été que le projet d'un simple badinage dont l'effet a de beaucoup dépassé l'innocente espièglerie de l'observateur.

※

Une idée de femme qui s'ennuie fit un jour désirer à mademoiselle Mars de savoir ce que c'était que *le Bal de Flore*, situé vers le milieu des Champs-Élysées. Elle me demanda de l'y accompagner, sans en rien dire à personne. — Je la priai de me laisser aller voir d'abord s'il y aurait dans cet endroit entière sécurité pour sa réputation, dans le cas où elle y serait reconnue. Elle me répondit que ses précautions étaient prises, qu'elle s'habillerait en Grisette, et que si je rapprochais mes vêtements des siens, notre *incognito* serait assuré. Le soir même nous nous rendîmes en fiacre à ce *Bal*, où nous avions à peine mis le pied, que je sentis toute l'imprudence de cette démarche. — Au vacarme qui régnait dans la salle, aux manières des gens qui la remplissaient, à la liberté de leurs propos, il était tout naturel de craindre que la curieuse étrangère n'en fût pour quelque mésaventure. — J'en étais là de ces réflexions, lorsqu'un grand et gros Fort de halle vint l'inviter à danser, et d'un ton si impérieux que je la vis pâlir, presque sur le point de se trouver mal. Malgré cela, tirant adroitement partie de la situation, elle balbutia non pas tout à fait un refus, mais la prière *d'attendre un peu* que l'air, dont elle se disait incommodée, lui eût rendu la force nécessaire. — A cette réponse, le galant fronça le sourcil, nous parcourut tous les deux du regard, et se décida enfin à revenir pour *la suivante*. Mais notre école était faite. — Je guettai les allures de cet homme, et lorsque je le vis engagé dans la foule, nous gagnâmes promptement la porte en nous promettant bien de mieux choisir une autre fois le théâtre de nos études humanitaires.

Nos jeunes *Modernes* n'aiment pas la Tradition théâtrale, ils la plaisantent même en gens qui ont de l'ignorance à fond, en attendant que leur tour vienne de l'apprécier comme ils seront forcés de le faire. — Ils en parlent ainsi que d'une collection de vieilles habitudes, espèce d'héritage légué d'acteurs en acteurs, et qui n'est pas une partie essentielle de l'œuvre des écrivains. — Dès lors, la *Tradition* serait l'imitation servile de la manière de dire et de faire des Comédiens d'autrefois, transmise d'âge en âge et d'interprètes en contrefacteurs, à ceux des époques qui les reproduisent. — En effet, si ce n'était que cela, pareille chose ne mériterait pas qu'on l'estimât, encore moins qu'on la voulût perpétuer dans le soi-disant intérêt de l'art. Mais il en est tout autrement. — D'abord, pour s'y soumettre, il faut avoir le vrai sentiment du théâtre, de ces études premières qui se révèlent dans le jeu d'un acteur et qui font dire au public : *Il comprend.* — Conduit de la sorte vers l'entière intelligence des rôles, on sent, on devine bientôt ce que l'auteur, n'ayant pas pu tout dire, a laissé à faire aux réflexions du Comédien, ces mille petits secrets, auxiliaires ou simples ornements des scènes, qui complètent ses idées sans trop s'écarter de leur sphère. Par exemple, les attitudes, les jeux muets, l'expression de la physionomie, l'adresse à servir ses interlocuteurs, le silence même, dont l'éloquence peut aller quelquefois plus loin que celle de la parole, et tout cela, sans dénaturer les caractères, sans sortir du cercle que les auteurs ont tracé. — Voilà ce qui constitue les recherches de l'artiste dramatique dont le génie médite, creuse et exécute, au grand avantage d'une pièce qu'il aide à vivre en lui prêtant les seuls éléments de perfection qui dépendent de son talent. — S'il s'agit des *anciens*, ces ressources se trouvent dans le respect des maîtres, qui identifie l'acteur avec la pensée de l'écrivain jusque-là que le premier semble, pour un moment, avoir été le contemporain du second. — Voilà ce que c'est que la *Tradition*, considérée comme héritière de tout ce qu'on a trouvé de bon, d'agréable, d'utile à ajouter à l'ensemble comme au charme primitif des représentations théâtrales. — Entre le Comédien qui possède ce secret et celui qui ne l'a pas, il y a toute la distance d'un homme instruit avec un ignorant, d'une personne d'esprit à une sotte, d'un artiste à un manœuvre. — Cela frappe les connaisseurs au premier aspect et se confirme à l'examen. Ainsi conçue, la *Tradition* n'est donc pas autant à dédaigner que le disent ceux pour qui son étude est impossible, et qui trouvent aussi les raisins trop verts.

Le Roi s'amuse est une conception singulière, pour ne pas dire tout de suite monstrueuse, et tout à la façon de l'auteur, qui est unique. — L'ouvrage s'était annoncé de manière que le Public partageât le plaisir de François Ier. Le caractère chevaleresque et libertin du Monarque se dessinait à travers les allées et les venues d'un bal brillant, d'une réunion de Cour où la galanterie devient une affaire, la séduction un calcul et la joie une nécessité à peu près officielle. — L'action paraissait heureusement posée, et malgré de nombreuses bizarreries de style, on avait goûté plusieurs vers agréables.—Triboulet jouait là son rôle naturel, il était le personnage historique. — Tout à coup, au second acte, il prend une autre forme; c'est un père tendre et dont l'exaltation va jusqu'à rendre équivoque le plus noble sentiment. D'original qu'il était, il devient commun, la fable jure avec le héros. — La majesté royale, qui avait d'abord frappé le spectateur dans la personne du Souverain, s'efface devant une situation bourgeoise, et les noms ne sont plus en harmonie avec les faits. — Une grande déception en résulte dans l'esprit du Public, que cette tromperie met en garde contre les suites du drame, et une juste sévérité prenant la place de la bienveillance, on n'accepte plus les singularités auxquelles on s'attendait; ce ne sont plus que de tristes hardiesses. — La chute en a été légitime. — Toutefois, il restera comme chose vraie et transmissible à l'avenir que *le Roi s'amuse* est l'œuvre d'un écrivain d'un très-grand talent pour jeter çà et là (au théâtre) des vers de la plus haute portée; mais qui les fait payer trop cher par la pénible bizarrerie de la conception générale, l'absence de *l'intrigue dramatique*, l'horrible choix des mœurs, le dénigrement des caractères inviolables, l'oubli des plus simples convenances, et l'attachement à un intolérable système de style destructif de toute poésie, de tout progrès, de toute jouissance, de toute renommée. — M. Victor Hugo se consolera aisément de ce que la scène lui refuse par le mérite qu'il possède de composer de belles odes, des strophes encore plus belles, des odes *à la Lamartine*.

☙

S'il vous souvient, je crois qu'il ne vous souvient guère
    Qu'en mil huit cent quarante et tant,
Sottise et Sens commun, qui n'étaient point en guerre,
S'y virent entraînés par un fait important.
Le moine Montigny, pour changer de posture,
D'acteur de la Gaîté, se fit *écriturier*,
Et commit sciemment une insigne brochure
    Qui, de mémoire d'encrier,
N'eut jamais de pareille en aucun lieu du monde.
Style, raison, esprit, grammaire, *et cætera*,
S'y trouvaient méchamment immolés à la ronde.
    Bientôt le tout on enterra,
    L'auteur point ne recommença,
        Et, voyant ça,
        Le Goût chanta :
        Alleluia !

☙

Pantomime et *Mime* sont trop souvent employés dans la même acception pour qu'il ne soit pas utile de remettre chacun de ces mots à sa place. — *Mime* vient du grec Mimos, qui veut dire *imitateur, bouffon*. C'est un dérivé de Mimesthaï, *imiter, contrefaire*. — Chez les Anciens, c'était une farce dans laquelle on imitait avec impudence les actions, les discours, les manières de quelques personnes connues. On appelait aussi *Mime* l'acteur qui jouait dans ces farces et l'auteur qui les composait. — *Pantomime* vient du grec : Pan, *tout*, qui, joint par son génitif à Mimesthaï, signifie : *tout imiter, tout contrefaire*. — C'est un acteur qui exprime toutes sortes de choses par des gestes et sans parler. Au féminin, c'est, dans l'art dramatique, le langage de l'action, l'art de parler aux yeux, l'expression muette du visage et des mouvements du corps. — Ainsi Talma était *Pantomime* quand il jouait le Cimbre et écoutait Marius, ou quand il subissait les reproches sanglants d'Hermione, après la mort de Pyrrhus. — Le *Pantomime*, c'est donc, si l'on remonte à l'origine, l'artiste noble; et le *Mime*, c'est le Paillasse recevant les horions de tous les vils personnages qui l'entourent. — Je crois qu'à présent la méprise n'est plus possible.

※

Si longtemps délaissés par tous les Gouvernements, les intérêts de la Propriété littéraire ont trouvé dans le nôtre un appui dont on peut dire que les lois nouvelles se sont particulièrement honorées. — Ce qui reste à faire complètera l'œuvre quand l'assimilation de cette propriété à toutes les autres en aura assuré la jouissance aux *derniers descendants* des auteurs, et qu'alors le DOMAINE PUBLIC fondera sa possession sur un des plus grands principes de la justice et de l'humanité. — Toutefois là encore il aura à examiner s'il ne serait pas naturel qu'il *partageât* les produits des travaux de l'intelligence avec une CAISSE DE PENSIONS, alimentée de telle sorte que les écrivains morts fussent à toujours les nourriciers des écrivains vivants.... Éternité de bienfaits! Perpétuité de reconnaissance!... — Eh bien! conçoit-on qu'en dépit de toute protection légale, un auteur dramatique dont le nom n'est pas éteint soit ouvertement dépouillé, au fond et dans la forme, d'un de ses plus fructueux ouvrages ? — *Le Sourd, ou l'Auberge pleine*, flanqué d'une partition née de l'inépuisable facilité de ce pauvre Adolphe Adam, n'appartient plus du tout à son auteur. Celui-ci *n'est pas même nommé sur l'affiche!....* — MM. de Leuven et Ferdinand Langlé y occupent tranquillement sa place. — Ils en touchent les rétributions, et si la descendance de Desforges est dans la misère (comme cela n'est que trop vräisemblable), elle voit, avec l'honneur qui devrait en résulter, passer en d'autres mains des revenus qui, tels qu'ils soient, l'aideraient du moins à vivre ! — Et qu'on ne dise pas que la *Société des auteurs dramatiques* a permis cette exaction par quelque traité que ce puisse être, car elle aurait excédé ses pouvoirs et très-sérieusement engagé sa responsabilité. — Mais ce n'est pas tout, la question est complexe. — De quel droit s'arroge-t-on cette *substitution d'un genre à l'autre?* D'où vient, si ce n'est un injuste désir de lucre, que la musique s'impatronise dans cette prose, si bien appropriée au sujet de l'ouvrage, comme à l'espèce de plaisir qu'il promet à ses auditeurs ?... J'ai voulu, moi, Desforges, laisser une *comédie*, et non un *opéra-comique*, dont ma mémoire a déjà suffisance, et je n'autorise personne, ni dans le présent ni dans l'avenir, à transgresser ma volonté, à dénaturer aucune partie de mon héritage. Qui le fera sera coupable ; qui le souffrira le sera plus encore, car je m'en vas plein de confiance dans le souvenir de mes Concitoyens et dans la généreuse sollicitude des Gouvernants de mon pays. — Ainsi dirait l'auteur que l'on *chasse* aujourd'hui *de sa réputation*. — Crime.

❦

Louis XV, voulant encourager, en les popularisant, les travaux de la Manufacture de Sèvres, ordonna que nombre de ses produits fussent déposés dans un des appartements de Versailles, et que le public fût admis à les voir. — Cette idée était évidemment, sans qu'on y pensât, le germe de ce que nous appelons aujourd'hui une *Exposition*. — Le père de Berton, qui était à la tête de l'Académie royale de musique, y conduisit son garçon, très-jeune encore (le futur auteur de *Montano et Stéphanie*). En le voyant, le roi lui dit : « *C'est votre fils ?* » — « *Oui, Sire,* » répondit l'artiste. — Alors, saisissant un petit cabaret de la plus fine porcelaine, qu'il mit dans les mains du marmot : « *Tenez, mon enfant,* » dit le Prince. A quoi, prenant pour un nom le titre qu'il venait d'entendre, l'enfant répondit : « *Merci, monsieur Sire.* » — Le roi se prit à rire. — Et comme on aime à savoir le destin de toute chose, j'ajouterai que cet objet précieux, dont il n'était pas de famille qui ne s'en fût enorgueillie, tomba brisé, par l'effet d'un coup de vent, près d'une fenêtre laissée imprudemment entr'ouverte. — Il y avait du présage.

❦

Grand, bel et sérieux ouvrage que *le Philinte de Molière !* — La conception en est digne du second nom que porte le titre, bien que ce titre ne soit pas celui qui convient à la pièce. Pourquoi le style ne répond-il pas plus souvent à la profondeur de la pensée ? Pour un assez bon nombre de vers tombés de verve, écrits d'indignation et jaillissant du sujet avec une étonnante énergie, que de prosaïsme ! que de duretés !

que de fatigants contours !.... Mais aussi, dans l'ensemble de cette œuvre si remarquable, que de grandes idées! quel brûlant amour du bien ! que de connaissance des hommes! que de philosophie! que de tristes vérités! que de puissantes leçons ! que de talent ! que de génie dramatique enfin !.... Quoique sa sévérité ne touche pas la multitude, il faut maintenir cette pièce au répertoire; sa place y est éternellement marquée.
— A la vérité, sa représentation demande plus que des acteurs, elle veut des Comédiens.

Où sont-ils, les Romains?.... Dans les tombeaux de Rome.

✤

Une Dame qui travaillait dans des journaux légitimistes, ayant eu, *cependant*, l'idée de s'adresser à Napoléon III, en reçut une pension de 1,200 francs sur la cassette du Prince. — En l'apprenant, une des amies de cette personne lui dit : « *Eh bien*, *et votre opinion?*.... — *Je la garde*, répondit la dame, *mais j'ai laissé ma langue aux Tuileries.* »

✤

Je vois employer, dans nombre d'écrits, le mot *Coryphée* là où il faudrait dire *Choriste*. Il n'existe pourtant pas la moindre analogie entre ces deux dénominations. — A la vérité, les *Choristes* ont pour *Chef* un homme qu'on appelle *Coryphée;* mais ce dernier mot vient de *coruphé,* qui signifie *occiput,* l'autre dérive de *choros, chorus,* que nous traduisons par *chœur.* — On peut être *Choryphée,* c'est-à-dire être à la tête d'une collection d'hommes quelconques, sans avoir rien à démêler avec la musique. — Ainsi, les Choryphées d'un parti, les meneurs, les gens qui y exercent de l'influence, portent avec raison ce titre, et cependant ils ne chantent pas. C'est bien assez qu'ils crient. — Il y a donc un grand abus, une véritable faute de langage à confondre ces deux mots, de signification si différente.

※

Comme Boïeldieu, qui chantait sa musique à mesure qu'il la composait, Casimir Delavigne déclamait ses vers en même temps que l'inspiration les lui envoyait. Aussi l'irritation et la fatigue causées par cette manière de travailler ont-elles abrégé les jours de ces deux producteurs, dont il est remarquable que les caractères aient eu entre eux une singulière analogie. Même calme, même mélancolie, et dispositions toutes pareilles à la bienveillance, à l'estime des talents de leurs rivaux et à cette modestie de désirs qui met la culture de l'art au-dessus des avantages personnels qu'il procure. — Saluons leurs honorables héritiers !

※

Le jour du début de Cartigny à la Comédie française, j'étais dans les coulisses, près de cet acteur, lorsqu'il y arriva pour jouer son rôle. — Saint-Prix, qui l'avait patroné, dit en me le montrant : « *J'espère que voilà un beau Valet de chambre.* » — Le mot me frappa, moi qui connaissais le nouveau venu, et me parut plus juste encore après que j'eus assisté à ce début. — En effet, dans l'emploi des *Premiers Comiques*, le seul qui lui convînt, Cartigny, toujours superbe *Valet de chambre*, n'a jamais été *Domestique*. — En artiste consommé, Saint-Prix avait deviné la nuance.

Au goût des beaux-arts, qu'il a déjà plusieurs fois manifesté, le jeune sultan Abdul-Medjid joint celui de la littérature. — En 1847, il fit traduire *le Malade imaginaire* par son Secrétaire, et les rôles en furent distribués à de jeunes musiciens attachés au palais. — La représentation eut lieu chez le Souverain, qui y prit le plus vif intérêt et s'en amusa beaucoup. — Des Français qui y ont assisté affirment que les rôles ont tous été remplis avec intelligence, et que même il y en a eu de remarquablement joués. — L'ordre a été donné de traduire d'autres pièces de Molière, pour être également représentées devant le Prince représentant l'illustre race ottomane. — *L'idée* marche.

En laissant de côté les arguments victorieux, dont la matière est susceptible, une seule chose devrait nuire à l'opinion d'une liberté sans limites en faveur des Théâtres, c'est le nom de celui qui a dit :

« Rien ne doit porter atteinte à la liberté des
» théâtres. Ce n'est pas assez que beaucoup de citoyens
» puissent en élever, il ne faut pas qu'ils soient soumis
» à une inspection particulière ; la loi est le seul juge
» de ce qui est conforme au bien.   ROBESPIERRE. »

Pareille signature équivaut à tout un discours *contre*.

On accusa Martainville d'avoir livré le pont du Pecq aux Troupes coalisées. Les ennuis que lui causa cette imputation durent influer sur son état de santé. La goutte y faisait de grands ravages. — Un jour qu'il nous montrait les nodus de ses doigts, dont une lame de canif faisait sortir une espèce de craie, chacun risquait son mot sur cette singularité. — Mon tour venu, je dis : « *Cela ferait de bon plâtre pour entretenir le* » *pont du Pecq.* » Les paupières de Martainville devinrent de plomb.

❦

On prête ce mot à Monrose numéro 2 : « *Je suis mon père, plus le progrès.* » — Ce qui se traduit, pour ceux qui ont vu l'un et l'autre, par : « *Je suis l'anti-* » *progrès, moins mon père.* »

❦

Monsieur Provost, cet acteur que l'on vante,
Pour les vrais connaisseurs n'est rien moins que parfait.
Que sa faconde occupe et soit intelligente,
Concedo, mais c'est tout, car le reste est le fait
De souvenirs glanant dans le vieux répertoire
Tenue, accents, regards, débit, gestes et mots,
Pour les mêler (souvent mal à propos)
Aux *rons-rons* du Conservatoire.

❦

Rien ne peut mieux caractériser, à la fois, le danger et l'inutilité de la Cabale applaudissante, que ces mots d'un spectateur sortant du Théâtre-Français, où venait de se dessiner un triomphe : « *Reste à savoir maintenant si ce n'est pas un succès de Claqueurs.* »

❦

Si le Théâtre a vu des succès équivalents, en durée comme en intensité, à celui de *Richard Cœur de lion*

lors de sa première *reprise*, on peut assurer qu'aucun n'a produit l'effet dont je vais rendre compte. — On sortait du Consulat. Les partis, subjugués par la gloire du chef de l'Etat, n'étaient cependant pas tous désarmés. L'un d'eux pensa qu'il embarrasserait fort Napoléon, s'il lui faisait suggérer l'idée de remettre au théâtre une pièce dans laquelle les sentiments royalistes éclatent de toutes parts. — Nul doute que le grand homme ne sentît le piége; et la preuve, c'est qu'il y consentit non-seulement sans la moindre difficulté, mais en approuvant ce désir de consolation à si bon compte, qu'il trouva *tout naturel*. — Dans sa pensée, c'était bien le moins qu'en passant sous son sceptre on se rappelât qu'il n'avait rien fait pour briser celui dont on voulait par là solenniser le souvenir. — *Richard Cœur de lion* n'avait pas été représenté depuis ses soirées d'origine; on comprend que la Révolution n'en ait point voulu. — Le *Théâtre Feydeau* mit de l'importance à cette reprise. — Elleviou se chargea du rôle de Blondel avec une sorte d'affectation à l'héroïsme, et le succès prit toutes les proportions de l'extravagance la mieux conditionnée. En voici la preuve :
— Pour la société que flattait principalement le retour de cet ouvrage, ce n'était pas assez de louer des loges, il fallait s'en assurer la possession au moment du spectacle où la foule, renversant les obstacles, aurait pu la lui disputer. — Par une sorte d'accord général, et l'administration du théâtre ne s'y opposant pas, on décida que les locataires *y feraient apporter leur dîner*, ce qui s'exécuta dans toute l'étendue des pourtours sans causer le moindre accident. — Quant à l'expédition du repas, rien ne manqua à la régula-

rité, à l'ordre, au silence, commandés tout à la fois par l'agrément inusité du service et par les égards dus aux complaisances de la localité. — Cette espèce de *fraternisation*, qui en rappelait d'autres si tumultueuses, gagna bientôt les places inférieures, où l'exemple fut suivi dans les mêmes formes et avec une égale discrétion. — L'ouverture des portes, des vasistas et des fenêtres des corridors chassait en un moment les émanations culinaires répandues dans cette vaste salle de banquet, de sorte qu'au commencement du spectacle il n'y paraissait plus. — On n'eut à signaler pendant ces réjouissances civiques que l'étourderie d'un spectateur des secondes loges, assez oublieux des convenances pour avoir laissé tomber sur le Parterre un papier maculé de graisse, qui lui fut rapporté en riant par une *députation* aussi courtoise qu'il avait été maladroit. — Ce fait, s'accomplissant entre tant et de semblables personnes, est sans autre exemple dans l'histoire du Théâtre. (*Fin de la première partie.*)

SECONDE PARTIE.

Après une trentaine de représentations environ, sans qu'on eût jamais pu connaître ses motifs, Elleviou, qui partageait les honneurs du succès, s'en fatigua tout à coup, et déclara ne plus vouloir continuer. — Le coup était terrifiant pour le théâtre, dont les recettes atteignaient chaque jour le maximum. — Une idée surgit. Il y avait à Lyon un acteur du même *emploi* que celui d'Elleviou, qui y plaisait beaucoup, et pensait même à venir un jour demander des débuts à Paris. — De rapides négociations s'établirent. Jausserand, cet acteur, fut mandé, arriva, joua, et réussit.

— L'empressement du public en éprouva si peu d'atteinte, que les représentations de *Richard Cœur de lion* dépassèrent la centaine, toujours avec la même affluence, et sans que le naissant Empire eût été troublé le moins du monde parce qu'un comédien chantait : « *O Richard! ô mon Roi!* » — L'événement eut pour conclusion deux effets tout simples et tout justes. Elleviou, charmant artiste qui ne croyait pas qu'on pût le remplacer, et dont la délicatesse avait dû s'alarmer de la suspension de l'ouvrage, apprit qu'il n'y a point d'hommes indispensables ; et Jausserand, que le *Théâtre Feydeau* s'attacha, eut le bon esprit de ne pas chercher l'imitation du Chef d'emploi. — Je l'en ai plusieurs fois félicité ; c'était, il m'en souvient, l'éloge qui le flattait le plus.

☙

Républicain dans la plus remarquable acception, Xavier Audouin a toujours été fort estimé de l'Empereur. A ce point qu'un jour, sans qu'il l'eût le moins du monde sollicité, Napoléon le fit appeler, et lui dit : « *Vous avez des enfants, pas de fortune ; je veux y* » *remédier. Demandez-moi quelque chose, je vous l'ac-* » *corde d'avance.* » — Ces nobles paroles excitèrent une vive joie dans la famille dont le Souverain venait rassurer l'avenir, et déjà la place était trouvée, lorsqu'un ancien Collègue vint tout éperdu en implorer le sacrifice, fondé sur ce que ce poste lui avait été promis par le Ministre. — Touché de ses alarmes, et n'écoutant que son désintéressement accoutumé, Xavier Audouin écrivit sur-le-champ à l'Empereur en le suppliant de reverser sur cet autre le bienfait dont il l'avait flatté. — Pour le malheur des siens, cette généreuse pétition ne réussit que trop, et quand je lui parlai de la reconnaissance de cet ami, Xavier Audouin me répondit : « *Je ne l'ai jamais revu.* » — Était-il donc coupable, ce misanthrope à si juste titre, quand je le priais d'écrire cet amas de faits historiques dont le souvenir périrait avec lui, et qu'il répliqua tristement en me saisissant le bras : « *Les hommes ne mé-* » *ritent pas qu'on les instruise?* »

❦

« ..... On ne cite jamais les journaux que lorsqu'ils sont hostiles et mordants, ou lorsque les Rédacteurs ont l'adresse de se placer sur un terrain nouveau et de s'écarter des routes depuis longtemps sillonnées par d'anciens rhéteurs. Il ne faut donc pas s'étonner que la vogue obtenue par les feuilletons de Geoffroy soit précisément ce qu'on peut le plus critiquer aujourd'hui.

» Dussault. »

❦

« Un succès obtenu à la Comédie française contre les principes est pour la Littérature une calamité publique. Le plaisir est resserré dans les entraves de la vraisemblance ; l'art exerce une police sévère sur toutes les jouissances qu'on y éprouve, et l'on ne doit s'y livrer aux mouvements les plus naturels du cœur qu'avec l'approbation du bon sens et de la raison.

» Geoffroy. »

MA VIE. — CHAPITRE XLV.

1849. — MA RETRAITE.

Les événements se pressent. Leurs formes vont changer. L'abréviation me devient de plus en plus nécessaire.

Je passe sur l'installation des *Clubs,* où certain acteur a fait la motion de me traîner aux Gémonies, pour n'avoir pas goûté les charmes de son talent supposé, et j'arrive aux Affaires théâtrales sous la République proclamée.

Tout manquait à la prospérité des feuilles qui s'occupent exclusivement des spectacles. Chose toute naturelle, elles n'excitaient presque plus de curiosité. — J'avais vu le soleil, c'est-à-dire les beaux jours de ces entreprises, et le clair de lune me paraissait bien pâle. — Si c'était assez pour le moment et pendant cette transformation de la société, c'était trop peu pour mes habitudes d'influence. — Quelque paisible qu'il soit, le goût des Lettres ne se plaît pas hors du cercle où fermentent certaines émotions, qui sont à la soif du succès ce que la rosée est à la plante. — Au Journaliste surtout, à cet artisan d'une œuvre éphémère, il faut l'attention constante de ses lecteurs et l'activité soutenue de ses recherches, car le bon article de la veille va se noyer dans l'oubli si celui du lendemain ne lui tend la perche. C'est, en un mot, dans une permanente surexcitation qu'il puise sa force progressive. Contrairement aux auteurs qui travaillent pour l'approbation tranquille, il écrit pour être discuté; c'est sa réussite, à lui, et souvent il s'imagine qu'on l'en prive quand on lui donne raison par le silence. Je crois, Dieu me le pardonne, qu'il aimerait mieux avoir tort par la dispute. — C'est probablement beaucoup trop dire.

Pour moi, les circonstances étaient donc devenues tout autres. Je les aurais désertées, pressé par le désir de m'occuper de l'ouvrage dont voici le précurseur, si, dès l'origine de ma feuille, je n'avais souscrit un bail d'honneur, un bail à double échéance : *vingt ans* la première, *dix ans de plus* la seconde. — Je m'étais engagé à fournir cette longue carrière *quelles qu'en fussent les difficultés,* et ma parole se serait trouvée pour la première fois protestée, si j'avais abrégé d'un seul jour la durée de cette période accablante.

Fondé le 2 novembre 1818, mon journal, après avoir été contraint de passer par six titres différents, parmi lesquels s'est fait remarquer celui de *Courrier des Théâtres* (et quitte de cinq mois de suspension forcée), a cessé sa publication le 31 mars 1849. — Tâche immense, inaccomplie jusque-là, et que, j'ose le dire, nul autre ne mènerait à fin s'il était possible qu'en l'essayant il rencontrât les mêmes obstacles, les mêmes événements, le même cataclysme littéraire, les mêmes hommes.

Sans parler des lois restrictives et fiscales, dont fut suivie, de commotions en commotions, la seule qui jadis régissait la Presse, quel journal pourra dire, comme le mien, qu'il ait vu passer

Les commencements d'une *Restauration,*
Trois *Royautés,*

Plus de vingt *Émeutes,*
Deux *Révolutions,*
Deux *Gouvernements provisoires,*
Une *République,*
Une *Dictature,*
Une *Présidence,*
Et les approches d'un *Empire?*

Par une invincible conséquence, jeté, à travers des temps si pénibles, dans les plus ardentes mêlées de la Polémique, seul de ma personne pour défendre à la fois mes devoirs disputés et moi-même attaqué, j'ai pu sans doute me heurter à des erreurs inévitables et commettre des fautes involontaires. — Mais, exception faite des sentiments où l'excès soit quelquefois permis, et la rapidité d'un travail composé de tant d'éléments prise en considération pour m'accorder sinon le bénéfice absolu de l'excuse, du moins l'atténuation du reproche, je n'ai rien à désavouer de mes Écrits.

Après cinquante ans bien comptés de travaux sans relâche, je possède ce que j'ai voulu : *l'indépendance et la médiocrité.*

Telle est ma réponse à ceux qui, cherchant à me faire riche pour me faire coupable, m'ont accablé de *trésors péruviens,* rêves de leur imagination, qu'ils savaient irréalisables par l'influence si restreinte d'un simple journal de théâtres, et que ne pourraient jamais espérer ici ni la gestion la plus heureuse ni le calcul le plus réfléchi. Mais qu'importe?

> Calomniez, calomniez toujours,
> S'il en guérit, la cicatrice reste!

J'en ai donc assez pour ne pas désirer davantage,

puisque la haine sans motifs et la basse envie sans espérance mesurent leurs poisons au contenu de la coupe où puisent les fortunes légitimes.

Quoique j'aie largement payé ma dette en toute circonstance, je n'ai été d'aucune coterie, cet infaillible moyen de parvenir; d'aucune curée, l'orgie des ambitions sans mérite, et je n'ai vu qu'avec pitié les gens qui n'avaient rien fait se les partager toutes. Seulement, j'aurais désiré qu'ils se fussent abstenus de nuire à ceux dont ils dérobaient les récompenses.

On ne trouvera de moi nulle part une demande en fins d'être autre chose que ce que je suis. — Je n'ai eu qu'une seule opinion politique, celle que le Pays a proclamé la sienne ; qu'une seule ambition, celle d'être utile aux intérêts de la vérité, et je n'ai changé ni de l'une ni de l'autre, malgré les occasions de fortune et d'avancement que m'ont souvent proposées de bien séduisantes infidélités. — Enfin j'ai obéi si naturellement à ma destinée, j'en ai suivi le tracé avec des intentions si droites, une conviction si chaste, une foi si ferme, un dévouement si sincère, qu'aujourd'hui même encore,

Je recommencerais sans rien faire autrement.

(*La suite au Chapitre prochain.*)

Un postillon en costume complet était près de moi dans les coulisses du théâtre de la Porte-Saint-Martin. Quand je demandai comment il s'y trouvait, « C'est » Vidocq, me dit le Directeur ; il a cette nuit une *ex-*

» *pédition* à faire, et c'est pour en assurer le résultat
» qu'il a pris ce déguisement. » — J'eus beau examiner
le personnage, je n'aperçus rien en lui qui pût me le
faire reconnaître dans une autre occasion. — C'est
presque à la même époque que cet ancien Chef de la
Police de sûreté alla donner des *Soirées d'imitation* à
Londres. — Il venait d'y jouer le rôle d'un charlatan
italien, et s'était retiré pour changer d'habit. Tout
aussitôt un spectateur se mit à déblatérer contre lui,
disant qu'il exécuterait les mêmes choses avec une
égale facilité. D'autres prirent la défense de l'imitateur, et déjà la discussion s'échauffait, lorsque soudain le mécontent pâlit, les traits de son visage se
contractèrent, et il tomba en rendant le sang par la
bouche. On pensa que le malheureux s'était brisé un
vaisseau dans la poitrine. Un médecin allait venir,
quand le malade s'écria qu'il se portait parfaitement
bien. C'était encore Vidocq. — John Bull l'applaudit à
outrance. Il devait bien cela à de si grands efforts.

En ne s'épargnant pas soi-même quand on a eu tort,
on se donne le droit de dire la vérité à ses meilleurs
amis. Telle est ici ma situation, où, après m'être exécuté lorsqu'il m'est arrivé de ne pas faire ce qu'il aurait fallu, je vais dire la faute commise par un homme
qu'on aimait à bon droit. — Baptiste cadet, fort attaché à son frère, voyait avec chagrin les poursuites que
Geoffroy, le Critique, dirigeait sans cesse contre lui. —
Soit qu'en se rappelant la tentative de Talma sur la
personne de cet écrivain, il ait été fâché du peu de
suites qu'elle avait eu, soit qu'il ait voulu s'y associer

plus effectivement par tendresse fraternelle, toujours est-il qu'il réalisa la pensée d'une polissonnerie des plus blâmables. — A cette époque, on n'avait pas plus trouvé qu'à présent les moyens extérieurs de répondre au besoin de sortir qu'éprouvent, de temps à autre, les personnes renfermées dans une salle de spectacle. — Les maisons voisines du Théâtre-Français souffraient particulièrement de cette privation, et presque toujours, lorsqu'il y avait affluence, les boutiques situées en face devançaient le moment de leur fermeture pour n'avoir pas à en être fort indécemment incommodées. La petite rue du Rempart, aujourd'hui disparue, offrait dans ces sortes de cas un asile très-recherché du Public pendant la durée des entr'actes. — Un soir, Baptiste cadet se trouvant, exprès ou par hasard, à la porte de la loge de Geoffroy, l'en vit sortir, puis se diriger vers cette rue; le suivit, et attendit qu'il fût en fonctions pour s'y mettre lui-même, de telle sorte que, partageant l'espace et de deux corps ne faisant à peu près qu'un seul, il agit envers le vieillard comme celui-ci envers la muraille...... On comprend la surprise et la colère de Maître-feuilleton, en force trop inégale pour infliger une punition soudaine à ce trait de si mauvaise compagnie. Mais, tout en ayant le bon esprit de n'en rien dire à ses lecteurs, Geoffroy exerça de ce moment une si vigoureuse vengeance sur le talent du Comédien, qu'il le fit pour toujours repentir de sa scandaleuse injure. — Avec moi, vers la fin, Baptiste cadet ne s'en vantait plus. S'il racontait encore ce trait de sa vie féconde en épisodes beaucoup plus amusants, c'était sur le ton sérieux; la revanche avait emporté le côté plaisant de la première manche.

J'attendais trop de Casimir Delavigne pour traiter son *École des vieillards* avec les ménagements adulateurs que je lui voyais prodiguer. Je n'ai jamais pensé que ce fût là le moyen d'obtenir d'un homme de haute valeur ce qu'on a le droit d'en attendre. Les conseils de la sévérité bienveillante sont inutiles aux médiocres, à ceux du moins qui n'annoncent pas devoir cesser de l'être, tandis qu'ils mènent au but les talents déjà faits, en les engageant à se perfectionner. — L'invention *dramatique* manquait à Casimir Delavigne, si excellent écrivain et doué de tant de précieuses qualités. Il m'a donc fallu, à l'apparition de *l'École des vieillards,* lui signaler ce point vulnérable de ses mérites, afin qu'il travaillât à se fortifier dans l'art d'imaginer un plan et d'être tout à fait lui-même, c'est-à-dire complet. — En relisant cette comédie je trouve encore, après trente-trois ans, que la simplicité de l'action disparaît sans être rachetée, car rien n'en rachète l'excès devenu un véritable défaut sous les nombreuses beautés du style qui tient quelquefois de celui de Molière et souvent de celui de Boileau. C'est là, avec le quatrième acte, la partie essentielle et très-remarquable de cet ouvrage. C'est aussi ce qui le fera vivre en ajoutant beaucoup à la réputation de l'écrivain, mais sans rien faire pour celle de l'auteur *dramatique* proprement dit, car sous le rapport de la conception (deux scènes exceptées), Casimir Delavigne n'a rien ici à lui. — Les deux caractères principaux sont ceux de *l'École du scandale,* de Shéridan, assez faiblement transporté sur notre scène par Chéron, qui, dans *le Tartufe de mœurs,* les a sacrifiés au personnage dont la pièce reçoit son titre ; ils ont d'ailleurs été souvent placés sur le second ou le troisième plan d'un tableau théâtral. — Ce qui constitue le fond de l'intrigue est tout entier dans une petite comédie de l'Odéon, intitulée *Un moment d'imprudence,* dont la pensée et une partie de l'exécution se trouvaient déjà dans *la Jeunesse du duc de Richelieu.* — Les personnages sont, à peu de chose près, les mêmes chez Casimir Delavigne que chez Wafflard et Fulgence, imitateurs de Monvel et d'Alexandre Duval. — Danville est le mari du *Moment d'imprudence,* comme ce dernier est le Michelin du *Lovelace.* La femme est semblable partout, sinon qu'elle est plus *faible,* disons plus coupable, dans ce dernier ouvrage. — Le duc de Delmar est exactement le colonel de la pièce de l'Odéon. Enfin, les accessoires, comme le cabinet de l'un, la glace des deux autres, le paravent de feu Chéron et une foule de détails, sont d'une ressemblance désespérante pour ce qu'on aurait voulu trouver d'invention dans la tête de Casimir Delavigne. — Mais ce qui est lui, bien lui, tout à lui, le style, je le répète, est plein de force, d'élégance, d'harmonie, de vérité, de grâce, de sentiment, d'esprit, de goût, de finesse et d'art. — Il ne faut soustraire de cet éloge que plusieurs parties du dialogue où l'auteur ne se soutient pas comme dans l'expression de ses observations profondes. — Au cinquième acte, tout faiblit, le poëte lui-même est fatigué, ses yeux se ferment, mais c'est le sommeil d'Homère, qui ne dort pas comme un autre. — Nombre de nos auteurs vivants échangeraient volontiers ce repos-là contre les agitations de leurs insomnies.

Chatterton n'est qu'une longue dissertation sur un fait cent fois mis au théâtre: l'amour timoré d'un jeune homme qui commence par l'exaltation et se déduit par le suicide. — Là-dessus M. de Vigny a posé tout doucement sa contexture, encore fragile sous ces deux aspects. — Inspiré par les souvenirs de Sedaine, il attache une importance agréable d'abord, fatigante ensuite, aux charmes de la vie intérieure, qu'il multiplie en s'embarrassant dans leur simplicité. — L'action, cette étoffe du drame, traîne sous la broderie de ces détails qui la dérobent toujours aux regards inquiets du spectateur et à sa mémoire, que cela contraint d'être oublieuse. — Vers la fin seulement, un assez vif intérêt prend possession de l'âme, et n'en sort plus jusqu'au funèbre dénoûment où l'on voit une femme mourir coupable sans se souvenir de ses enfants dont elle s'était montrée si tendrement occupée. — Force est à l'auditeur de compatir à des souffrances prolongées par le grandissime monologue du soi-disant homme de génie (Chatterton ne fut rien moins que cela) mourant d'amour, de misère, de philosophisme et de consomption poétique. — Là finissent les mœurs puritaines pour faire place à l'ordinaire péroraison du *drame actuel*.... Kitty-Bell aimait Chatterton. — Voilà sa mémoire déshonorée, et l'auteur ruiné par la perte de sa dépense d'honnêteté pendant les deux premiers actes! — Dès lors, qu'a-t-il voulu? Quelle conséquence, quelle moralité tirer de sa fable? Serait-ce par hasard que *l'excès de la pureté conduit au mal?*.... On le dirait, cependant, car rien autre chose ne découle de sa proposition dramatique. — Reste le style. Ses mérites sont la bonhomie, le goût, l'expression rapide de pensées quelquefois profondes, et même une certaine originalité qui veut s'allier à la bizarre rencontre des idées. — Ses défauts sont la recherche, un désir d'euphonisme que n'admettent ni les passions ni la paix du cœur ; l'uniformité des tours, de l'esprit timidement déguisé, et un naturel plus étudié que senti. — Il résulte donc de cet examen que *Chatterton* est une œuvre *philosophico-romantique* et peu *théâtrale,* sans invention et sans connaissance de l'art. — Les longueurs, le vide, les sentences, le pathos, l'inintelligible, l'apologie du suicide, sont ce qui a trouvé le Public (un Public fait à la main) le mieux disposé. Voilà de nos juges ! — Dans tout cela, où est le *plan ?* Quelle *forme dramatique* voyons-nous ? Y a-t-il *des événements ?* Marchent-ils autrement qu'avec les jambes des personnages ? Désire-t-on, craint-on quelque chose ? Aime-t-on, déteste-t-on quelqu'un ? L'esprit est-il contrarié par ce qui arrive ? Le cœur prend-il sa part d'un combat entre des intérêts divers d'où la morale va sortir triomphante si son ennemi succombe ? Telles sont pourtant les nécessités du drame, ses angoisses obligées et ses indispensables dénoûments. — Rien de ces choses dans *Chatterton*, où les lois du simple bon sens sont violées, ouvrage trop vulnérable pour qu'on ait besoin de le prouver davantage en mettant dans tout son jour la vieillerie, la faiblesse, et la contradiction de ses *caractères.* — M. de Vigny reste tout entier dans *Cinq-Mars.*

※

Depuis Ducroisy, qui joua d'origine le rôle de Tartufe, le nom d'aucun autre ne nous est parvenu dont on puisse inférer que ce caractère ait été parfaitement compris. — Le premier, ayant reçu les conseils de l'auteur, a dû le mieux saisir, mais il est encore impossible de ne pas croire à une distance considérable entre le personnage et son représentant. — Le meilleur des comédiens a dû être celui qui s'y est montré avec le moins de désavantage, eu égard à la nature de ce type, trop beau pour être facilement déchiffrable ; mais il n'appartiendra à aucun de descendre jusque dans les profondeurs que l'écrivain y a creusées : on n'explique pas les inspirations divines. — Les traditions disent qu'autrefois AUGÉ y fut remarquable. C'est possible, mais, pour en juger des yeux et des oreilles, il faudrait le voir, l'entendre, aujourd'hui que la Critique et la Discussion ont mis les difficultés dans un plus grand jour et l'art de les vaincre à un plus haut prix. — BAPTISTE AÎNÉ y obtint aussi du succès. On le comprend, car c'était un artiste de méditation et de goût ; mais la minutie de ses recherches dut se trouver là trop à l'aise pour qu'il ne tombât pas dans les exagérations d'une sorte de capucinade aux yeux des connaisseurs. — Le talent de FLEURY, dont j'ai vu la tentative, se fourvoya dans ce rôle. L'élégance naturelle, l'esprit gracieux et un peu sardonique du Comédien ôtaient de la vraisemblance à l'ensemble de la composition. Le personnage paraissait plutôt un homme du monde distingué qu'un rigide anachorète. — Ainsi contrariées, la science et la bonne diction de Fleury ne pouvaient pas suffire à l'établissement complet d'un héros qui s'efface avec tant d'affectation, et qu'il faut faire valoir, pour ainsi dire, malgré lui-même. — Malgré sa pesanteur, et à cause de ses airs naturellement gourmés, de sa tenue toujours composée, Damas y rencontra quelques bonnes fortunes. A la scène de *la déclaration*, bien que d'une hardiesse un peu brutale, il donnait à la concupiscence de Tartufe un empressement bien étudié, une vérité bien comprise. — Il n'est pas jusqu'à Cartigny qui n'ait été frapper contre cet écueil et y briser une part de sa réputation de *Comique*. Son embonpoint, sa figure autrement épanouie que celle d'un homme qui fait usage de la discipline, les allures de Frontin suintant à travers le lugubre habit, enfin sa manière saccadée de dire et de gesticuler, tout lui défendait d'aborder les obstacles. Il le voulut, et s'en repentit. — A son tour, marchant d'un pas résolu sur ce champ de bataille couvert de tant de victimes, Menjaud y est tombé, sans pouvoir se relever. Croirait-on qu'avec les ordinaires apparences de sa timidité, il se soit oublié jusqu'à surpasser les plus exagérés par la crudité de ses intentions et l'audace de ses attitudes? Le mélange qu'il a fait de l'hypocrisie religieuse et du cynisme libertin a offert quelque chose de si étonnant, de si indéfinissable, que personne n'y a rien compris, et que Public et journalistes l'ont laissé choir sans lui tendre la main. — Pour finir, Perrier, Geffroy, Ligier même, se sont également lancés sur ce terrain hérissé de tant d'impossibilités, et tous les trois y ont rendu les précédentes remarques applicables à leurs communes erreurs. — Le premier y a montré l'acteur obéissant au Répertoire; le second, un peintre qui joue en société bourgeoise, et le dernier un tragédien dont l'intelligence cherche une pâture curieuse. — *Bone Deus!* Le vieux Samson vient d'y crouler. (Sept. 1856)

Un jour, pendant l'invasion, les Troupes coalisées présentes à Paris, la compagnie de Grenadiers de la Garde nationale dont je faisais partie était en marche, lorsque je vis près de moi un Monsieur fort occupé de notre tenue et des détails de notre fourniment. Il *sentait mon coude* droit aussi militairement que le faisait mon camarade de gauche, et *tenait le pas* avec une précision parfaite. — Je finis par le regarder de manière à m'enquérir de ses intentions. — Il me rendit la pareille d'un air sérieux et sans parler. — A la boutonnière de son habit bleu, fermé jusqu'en haut, j'aperçus un petit bout de ruban jaune. — Enfin, arrivés au poste du Château, que nous allions relever, le mystérieux Volontaire assista, toujours muet, à la prise de possession, et s'éloigna en me jetant un regard de satisfaction froide et digne. — C'était le grand-duc Constantin.

« ..... Les arts ! les beaux-arts ! s'écrie-t-on autour
» de moi. Et cependant la pudeur se détourne ou
» baisse les yeux, et les trouve *laids*, ces *beaux-arts*,
» dans plusieurs chefs-d'œuvre immoraux ! Croit-on en
» justifier le scandale par l'exemple de la Grèce et de
» Rome ?.... On n'a pas le droit de présenter aux yeux
» d'une mère de famille ce qu'on n'oserait faire en-
» tendre à ses oreilles...... C'est comme si l'on voulait
» que nos jeunes filles imitassent les dames de Lacé-
» démone. » — Mercier.

« Des mœurs et des statues sont deux choses in-
» compatibles. » — Dupaty *père*.

« ..... Vous n'avez donc pas vu dans les spectacles,
» dans les bals, une foule de figures qui ne sont ni de
» marbre ni de bronze, encore plus nues que nos
» statues ! Au théâtre, un acteur en pantalon tricoté;
» dans les promenades, une femme vêtue de gaze, sont
» plus que nus..... Paris est en Asie, et la décence
» est d'un autre monde. De telles femmes ne seront
» chez nous, comme à Sparte, que *la proie du be-*
» *soin, jamais l'idole du désir*..... Il y a quelque
» chose de dur et de tyrannique dans l'autorité des
» peintres..... Ils arrangent la nation pour la peinture,
» au lieu d'arranger la peinture pour la nation..... Il
» est fort agréable d'avoir à dessiner de beaux con-
» tours; mais ne l'est-il pas d'avoir à exprimer la pu-
» deur, la chasteté, leur embarras, leur triomphe,
» leur abandon ? » — Roederer.

Rœderer écrivait cela sous la première République.

🌼

De tous les moyens de faire du bruit, le plus détestable est l'*imposture,* comme le meilleur est *le talent.*

🌼

Le Caleb de la famille de Ravenswood n'est pas un rêve de Walter Scott. — Madame veuve Cuvelier avait une Domestique d'un dévouement semblable. Ayant eu à traverser quelques instants difficiles, cette dame y parvint, aidée, sans le savoir, de sa fidèle servante, toujours ingénieuse à en trouver les moyens. — A la campagne, un soir de décembre que le luminaire manquait à la maison, pour s'en procurer, Françoise se rendit chez une voisine avec sa lanterne éclairée par un dernier reste de ce combustible qu'a détrôné le quinquet. Et là, mettant l'entretien sur ce qui touchait de plus près cette personne, elle le prolongeait avec effort pour arriver à son but. Mais la compatissante interlocutrice, qui la connaissait, l'avait déjà devinée, et elle s'amusait secrètement de son pieux embarras. « Prenez donc garde, lui dit-elle, votre bout va finir, et vous n'y verrez plus pour rentrer. — Non, non, répondit l'excellente créature, j'aurai le temps. » Et elle continua de passer en revue les plus chers intérêts de la voisine. — Enfin, celle-ci l'ayant forcée, au moment de partir, de prendre une chandelle *toute neuve*, elle guetta la brave femme, et la vit, à trente pas de chez elle, éteindre sa lanterne, au risque de se rompre vingt fois le cou dans l'obscurité, pour apporter au logis ce qui devait empêcher sa maîtresse de se mettre au lit de trop bonne heure. — La vertu qui vient de loin est celle qui mérite le plus d'égards, parce qu'elle a eu le plus de chemin à faire.

A la représentation de retraite de Dupont, le comédien français, une querelle s'étant élevée entre madame Talma et mademoiselle Duchesnois pour le rôle de Monime dans *Mithridate*, la première, qui l'avait joué, se fit honneur par la lettre que voici :

« Les bontés que le Public m'a toujours témoignées ont dû me rendre jalouse de paraître devant lui et de chercher à lui plaire. Ayant fort peu de rôles, j'ai cru pouvoir réclamer le droit que j'ai sur celui de Monime ; mais, comme un journal revient sans cesse sur cet article, et que je crains qu'il ne donne à l'opinion pu-

-blique une direction qui pourrait m'être défavorable, je profite de cette circonstance pour déclarer que j'offre à mademoiselle Duchesnois non-seulement le rôle de Monime, mais encore tous ceux de mon emploi, même ceux qui m'ont été donnés en propriété par les auteurs. FEMME TALMA.

» Novembre 1804. »

Mieux encore que la lettre, madame Talma tint parole.

☙

A dix-huit mois de distance, la maison Boïeldieu avait eu son second fils, Louis-Amant Dauphin, qui fut le représentant de notre artiste dans le magasin de musique de la rue de Richelieu. — Une grande intimité a toujours régné entre ces deux frères. — A Rouen, dans leurs premières années, ils ne faisaient qu'un lit, et comme le soin de prier Dieu retardait le moment du sommeil chez le cadet, naturellement paresseux, ce dernier, usant de l'abréviation nominale en usage dans les familles, se hâtait de dire à l'autre : « *Dis donc, Boiel, fais la prière ; je croiserai les mains.* » Et le bon Adrien répondait à son désir avec autant d'empressement qu'il en a mis plus tard à tirer l'Opéra-Comique d'embarras quand ce théâtre avait besoin d'un chef-d'œuvre. — Le cœur avait préparé le génie.

☙

Quand, par un trait des plus allègres,
Dumas Cœur de lion mesure ma valeur
Avec la rapière des Nègres,
A pauvé pétit Blan li fé bocou d'honneur !

❦

Il n'a pas été dit, et c'est chose vraie, qu'en 1849, lorsque les personnes riches, inquiètes des événements, hésitaient à donner de l'ouvrage aux maçons, mademoiselle Rachel fut *la seule* que n'arrêta point ces alarmes. Il n'y eut de bâtisse à Paris que celle de son hôtel, rue Trudon, 4, chef-d'œuvre de M. Charles Duval, l'architecte que de nombreuses constructions ont popularisé parmi les artistes. Il est juste de savoir gré à la tragédienne de sa confiance dans les destinées du Pays.

❦

Charles et Caroline, de Pigault-Lebrun, est la première pièce en cinq actes que l'on ait représentée dans la salle où est aujourd'hui la Comédie française, et qui fut bâtie par le duc d'Orléans. Elle y obtint un grand succès. Michot, ami de l'auteur, jouait le Commissionnaire Bazile, et Saint-Clair et sa femme étaient chargés des deux personnages principaux. — C'est à ce moment que disparut *la Baraque de bois*, où se trouvait une partie des acteurs qui formèrent ensuite la troupe des Comédiens français, dont les représentations furent très-suivies. — *La Baraque de bois* existait tout à côté de la salle actuelle, et fut abattue à l'ouverture de celle que nous avons encore aujourd'hui.

❦

Et, si la voix du sang n'est pas une chimère,
Tombe aux pieds de ce sexe à qui tu dois ta mère.

Ces deux vers, qui terminent le poëme de Legouvé sur le *mérite des femmes*, eurent, ainsi que l'ouvrage, un succès qui ne fut pas seulement l'effet de la galanterie masculine ; l'auteur était un homme de talent. Quand son fils a été reçu à l'Académie française, un de ses amis, qui m'en donnait la nouvelle, cherchait la forme du compliment à lui faire. Sur sa demande, persuadé que le jeune écrivain entend la plaisanterie, je lui répondis : « Puisque vous êtes si bien ensemble, dites-lui tout bonnement, pour qu'il remercie les Trente-neuf :

« *Tombe aux pieds de ce sexe à qui tu dois ton père.* »

❦

Renier son origine est la faiblesse de bien des gens, parce qu'ils croient augmenter de valeur en grossissant leurs antécédents. — M. le maréchal Maison n'était pas de ce nombre. — Au bas du buste placé dans ses appartements, et qui le représentait avec les insignes de sa haute position, il s'était fait reproduire en simple soldat, le havre-sac au dos, le fusil sur l'épaule, et marchant de ses premiers pas à la conquête du rang qu'il a si bien occupé. — Malgré les efforts des gros bataillons, la Victoire avait bien su trouver ce qu'il tenait en réserve dans sa giberne.

❦

« Le tabac sera pour l'Occident ce que l'opium est pour l'Orient : le poison de l'intelligence. » Orfila.

❦

Les nécessités de la vie font qu'il est tout naturel d'aimer à se procurer de l'argent ; mais il faut le recevoir debout, et non le ramasser à plat ventre.

MA VIE. — CHAPITRE XLVI ET DERNIER.

1856. — LES JOURNALISTES.

Afin qu'on n'interprète point mal le silence momentané que j'ai gardé sur mes confrères en Journalisme, je dirai :

Personne ne m'a surpassé, et peu d'entre eux m'ont égalé dans la bienveillance de nos rapports mutuels, dans les marques que je leur en ai données en toute occasion.

J'ai défendu chaleureusement ceux du côté desquels j'ai cru voir la raison, et reconnu la supériorité du mérite, même à mon détriment.

Pas un ne peut dire qu'il ait éprouvé de moi le refus d'un service, de quelque nature qu'ait été l'obligeance.

Je sais bien que l'esprit de parti, si aveugle, si implacable, est venu se jeter entre nous ; mais qu'avait-il à faire dans nos relations ? Où donc étaient allés ce grand amour du vrai, cette sublime *impartialité* des vertueux Publicistes ?

Dans les querelles inséparables de notre commune position, je n'ai jamais été *l'agresseur*.

Si j'ai *riposté* vivement, c'est que les attaques ont été brutales, c'est qu'au lieu de suivre mon exemple, de ne se prendre qu'au talent, on s'est trop souvent oublié jusqu'à mettre en cause ce qu'on ne doit toucher qu'avec ses autorités dans les mains et quand le sentiment public y est intéressé. Là où quelquefois l'honnêteté se contente de mépriser une offense, souvent aussi la dignité se révolte.

A ceux qui m'ont outragé je porte *le défi le plus net* d'imiter ce que je viens de faire ici,

De rendre compte de leur vie année par année, presque jour par jour;

Qu'ils disent leurs contacts, les hommes qui les ont jugés dignes de leurs éloges, de leur estime, de leur concours, de leur appui,

Ceux dont ils ont sagement cultivé la colère;

Qu'ils prouvent la constance de leurs opinions politiques;

Les actes de leur désintéressement en littérature;

Les luttes qu'ils ont soutenues, leurs motifs, leurs résultats;

Le bien qu'ils ont fait;

Le mal qu'ils ont empêché;

Et j'affirme d'avance que *pas un n'acceptera le défi*, ou bien que je serai dispensé d'y revenir parce qu'ils auront été leurs propres accusateurs.

Cette adjuration n'est pas nouvelle, vous le savez bien, messieurs les aveugles volontaires, et qui faites les sourds; je l'ai portée beaucoup plus haut et depuis fort longtemps. C'est moi qui ai dit à un roi sur le trône, à un Souverain dont le silence voulait insulter à ma considération personnelle:

« Rompez-le, Sire, ne craignez point, ne tremblez pas plus que moi! *Dites tout ce que vous savez sur mon compte;* ce ne sera qu'une restitution, car dans les murs, hors des murs, je dis *sans peur* ce que vous m'avez donné le droit de penser sur le vôtre. Entrez en roi dans la route que je viens de parcourir en homme; je vous l'ouvre belle!....

Envoyer des sbires, lâcher des limiers, injurier et diffamer, tout cela n'est pas plus répondre que mettre en prison n'est vaincre, et que se retrancher sur l'inexpugnable hauteur de sa position n'est brave..... Si je me trompais, si Jupiter prenait sa foudre pour écraser un ciron, tant pis encore pour le Dieu ! Je lui devrais le complément de notre situation respective : à lui *de nouveaux torts,* à moi *cinq heures de Cour d'assises.* Il me manque, il manque en effet à notre époque de voir le défenseur de votre maison sur le banc où naguère était un parricide. L'amende est prête, et *dans l'attente d'un peu de prison,* j'ai mis de côté quelques mois *de ma vie* pour faire face à la *dépense.* »

Je parlais ainsi le 20 septembre 1832.
Et nunc intelligitis !
Combien êtes-vous qui en ayez fait autant ?
Pas un des vaillants d'alors n'a osé me répondre.
Cependant, à défaut de succès, en essayant de relever un gant jeté de la sorte (comme je le jette encore aux vaillants d'aujourd'hui), on se serait donné du moins l'apparence d'une excuse à la témérité de ses initiatives. — Dans certaines occasions, quiconque veut blâmer la vie d'un autre doit être prêt à décliner la sienne ; c'est à cette seule condition qu'il lui est permis de parler, sous peine de passer aux yeux des honnêtes gens pour un aventurier mystérieux, et souvent intéressé tout bas à faire prendre le change.

Il est vrai de le dire, tout n'est pas resté sans réponse. On l'a bien vu. — *Sbires, limiers, injures, diffamations, foudres* de toute espèce ont signalé les tendres élans de la reconnaissance couronnée, je ne m'étais trompé que de juridiction. — Mais en fin de compte, la *dépense de ma vie,* généreusement encourue, a été victorieusement soldée, et je doute qu'aucun des modernes insulteurs ait jamais la vertu d'affronter de si grands risques unie à la fermeté d'en subir aussi loyalement les conséquences.

Du reste, l'abondance, la variété, le plaisir du changement, le goût de la chose nouvelle, rien de tout cela ne brille dans les reproches de ces gens, que Dieu me garde de confondre avec les Journalistes honorables! Leur imagination fait de grandes économies, leur musique est niaisement avare de modulations. Depuis une trentaine d'années, ils répètent toujours la même note, ils vivent sur le même mot. Les enfants du faubourg leur diraient, selon la phrase consacrée : « *Vous n'aurez qu'un liard.* » C'est l'éternel refrain des méchants de tous les siècles, des envieux de toutes les réussites : *la vénalité.*

Tenez, messieurs, taisez-vous, je vous le conseille!.... et laissez-moi vous rappeler que dans Molière, au dénoûment de *l'Avare,* un personnage en met obligeamment un autre sur ses gardes, en lui disant au sujet des affirmations que ce dernier va se permettre : « *Vous risquez ici plus que vous ne pen-
» sez, et vous parlez devant un homme à qui* TOUT
» NAPLES *est connu.* » — Pesez bien ces paroles, que pourrait quelque jour vous répéter un Anselme de notre âge, et ne hâtez pas l'apparition d'un Écrit dont j'ai entendu parler sous ce titre :

Le Puritanisme littéraire au dix-neuvième siècle.

Vos lumières vous diront quel intérêt doit offrir cet ouvrage aux lecteurs honnêtes gens et curieux des éclaircissements de leur époque, s'il est aussi complet que véridique.

Aux insinuations banales et timides, j'ai toujours répliqué en invoquant la franchise des explications catégoriques et la lumière des faits positifs. Qu'est-il arrivé !

Les uns se sont tus. Superbe raisonnement !

Ce qu'ils appellent *la conspiration du silence.*

Les autres se sont esquivés. Admirable bravoure !

Et si plusieurs ont encore persisté dans la voie de l'injure, ce n'a plus été que protégés par l'abus de la force ou par l'obscurité des retraites.

Qui donc a eu tort ?.... qui donc est en retard ?

Et maintenant qu'à différents titres nous pouvons tous attendre, je m'arrête, et retourne à mon *coffre.*

CHARLES MAURICE.

FIN DU TOME SECOND ET DERNIER.

TABLE

DES CHAPITRES DE MA VIE

CONTENUS

DANS CE SECOND VOLUME.

Pages.

Chapitre	XXII.	Une commission....................	1
—	XXIII.	*Secunda mors*....................	25
—	XXIV.	*Journaliste*......................	51
—	XXV.	Pas d'explication..................	52
—	XXVI.	*Employé*........................	81
—	XXVII.	Incident.........................	82
—	XXVIII.	Mascarille.......................	105
—	XXIX.	Conspiration de Malet..............	109
—	XXX.	La partie d'échecs.................	133
—	XXXI.	Monsieur Guizot..................	137
—	XXXII.	Napoléon Ier. — Carnot............	167
—	XXXIII.	Encore feuilliste..................	169
—	XXXIV.	Le camp-volant...................	197
—	XXXV.	Les haras........................	200
—	XXXVI.	*Le Courrier des théâtres*............	225
—	XXXVII.	Journées de Juillet.................	226
—	XXXVIII.	*Statu quo*	255
—	XXXIX.	*La chambre des députés.* — Les prisonniers. — Les blessés..................	256
—	XL.	A Louis-Philippe, roi, Charles-Maurice, homme de lettres.....................	285
—	XLI.	*La maison de santé.*— Le journal.— Un concert. — L'Édile. — Refus..........	288
—	XLII.	*La conciergerie du journalisme.* — La toise. — La toilette.— L'Écrou.—Le cachot de la reine........................	313

		Pages.
Chapitre XLIII.	*Sainte-Pélagie ès lettres.* — Mon cachot. — Le mobilier. — Les précautions. — Le voisinage, etc.	315
— XLIII bis.	*Sainte-Pélagie ès lettres.* — La population. — Souques. — Courtot. — Une chanson, etc.	349
— XLIV.	1848. — Détails inconnus.	371
— XLV.	Ma retraite	394
— XLVI et dernier.	Les journalistes.	410

LISTE PAR ORDRE ALPHABÉTIQUE

DES

NOMS DES PERSONNES

DONT LES LETTRES SONT RAPPORTÉES DANS CET OUVRAGE

Indépendamment des noms que renferment les Anecdotes et les parties,
très-différentes entre elles, dont le reste se compose.

A

Adam (Adolphe), II, 241 et 279.
Albert de Calvimont, II, 76.
Alfred de Vigny, I, 424.
Anaïs (mademoiselle), I, 263.
Ancelot, II, 101.
Ancelot (Virginie, madame), II, 274.
Andrieux, de l'Académie française, II, 286.
Anténor-Joly, II, 284.
Antony Thouret, II, 297.
Arago (Étienne), II, 156.
Armand, du Théâtre-Français, I, 270.
Arnal, II, 262.
Autran, II, 307.
Auzou (l'abbé), II, 119.
Azevedo, II, 275.

B

Barba, I, 315.
Barbé (madame de), I, 228.
Barbier de Neuville, I, 213.
Barroilhet, II, 248.
Barthélemy, II, 39.
Bawr (madame de), I, 425.
Belloy (de), I, 5.
Bénazet père, II, 323.
Bernard, directeur, I, 358; — II, 5.
Berton, I, 381, 413; — II, 223.
Boïeldieu, I, 230, 235, 254, 255, 311, 315, 326, 328, 329, 334, 343, 355, 368, 393, 419, 420, 425; — II, 6, 67, 69 et 77.
Bouilly, I, 372.
Boulatignier, I, 379, 410; — II, 62, 126.
Bourbier (mademoiselle), II, 284.
Bourgoin fils, II, 68.
Brazier, II, 26.
Briffault (Eugène), II, 276.

C

Camille Doucet, II, 232, 263.
Capo de Feuillide, II, 44.
Carafa, II, 176.
Carlotta Grisi (mademoiselle), II, 302.
Carmouche, II, 92, 96.
Carmouche (Jenny, madame), II, 155
Carrion de Nisas père, II, 141.
Cartigny, I, 270.
Casimir, II, 80.
Casimir (madame), II, 48.
Castelbajac, I, 289.
Cavé, II, 80, 84, 88, 267.
Cazot, II, 224.
Cès Caupenne (de), II, 123, 128.
Chaignieau, I, 260.

Chaptal (vicomte), I, 293.
Chapuy Moulaville, II, 165.
Charles Maurice, I, 422; — II, 19, 257, 267, 272, 282, 311.
Chazet (de), I, 283.
Cluël, I, 342.
Cicéri, II, 292.
Claparède (général), II, 131.
Cogniard (Hippolyte), II, 103, 121.
Cogniet (Léon), II, 229.
Collot-d'Herbois, I, 9.
Coralli, I, 369; — II, 300.
Couailhac, II, 182.
Coupart, I, 280, 288.
Coupigny (de), I, 216.
Couraud (Chéri, mademoiselle), II, 321.
Couture, I, 287.
Crémieux, II, 36.
Crosnier, I, 416, 431; — II, 24.
Cussy, I, 365.
Custine (de), II, 65.
Cuvelier de Trie, I, 328.

D

Dabadie (madame), II, 71.
Daguerre, II, 96.
Damas, I, 286.
Damoreau-Cinti (madame), II, 42, 56, 89, 301.
Darboville, I, 324.
D'Arlincourt (vicomte), II, 54.
Dartois (Achille), I, 392.
Dartois (Armand), II, 25, 31, 42, 48, 57, 69, 165.
Dartois (Théodore), II, 60, 61.
Dazincourt, I, 65.
Debegnis, I, 149.
Decourcelle, II, 281.
Déjazet (mademoiselle), I, 269; — II, 63.
Delrieu, II, 80.
Demerson (mademoiselle), I, 261.
Dépagny, II, 92, 97, 129, 222, 232, 241.
Derval, I, 420.
Désaugiers fils, I, 285, 354.
Desbordes-Valmore (madame), II, 283.
Desbrosses (mademoiselle), I, 360, 411.
Deserre, directeur, II, 66.
Desforges, I, 19, 30.
Deslandes, I, 80.
Desmousseaux, I, 270.
Desnoyer, II, 243.
Devigny, I, 152, 270, 415.
Dhenneville, I, 246.
Dobré (mademoiselle), II, 259.
Doche (madame), II, 310.
Donizetti, II, 120, 204.

Dormenil, II, 68, 89, 114.
Dorval (madame), II, 63, 191, 235.
Drouineau, II, 3.
Dubois (abbé), I, 354.
Ducange, I, 423, 424.
Duchesnois (mademoiselle), II, 33.
Ducis, I, 412.
Dumanoir, II, 172.
Dumas (Alexandre), I, 246, 359, 391; — II, 75, 97, 157, 195.
Dumas (Adolphe), II, 298.
Dumesnil (mademoiselle), I, 74.
Dumersan, II, 18.
Dumilâtre (Adèle), II, 263, 267.
Dumolard, II, 183.
Dupin, président de la chambre des Députés, II, 256.
Dupouchel, II, 144.
Dupont (mademoiselle), II, 33.
Duport, danseur, II, 164.
Duprez, I, 405.
Dupuis (Adolphe), II, 271.
Durand, magistrat, I, 341, 342.
Durantin, II, 237.
Duras (duc de), I, 276.
Dusaulchoy, I, 422.
Duval (Alexandre), I, 363.
Duval (Amaury), I, 195.
Duverger père, II, 25.
Duverger (mademoiselle), II, 294.

E

Edmond Blanc, II, 100.
Edouard Monnais, II, 13.
Elssler (Fanny), II, 124, 320.
Elssler (Thérèse), II, 124.
Empis, I, 285, 286, 287.
Esménard, I, 397.
Esther (mademoiselle), II, 866.
Eugène de Mirecourt, I, 366.

F

Fabas, I, 421.
Fargueil, II, 80.
Faure, II, 193.
Félix Pyat, II, 218.
Félix (Raphaël), II, 271.
Félix (Sarah, mademoiselle), II, 304.
Ferdinand de Villeneuve, I, 332.
Féréol, II, 80.
Feuillet, I, 323, 327.
Fiennes (de), II, 278.
Figeac (mademoiselle), II, 277.
Flore, des Variétés (mademoiselle), II, 260.
Flottow (de), II, 246.

Fontmichel, II, 149.
Frédérick-Lemaître, I, 403.
Frédéric du Petit-Méré, I, 371.
Frémolle, II, 41.
Fusil (madame veuve), II, 155.

G

Gail, II, 66.
Gaillardet (Frédéric), II, 71.
Gardel, I, 410.
Gavaudan, II, 186.
Gavaudan (madame), II, 277.
Génot, II, 80.
Geoffroy, II, 253.
George (mademoiselle), II, 223, 224.
Gérando (baron de), II, 95.
Gérard (colonel), I, 363.
Gersin, I, 310.
Gobert, II, 24.
Gomel, I, 342.
Gontier, II, 224.
Goubault, I, 197.
Grille, I, 192, 214; — II, 92, 126.
Guilbert de Pixérécourt, I, 362; — II, 78, 100.
Guillié, docteur, II, 219.
Guinot (Eugène), II, 304.
Guizot, I, 216.

H

Habeneck, II, 80, 121.
Halévy (Fromental), II, 210.
Halévy (Léon), II, 50, 249.
Hapdé (Augustin), II, 182.
Harel, II, 30, 102.
Hébert-Lejay (madame), I, 9.
Henri, II, 80.
Henri Monnier, II, 24.
Hérold, I, 303.
Hérold (madame veuve), II, 64.
Hérold mère, II, 58.
Horace Meyer, II, 130.
Hostein, II, 238.

I

Ida (mademoiselle), II, 120.

J

Janin (Jules), II, 164, 183, 217, 220.
Jaquotot (madame), I, 390.
Jawureck (mademoiselle), II, 149.
Jenny Colon, II, 15.
Jenny Vertpré, II, 173.

Joanny, II, 205.
Joigneaux, II, 309.
Joly, II, 8.
Jouslin de la Salle, II, 26.
Jouy, I, 367.
Judith (mademoiselle), II, 282.

K

Karr (Alphonse), II, 39, 54, 83, 123, 174.
Kreutzer (madame), I, 324.

L

Laboullaye (de), II, 323.
Lacroix (Paul), II, 268.
Laferté (baron), I, 273.
Lafon, du Théâtre-Français, I, 382, 385, 432 ; — II, 7.
Lafont (Auguste), I, 281.
Lafont (Charles), II, 272.
Lafont, violoniste, II, 83.
Lafont, de l'Opéra, II, 75, 96.
Laloue (Ferdinand), II, 70, 261.
Lamotte-Langon, II, 158.
Langlé (Ferdinand), II, 272.
Latouche (de), I, 357; — II, 19.
Lassagne, II, 119.
Laya père, I, 386.
Laya (Léon), II, 41, 175, 299.
Lebrun, compositeur, I, 358.
Lekain, I, 7.
Lemonnier, I, 325.
Lenormand (mademoiselle), I, 346.
Lepoitevin Saint-Alme, II, 281.
Leroy (Onésime), I, 358.
Lescarenne (comte de), II, 170.
Lesourd, II, 17, 153, 249.
Lesueur (madame veuve), II, 293.
Leuven (de), II, 152.
Levasseur, II, 275.
Leverd (Émilie, mademoiselle), I, 325.
Liadières, I, 325; — II, 260.
Ligier, II, 177.
Listz, II, 121.
Loëwe-Weymar, II, 147.
Loïsa Puget (mademoiselle), II, 154.
Longpré, II, 176.
Loraux, II, 38.
Louvet, II, 80.
Lucas (Hippolyte), II, 262.
Lubbert, I, 422.

M

Madrolle, I, 274.
Maria, II, 127.

Mars, II, 27, 175, 176.
Marsaud (madame), II, 336.
Martin, de l'Opéra-Comique, II, 62.
Martin (madame), II, 86.
Martin (Ed.), II, 306.
Marty, I, 423; — II, 9, 49.
Masset, II, 261.
Massy, II, 80.
Mazères, II, 145.
Mélanie (mademoiselle), I, 352.
Mélingue, II, 215.
Menjaud, II, 65.
Mennechet, I, 270, 353.
Mercadante, II, 144.
Merle, II, 19, 57, 59, 273, 322, 373.
Michelot, I, 270.
Minette (mademoiselle), II, 94.
Monsel (mademoiselle), II, 80.
Montessu (madame), II, 69.
Moreau-Sainti, I, 20; — II, 281.

N

Nanteuil (Gaugirand), I, 264.
Naudet, II, 239.
Nisas (André), I, 226.
Nodier (Charles), I, 320, 327; — II, 299.
Nourrit (Adolphe), I, 397; — II, 88.

O

Odry, I, 329.
Onslow, II, 165.
Orloff (comte), I, 247.

P

Paccini, II, 337.
Paillet, II, 209.
Panseron, II, 218.
Pasquier, II, 114.
Paul de Kock, II, 192.
Paul Dutreicht, II, 55, 80.
Pauline Geoffroy (mademoiselle), I, 352.
Pélissier, dit Laqueyrie, I, 397.
Perier, I, 336; — II, 344.
Perlet, II, 14, 59, 160.
Picard aîné, I, 143, 430; — II, 105.
Piccini (Alexandre), I, 304.
Pigault le Brun fils, I, 116.
Piis (de), I, 389.
Pillet (Léon), II, 221.
Pillon père, II, 109.
Planard, I, 306.
Poirson Delestre, I, 164, 253, 260, 293.
Ponchard, I, 324, 387, — II, 80.

Pontécoulant, II, 305.
Potier, II, 128, 166.
Pougens, de l'Institut, I, 395.
Pradher, II, 147, 148.

R

Rachel (mademoiselle), II, 305, 310.
Raoul Rochette, II, 129.
Regnier, I, 78; — II, 233.
René Périn, II, 182, 336.
Révérony Saint-Cyr, I, 382.
Révial, II, 80.
Rifaut, II, 80.
Robertson, II, 103.
Roger de Beauvoir, II, 212, 220.
Roland (mademoiselle), II, 48.
Roqueplan (Nestor), II, 158.
Rose Dupuis (madame), II, 30, 152.
Rosman, II, 44.
Royou, I, 265.
Rubini, II, 90.

S

Saint-Cricq (de), I, 308.
Saint-Esteben, II, 90.
Saint-Georges (de), II, 253, 325.
Saint-Hilaire, II, 4.
Saint-Léon, II, 301.
Saint-Marc Girardin, I, 265.
Sainte-Marie, I, 412.
Saint-Maurice, I, 412.
Saint-Phal, I, 270.
Saint-Priest (baron de), I, 386.
Saint-Romain, I, 329, 417; — II, 15, 166.
Saint-Yon (de), I, 323, 399.
Samson, I, 263.
Sauvage, II, 119, 195.
Sauvan, I, 416, 421.
Sauvo, I, 323, 390.
Scribe, II, 84.
Sébron, II, 324.
Sédaine, II, 150.
Serda, II, 122.
Serre, II, 156.
Sévérini, II, 97.
Séveste (Edmond), II, 338.
Séveste (Jules), II, 300.
Sewrin, I, 370.
Simonnin, II, 49.
Singier, I, 267; — II, 11.
Smithson (mademoiselle), II, 46.
Solar, II, 123.
Soulié, II, 244.
Soumet, II, 89.
Spontini, II, 12.

Stoltz (madame), II, 292, 293.
Sudre, II, 196.
Sussy, II, 284.

T

Taglioni père, I, 393; — II, 43.
Taglioni (Marie), II, 162.
Talma, I, 309, 310, 346, 357.
Taylor, I, 288, 388, 426.
Théaulon, I, 248.
Thénard (Étienne), II, 80.
Thénard mère, II, 23.
Théodore (Anne), II, 142, 254.
Thibaudeau, II, 278.
Thiers, II, 187.
Tulou, I, 338.

V

Valery, I, 396.
Vallivon (comtesse de), II, 13.

Valmonzey, II, 73.
Valmy (duc de), II, 21.
Vaulabelle, II, 93.
Védel, II, 43, 46.
Verneuil (mademoiselle), II, 259.
Véron, I, 353; — II, 75.
Verteuil, II, 254.
Vial, I, 396.
Victor Hugo, II, 3, 4.
Vieu, I, 337.
Villenave, I, 225, 228, 233.
Volnais (mademoiselle), I, 263; — II, 87.
Volnys, I, 87.
Waldor (madame), II, 124.
Watout, II, 210, 247.
Wentzel, I, 260.

Z

Zimmermann, I, 289.

EXTRAIT DU CATALOGUE
DE
LA LIBRAIRIE DE HENRI PLON.

Louis XVII, sa vie, — son agonie, — sa mort. Captivité de la famille royale au Temple. Ouvrage couronné par l'Académie française en 1854, enrichi de nombreux autographes du Roi, de la Reine, du Dauphin, de la Dauphine et de Madame Élisabeth, sœur du Roi; de dessins sur bois intercalés dans le texte, et orné du portrait en taille-douce de Louis XVII, gravé d'après la miniature de Dumont, peintre de la Reine, deux mois avant son entrée au Temple, et du portrait de madame la duchesse d'Angoulême, gravé d'après l'original fait à Bâle d'après nature lors de son passage, à sa sortie du Temple. Par M. A. de BEAUCHESNE. 2 beaux volumes in-8. Prix : 15 francs.

Le même ouvrage orné des deux portraits en taille-douce et des autographes du Roi, de la Reine et du Dauphin. 2 vol. in-18 jésus. Prix : 8 fr.

Histoire du Directoire, par A. GRANIER DE CASSAGNAC. 3 volumes in-8. Prix : 18 francs.

Les deux premiers volumes sont en vente. — Le tome 3ᵉ paraîtra en décembre. — Chaque volume est augmenté de pièces justificatives.

Histoire de la chute du roi Louis-Philippe et de la République de 1848, jusqu'au rétablissement de l'Empire, par A. GRANIER DE CASSAGNAC. 1847-1853. 2 beaux vol. in-8. Prix : 12 francs.

Histoire des causes de la Révolution française, par A. GRANIER DE CASSAGNAC. 2ᵉ édition. 1856. 4 vol. in-8. Prix : 24 francs.

Dictionnaire général de la cuisine française ancienne et moderne, de l'office et de la pharmacie domestique. Ouvrage où l'on trouve les prescriptions nécessaires à la confection de tout ce qui concerne la cuisine et l'office, *à l'usage des plus grandes et des plus petites fortunes;* enrichi de plusieurs menus, prescriptions culinaires, et autres opuscules inédits de M. DE LA REYNIÈRE, auteur de l'Almanach des Gourmands; suivi d'une collection générale des menus français depuis le douzième siècle, et terminé par une pharmacopée qui contient les préparations médicinales dont l'usage est le plus utile et le plus familier. Dédié à l'auteur des Mémoires de la marquise de Créquy. Deuxième édition. 1 gros vol. gr. in-8 à 2 col. Prix : 6 fr.

Réimpression de l'ancien Moniteur, seule histoire authentique et inaltérée de la Révolution française. 32 vol. grand in-8. — Prix momentané : 200 fr.

PARIS, TYPOGRAPHIE DE HENRI PLON, RUE GARANCIÈRE, 8.

www.ingramcontent.com/pod-product-compliance
Lightning Source LLC
Chambersburg PA
CBHW071114230426
43666CB00009B/1966